國家社科基金重大委托項目“《子海》整理與研究”成果
山東省社科規劃重大委托項目成果

子海精華編

主編 王承略　副主編 聶濟冬

漢學商兑

［清］方東樹 纂　漆永祥 點校

鳳凰出版社

圖書在版編目（CIP）數據

漢學商兑 / (清) 方東樹纂 ; 漆永祥點校. -- 南京: 鳳凰出版社, 2016.6（2017.3重印）
（子海精華編 / 王承略主編）
ISBN 978-7-5506-2374-3

Ⅰ. ①漢… Ⅱ. ①方… ②漆… Ⅲ. ①國學—研究 Ⅳ. ①Z126

中國版本圖書館CIP數據核字(2016)第088115號

書　　名	漢學商兑
著　　者	(清)方東樹 纂　漆永祥 點校
責任編輯	陸 揚
出版發行	鳳凰出版傳媒股份有限公司 鳳凰出版社(原江蘇古籍出版社) 發行部電話025-83223462
出版社地址	南京市中央路165號,郵編:210009
出版社網址	http://www.fhcbs.com
經　　銷	鳳凰出版傳媒股份有限公司
照　　排	江蘇鳳凰製版有限公司
印　　刷	江蘇鳳凰揚州鑫華印刷有限公司 揚州市江陽工業園蜀崗西路9號,郵編:225008
開　　本	890×1240毫米 1/32
印　　張	7.25
字　　數	151千字
版　　次	2016年6月第1版 2017年3月第2次印刷
標準書號	ISBN 978-7-5506-2374-3
定　　價	45.00圓

(本書凡印裝錯誤可向承印廠調換,電話:0514-85868858)

國家社科基金重大委托項目“《子海》整理與研究”成果之一

《子海精華編》

執行編纂（按姓氏筆畫排列）：

王　皓　王軍傑　布吉帥　吕倩嵐　李　飛　李　濤
李才朝　李秋丹　宋　凱　宋豔麗　馬常録　高金霞
陳旭寧　陳恒新　孫　娟　許建立　康廷山　葛洪春
蔡　喆　鞏玉婷　劉婷婷

編　　務：張　櫻　鄭珺霞　劉　端　孫紅苑

《子海精華編》出版説明

“子海”，即“子書淵海”的簡稱。“《子海》整理與研究”課題係國家社科基金重大委托項目、山東省社科規劃重大委托項目。該課題分《珍本編》、《精華編》、《研究編》、《翻譯編》四個版塊，力圖把子部珍稀文獻、精華文獻進行深層次的整理、研究和譯介，挖掘子部文獻的價值，促進子學研究的發展。

山東大學向來以文史見長。古籍整理與子學研究，是其中的傳統研究方向。“《子海》整理与研究”，是在山東大學前輩學者高亨先生積 30 年之力陸續做成的《先秦諸子研究文獻目録》的基础上，由已故著名古籍整理與研究專家董治安先生參與策劃、設計的大型綜合研究課題。課題立項後，得到了中宣部、教育部、財政部、山東省政府和山東大學的大力支持，學界同仁踴躍參與。《精華編》的整理研究團隊近 200 人，來自海内外 48 所高校和研究機構。在組織管理上，《精華編》努力探索傳統文化研究協同創新的新體制、新機制，現已呈現出活力和實效。

華夏文明是由多元文化構築而成的。中國古代子部典籍，以歷代士人個性化作品的形式，系統性地展示了華夏民族的世界觀和方法論，立體性地反映了中華民族對世界文明發展的貢獻。其中，無論是宏篇大論，還是叢殘小語，都激蕩著歷史的聲音，閃爍著智慧的光芒，構成中國古代思想、藝術、科技和生活方式的主體内容。《精華編》通過對子部最优秀的典籍的整理，一方面擷英取粹，爲華夏文明的傳播提供可靠的資源和文本；另一方面以古鑒今，爲當下社會的發展提供智力支持和精神支撑。并希望進而梳理中華傳統文化的多元結構，繼承中華優秀傳統文化的一貫文脈。

根據漢代以後子學發展和子部典籍的實際情況，參照官私目録的分類與著録，《精華編》選取先秦諸子、儒學、兵家、法家、農家、醫家、曆算、術數、藝術、雜家、小説家、譜録、釋道、類書等十四個類目的要籍幾百種，編爲目録，作爲整理的依據，而在成果展現上則不出現具體的類目。爲統一體例，便於工作，《精華編》編有詳細的《整理細則》，并有簡明的《整理要則》，供整理者遵循使用。

《精華編》整理原則是，對每種子書的整理，突出學術性、資料性和創新性，力求吸納已有的整理成果，推出更具參考價值、更方便閱讀的整理文本。所採用的整理方式，大體有三種：一、部頭較大且前人未曾整理者，採用標點、校勘的方式整理；二、前人曾經標點、校勘者，或採用抽换更好或别具學術特色底本的方式整理，或採用集校、集注的方式整理，或採用校箋、疏證的方式整理，或綜合使用以上方式；三、前人已有較好的注本者，則採用集注、彙評、補正等方式整理。

《精華編》採用五次校審、遞進推動的管理程式，即：一、初校全稿。子海編纂中心組織碩、博研究生，修改文稿錯别字，規範異體字，調整格式，發現並標明校點中的不妥之處。二、初審文稿。子海編纂中心的編纂人員根據情況，解決初校時發現的問題，并判斷書稿的整體質量。三、匿名評審。

聘請資深教授通審全稿,全面進行學術把關,消滅硬傷,寫出審稿意見。四、修改文稿。子海編纂中心及時把專家審稿意見反饋给整理者。整理者根據審稿意見修改,做出新文稿。五、終審文稿。待新文稿返回子海編纂中心後,總編纂作最後的學術質量把關。五步程序完成後,將文稿交付出版社。

五次校審的目的是爲了保證學術質量,提高整理水平,減少錯訛硬傷。但校書如塵埃落葉,隨掃隨有,《精華編》雖經多道程序嚴加把關,仍難免有錯,懇請方家不吝指教。子海編纂中心將及時總結經驗,吸取教訓,把工作做得更好,以實現課題設計的初衷。

目　録

整理説明

《漢學商兑》四卷，清方東樹撰，爲其一生代表作與成名作。是書自面世至今，已有二十餘種版本刊行，近年來更是收入各種影印叢書中廣爲流傳，但遺憾的是至今尚無一校勘精良的善本。

一　《漢學商兑》的編纂背景與衛道目的

方東樹(1772—1851)，字植之，號歇庵、冷齋等，晚自號儀衛老人，學者稱儀衛先生。清安徽桐城人。諸生。學古文於姚鼐，與梅曾亮、管同、劉開並稱"姚門四傑"。桐城方氏，世守朱子之學。故東樹既幼承家範，又尊姚鼐，以朱子为宗。前後應鄉試十次，皆不舉。一生南來北往，客游凡五十年，或助修方志，或課徒爲生。著有《漢學商兑》四卷、《書林揚觶》二卷、《大意尊聞》三卷、《昭昧詹言》十卷、《續昭昧詹言》八卷、《考盤集文録》十二卷等。

然而，元明至清，宗朱子者甚衆，爲何卻是方東樹纂輯《漢學商兑》，向漢學家發難呢？簡單來説，可以歸結爲五個原因：一是如前所述，方東樹學宗朱子，以衛道者自居，不容他人對程朱理學有所批評；而漢學家蔑視性理之學，奚落朱子。二是桐城學者以方苞爲大宗，而漢學家蔑視方苞；即方東樹之師姚鼐，也不受漢學諸家重視，落寞至極；這些積怨至方東樹，終於暴發。三是方東樹本人的性格，輕率易怒，喜好駁辯，爭强鬥狠。四是當時漢學大盛，並得到阮元等封疆大吏的支持，令方東樹感到極大的焦慮與不安。五是江藩《漢學師承記》等書在廣州的刊行，招來了方東樹的极度憤慨，成爲其纂《漢學商兑》與《書林揚觶》等書最直接的導火綫。

方東樹對學術是非的判斷，有極深的門户之見，他衡量學人學説的標準，即是否尊奉程朱，所謂"攻程朱者，必無君子，心術邪也"。① 他竭力爲宋明理學爭正統，認爲朱子學爲不易之真理，乃道統之正極。方氏以爲當時漢學鼎盛，已成熊熊烈焰，燃遍大江南北，"名爲治經，實足亂經；名爲衛道，實則畔道"。② 因此，方東樹纂《漢學商兑》就是要依仿孟子，與漢學家爭辯，以掃滅異端，維護道統。方氏將自己比喻爲滅火之鸚鵡，向漢學家發起了猛烈的攻擊，而他灑向這場漢學烈焰的"翼間水"，③就是鬥湊而成的百衲篇——《漢學商兑》。

二 《漢學商兑》的編纂刊刻與流傳

據筆者的考證，《漢學商兑》的編纂時間，大致在道光四、

① 清方東樹纂《漢學商兑》卷下，望三益齋同治十年重刊本，第 6 册第 32b 頁。

② 清方東樹纂《漢學商兑・序例》，望三益齋同治十年重刊本，第 1 册第 1b 頁。

③ 清方東樹著《書林扬觶》卷下《序纂》，見《四庫未收書輯刊》（據清同治十年望三益齋刻本縮印）第 9 輯第 15 册，北京出版社 2000 年版，第 49 頁。

五年間，有部分成稿，此後不斷修改，於道光十一年冬初刊，[①]此後仍不斷修訂。道光十八年九月，方東樹在粤東修《粤海關志》，復成《刊誤補義》二卷，包括《漢學商兑刊誤補義》一卷、《書林揚觶刊誤補義》一卷。其中有關《商兑》者六十餘條，近三萬字，主要是增添了大量注釋，以補充證據，增强説服力，而毒詬咒詈漢學家的字詞，則有删汰者，復有增加者。另外，初刊本中常有引用佛教用語，以證成其説的語句，也明顯地被删汰。總之較初刊本有極大的不同。

今所見《漢學商兑》版本，或稱三卷，或稱四卷，則因其卷中又分上、下兩卷之故。[②]道光辛卯冬初刊本，經太平天國之亂，版毁無存。同治十年吴棠望三益齋所刻《漢學商兑》本，是由方東樹之侄宗誠與東樹孫方濤等校訂後，刊行於成都。是本以初刻本爲底本校勘，又逐條增入《刊誤補義》，偶有删削處，乃方宗誠、吴棠等所爲，主要是汰去方氏詬詈太過之語句，以代爲遮醜而已。

晚清以來，受曾國藩、李鴻章、吴棠、陶澍諸人表彰，《漢學商兑》盛行於世。自道光辛卯冬初刊至今，前後有二十餘種版本，但大要不出兩個系統。光緒八年四明華雨樓重校本、吴縣朱記榮《槐廬叢書五編》本（《叢書集成續編》本即祖此本）、孫溪朱氏刊本及《續修四庫全書》本等均沿襲道光十一年初刊本，可謂"初刊本系統"；而涂宗瀛六安求我齋刊本、方宗誠校刻《方植之全集》（《儀衛軒全集》）本、《西京清麓叢

---

① 按方東樹纂《漢學商兑刊誤補義》卷首謂"往歲辛卯，《漢學商兑》稿成，一二同志勸刊行之"，此为刊行於辛卯之確證。

② 按方東樹上阮元書自稱"三卷"，而方宗誠《校勘漢學商兑叙》稱"四卷"。今從道光辛卯冬初刊本封面題簽，本文一律稱之爲"四卷"。

書》本,以及民國間《萬有文庫》本等,則皆以吴氏望三益齋刻本爲宗,因爲增入方氏《刊誤補義》,故較初刻本溢出約五分之一的文字内容,可稱爲"望三益齋刻本系統"。諸本相較,望三益齋刻本堪爲該書最完備的版本。但由于學界對《漢學商兑》版本情況并不瞭解,所以影印出版者在選擇版本時,研究者在引用該書時,反以初刊本爲多,這顯然是不妥當的。

三 《漢學商兑》的編纂體例與主要内容

"商兑"一詞,出自《周易·兑卦》九四"商兑未寧,介疾有喜",朱熹以"商度"釋之,即商酌、商榷之義。故《漢學商兑》者,即"漢學商榷"之義。從方東樹書中内容來看,也可以釋之爲"漢學批判",或者更確切地説是"漢學流毒大揭發大批判"。

《漢學商兑》的編纂體例,方東樹在《凡例》中説得很清楚,即"仿朱子《雜學辨》例,摘録原文,各爲辨正於下"。① 至於全書内容,方氏又曰:

> 此書本止一卷,首尾脈絡相貫,以篇葉較多,分爲三帙。首溯其畔道罔説之源;次辨其依附經義小學,似是而非者;次爲總論,辨其詆誣唐宋儒先,而非事實者。②

按今《商兑》一書,其中卷上六條,卷中上二十五條,卷中下二十五條,卷下十條,總六十六條,先引用漢學家一人或數

---

① 清方東樹纂《漢學商兑·凡例》,望三益齋同治十年重刊本,第1册第2b頁。

② 清方東樹纂《漢學商兑·凡例》,望三益齋同治十年重刊本,第1册第4a頁。

人之觀點，然後一一進行駁斥。全書卷上、卷中之上所辨，即其所謂“畔道罔説之源”。卷中之下即“辨其依附經義小學，似是而非者”。接下來便是“總論”，即是方氏全書攻擊的核心。

《漢學商兑》對漢學家的駁訐，所采取的方式是追根溯源，一網打盡，全面開火，重點進攻。從漢代許慎、鄭玄諸家，至唐人義疏，宋代黄震以降至清中葉學者，皆在其攻擊範圍之内，而尤以黄震、顧炎武、戴震、惠棟、段玉裁、阮元、江藩諸家爲最。方東樹對清代漢學的研究成果，基本上是全方位否定的。本來，在《商兑》初刻本中，還稱贊“近人説經，無過高郵王氏《經義述聞》，實足令鄭、朱俯首，自漢唐以來，未有其比也”。[①] 此段文字爲後世研究者廣泛稱引，但不知在《刊誤補義》中已被方氏删汰。他對漢學家小學成就的些微肯定，也只不過是説他們是在抄撮漢魏以來成果甚至朱子成績的基礎上有所發明而已。

四　《漢學商兑》簡評

《漢學商兑》自面世至今，對其評價褒貶不一。褒揚者主要肯定《商兑》兩方面的功績：一是受到《漢學商兑》的猛烈攻擊，漢學弊病盡顯，從此衰微；一是《商兑》的面世，起到了調和漢宋之爭的作用。對《商兑》提出批評的，也主要針對兩個方面：一是對方東樹惡劣文風進行批評；一是認爲《商兑》只是一味尊朱，並無新見，其所起作用有限，甚至没起到什麼作用。

---

① 清方東樹纂《漢學商兑》卷中之下，道光十一年初刻本，第 33b 頁。

那麽,《漢學商兑》是否真正起到了使漢學衰微,並開啓漢宋調和的作用呢?筆者以爲其説誇大過實。方東樹對漢學的攻駁,的確使人們更爲清楚地認識到弊病叢生的漢學,有一定的積極作用。但就當時學界情形而言,對漢學攻駁,也並非始於姚鼐、方東樹等人,而早在他們之前的袁枚、翁方綱、章學誠諸人,就已經對漢學弊端進行了相當嚴厲的抨擊。同時,在漢學家内部如戴震、錢大昕、段玉裁、焦循、凌廷堪、阮元諸人,也已經清醒地認識到漢學諸多弊端並進行糾偏。因此方東樹對漢學諸家及其學術的批評,並非始作俑者。而且,在江藩、方東樹的時代,漢學已過全盛,隨着惠棟、戴震、錢大昕、段玉裁、王念孫等人的凋謝,漢學衰微勢成必然;而太平天國運動對江南的掃蕩,更摧垮了漢學賴以生存的學術環境。所以,漢學衰微與《漢學商兑》的攻駁不存在任何的必然聯繫。

就漢宋調和而論,事實上主張此説也不始於阮元,乾隆朝紀昀等人,就主張漢宋持平與調和,阮元謂"崇宋學之性道,而以漢儒經義實之",①也不過是站在官方立場上的幌子,並未受到方氏的影響;即便勉强説主張義理、考證、詞章、經濟四分説的曾國藩等,受其影響,但阮、曾諸人也都未能做到真正的漢宋調和甚至融合,隨着西學的侵入,漢學、宋學都無可避免地受到挑戰,而且在西化浪潮下退出主流。清季與民國初始,家國巨變,國將不國,學術界在找尋清朝衰亡與國力不濟的原因時,認爲清代漢學的發達與學者埋頭考據是重

① 《清史稿》卷四八〇《儒林列傳序》,中華書局 1991 年版,第 43 册第 13099 頁。

要原因。因此對漢學進行全面清算,而《商兑》對漢學家的極端指斥,適足以滿足各方的需要,所以將其書的作用進一步誇大。

而《漢學商兑》的抄撮性質與惡劣文風,則流毒甚廣。方氏所駁漢學諸家之説與引據諸書,表面看起來内容非常龐雜廣博,然而仔細核對,卻發現貌似博學的方東樹,其所讀之書實際非常有限,基本上是依據二手材料與諸書序跋,即肆意攻駁,惡語詬詈,污詞滿紙,觸目刺眼,甚至不惜人身攻擊,無所不用其極,已遠遠超越了學術駁辨的範圍,失去了一個學者應有的氣度。《商兑》一書,幾乎成了咒詈惡語之詞的大全本和活用詞典!

五　《漢學商兑》點校凡例

如前所論,《漢學商兑》望三益齋刻本爲該書最完備、最權威的版本。故此次點校,即以望三益齋本爲底本,校以道光辛卯冬初刊本(簡稱"道光本")、光緒十七年刻《儀衛軒全集》本(簡稱"全集本")及方東樹《漢學商兑刊誤補義》民國鈔本(簡稱"刊誤本")。凡諸本間之增删改易,皆出校記。如道光本原無而《刊誤》增補者,則以"自'某某'至此,道光本所無"以標明之。凡道光本原有而爲刊誤本所删者,則用"道光本此下尚有'某某'"以明示之。刊誤本原有而爲底本所删削者,則用"刊誤本原文此下尚有'某某'"以注明之。凡方氏大段删改道光本者,則以"此段(或此句)道光本原作'某某'"以區别之。庶幾使讀者雖僅讀本書,而於道光本、刊誤本、底本三家之版本源流,與夫方氏修訂之深意,底本復替方氏删削遮蓋之原由,能有一個大致的瞭解,做到持有一本而三本皆存，以便於讀者。

方氏原書體例，先摘録漢學諸家論説原文，然後各爲辨正於下。凡録諸家原文，頂格寫；自爲辨説，低一格寫；其推極義類，旁見側出，非爲正文者，爲低二格寫。今皆依其舊，既存其原貌，又眉目清晰。而其長篇大論，則酌情分段；原書注文體例，爲雙行小注排於正文之下，今皆改爲單行，仍排於正文之下。凡注文中復有注文時，則不再變化字型大小，而以括注的形式標明。

凡全書正文中訛字，及脱文、衍文、乙文等，皆出校記，改爲定本，並於注中詳其依據；凡異文難定，或疑不能明者，則出校而不改字；凡引文中異文異字與原文不同，然不乖原義者，則不更動，亦不出校；而原書中避諱字如“玄”作“元”、“胤”作“允”、“弘”作“宏”、“顒”作“容”等，以及手民氏筆誤等，皆徑改之，不另出校記。凡本書中古今字、異體字、俗體字、生僻字等，則多依《子海》工作條例，盡量統一爲規範的正字，亦不出校記。

古語曰：校書如掃落葉，旋掃旋生。誠哉斯言！本書點校之誤，亦必不少，尚祈讀者諸公糾謬正訛，俾成善本，是所願焉！

儀衛方先生傳

門人蘇惇元撰

方先生，諱東樹，字植之，世居桐城魯𤰞。曾祖諱澤，乾隆丁卯優貢生，候選知縣，以詩文名於世。祖諱訓，父諱績，縣學生，皆以詩文名。先生幼穎敏，年十一，效范雲作《慎火樹詩》，爲鄉前輩稱賞。二十二，入縣學，爲弟子員，尋補增廣生，屢試於鄉，不售。年五十，遂不復應舉。自少力學，泛覽經史諸子百家書，而獨契朱子之言。嘗學文於姚姬傳先生，爲文好構深湛之思，博辯醇茂，而言必有物；詩則沈著堅勁，卓然成家。詩文皆究極歷代源流，而文尤近江都、中壘、南豐、晦庵，詩尤近少陵、昌黎、山谷。先生不欲徒以詩文鳴，而更研窮儒先義理之學，及老尤篤，每日雞初鳴即起，矻矻鉛槧，至漏下三十刻就寢，有得輒記之，或中夜攬衣起，書所記，名《待定録》百餘卷，凡格致修齊治平之理無不備。

乾嘉間，學者崇尚考證，專求訓詁名物之微，名曰“漢學”，穿鑿破碎，有害大道，名爲治經，實足以亂經，又復肆言攻詆朱子。道光初，其焰尤熾，先生憂之，乃著《漢學商兑》，辯析其非，書出遂漸熄。又著《辯道論》、《跋南雷文定》，以砭姚江、山陰之疵。嘗論儒者學聖人之道，徒正不及中，中必純粹以精；純粹以精，必在於明辯哲。又言立身爲學，固以修德制行，内全天理爲極，而人世事理，必講明貫通以待用。老年益窮性道之歸，省察克治無間，取蘧伯玉"五十知非"，衛武公"耄而好學"之意，以"儀衛"名軒，學者遂稱"儀衛先生"。

家故貧，客游五十年，方伯連帥，多爭延之，歷主廬州、亳州、宿松、廉州、韶州等處書院，所至導諸生以學行，不徒課以文藝。晚年里居，誘掖後進，以詩文就正者，既告之法，且進以爲己之學。年八十，祁門令君延主東山書院，先生欣然往，抵祁越兩月而卒，蓋咸豐元年五月二十四日也。

先生有至性，内行純篤，事祖母、父母甚孝，營葬三世七喪，竭盡心力。持己尤廉介剛直，不詭隨世俗，身雖未仕，常懷天下憂，凡遇國家大事，忠憤之氣，見於顏色，或流涕如雨。族戚友朋之事，爲之憂戚喜忭，一如己事也。

所著書仍有《大意尊聞》、《書林揚觶》、《一得拳膺録》、《進修譜》、《未能録》、《最後微言》、《思適居鈴語》、《病榻罪言》、《山天衣聞》、《文集》、《詩集》、《昭昧詹言》等十數種。子二人：聞、戌。孫三人：濤、淵如、綏。①

蘇惇元曰：昔先生著《漢學商兑》既刊布，謂惇元曰："士不能經世濟民，著書維挽道教，或亦補不耕織而衣食之咎也。"先生少究經世學，而老於諸生，未能一試。其所著書，多有功於道教，是流澤孔長矣。孔子曰："是亦爲政，奚其爲爲政。"先生之學，亦猶此之謂與！惇元從游久，知先生平生最詳，今子聞、從弟宗誠既爲《行略》、《行狀》，惇元乃更次其要以爲《傳》。

① "綏"，方東樹《考槃集文録》卷首蘇惇元《儀衛方先生傳》作"龍光"。

序例

近世有爲漢學考證者，著書以闢宋儒、攻朱子爲本，首以言心、言性、言理爲厲禁。海内名卿鉅公，高才碩學，數十家遞相祖述，膏唇拭舌，造作飛條，競欲咀嚼。究其所以爲之罪者，不過三端：一則以其講學標榜，門户分爭，爲害於家國；一則以其言心、言性、言理，墮於空虚心學禪宗，爲歧於聖道；一則以其高談性命，束書不觀，空疏不學，爲荒於經術。而其人所以爲言之旨，亦有數等：若黄震、萬斯同、①顧亭林輩，自是目擊時敝，意有所激，創爲救病之論，而析義未精，言之失當；楊慎、焦竑、毛奇齡輩，②則出於淺肆矜名，深妒《宋史》創立《道學傳》，若加乎《儒林》之上，緣隙奮筆，忿設詖辭；若夫好學而愚，智不足以識真，如東吴惠氏、武進臧氏，則爲闇於是非。自是以來，漢學大盛，新編林立，聲氣扇和，專與宋儒爲水火。而其人類皆以鴻名博學，爲士林所重，馳騁筆舌，弗穿百家，遂使數十年間承學之士，耳目心思，爲之大障。歷觀諸家之書，所以標宗旨，峻門户，上援通賢，下讋流俗，衆口一舌，不出於訓詁、小學、名物、制度。棄本貴末，違戾詆誣，於

---

① “黄震、萬斯同”，方東樹《考槃集文集》卷四《漢學商兑後序》作“黄東發、萬季野”。

② “楊慎、焦竑、毛奇齡”，《漢學商兑後序》作“楊用修、焦弱侯、毛大可”。

聖人躬行求仁修齊治平之教，一切抹摋。名爲治經，實足亂經；名爲衛道，實則畔道。公孫禄所謂"顛倒五經，使學士疑惑"者也。猶幸顯悖於道，不足以惑人，然豈可不察乎！①

昔孟子不得已而好辯，欲以息邪説，正人心。竊以孔子没後千五百餘歲，經義學脈，至宋儒講辯，始得聖人之真。平心而論，程朱數子廓清之功，實爲晚周以來一大治。今諸人邊見傎倒，利本之顛，必欲尋漢人紛歧異説，復汩亂而晦蝕之，致使人失其是非之心，其有害於世教學術，百倍於禪與心學。又若李塨等，以講學不同，乃至説經亦故與宋人相反，雖行誼可尚，而妒惑任情，亦所不解。東樹居恒感激，思有以彌縫其失。顧寡昧不學，孤踪違衆，河濱之人，捧土以塞孟津，不自度其力之弗勝也。要心有難已，輒就知識所逮，掇拾辯論，以啓其端，俟世有真儒出而大正焉。倘亦識小之在人，而爲采獲所不棄與！道光丙戌四月，桐城方東樹。

① 自"公孫禄所謂"至此，道光本所無，乃方宗誠等據方東樹《漢學商兑刊誤補義》所补，並增刊於望三益齋本中，以下凡言"道光本所無"者皆是，不再一一説明。

凡例十則

一、此書仿朱子《雜學辯》例，摘録原文，各爲辯正於下。曾南豐曰："禁邪説者，固將明其説於天下也。"①

一、甘泉湛氏《楊子折衷》，低一格寫慈湖語，頂格寫自著駁語。此時俗誤沿場屋低一格寫題目式，概以低二格寫題之謬，固是小失。今録諸家原文，頂格寫；自爲辯説，低一格寫。

一、摘録原文，仿蔡節《論語集説》例，全舉一家者，則獨書姓氏；參舉一兩家者，則各注某人某書於本語上下，皆頂格寫。其采合衆説，翦裁聯絡，潤以己意爲辯者，兼用馬氏《繹史》例，敘明某人某書，皆低格寫。其推極義類，旁見側出，非爲正文者，易蔡氏低一格寫例，爲低二格寫。或不欲舉其人，則采艾南英《明文待序》語，隱其姓名，而詳辯其説，一以"或謂"概之。② 艾所隱者，顧亭林考之爲楊起元。起元，粤之歸善人，登萬曆丁丑會試第一，仕至吏部右侍郎。師羅汝芳，傳良知之學。所撰有《諸經品節》二十卷，自題曰"比丘"，殊可駭怪。又撰《證學編》四卷，尤

① 自"曾南豐曰"至此，道光本所無。

② "隱其姓名"至"概之"共十五字，艾南英《天慵子》卷八《皇明今文待序下》作"吾姑爲隱去姓名，而又詳乙注其文"。方氏此處當轉引自顧炎武《日知録》卷十八《舉業》條引艾氏語。

爲誣誕。①

一、援引事類，或推衍餘意，亦關正文，而辭冗不可屬者，仿《古史》、《繹史》例，以類附句下，使語不相離，而文仍相屬。

一、援引事類，有向沿謬誤，學者罕知，仿《四庫提要》例，爲考辯附訂於下。

一、閻若璩稱，著書有後説足訂前説者，不敢迁就前説，自注駁正。如自駁前用劉原父"十月之交辛卯朔日食"説。此只可施之長編大帙；或前書已行，如康成注《詩》、《禮》之類。見《詩·邶風·燕燕》，《正義》引鄭《禮記注》。② 余此書雖於脱稿後，繼見之書，有足訂前説者，隨時修改，不復紛歧，自亂其例。

一、唐李涪《刊誤》、宋陳大昌《演繁露》，於所引書，著明某篇某卷，令觀者易於檢校。近時陳厚耀等仿之。余蕭客《古經解鈎沉》，一一各注其所出之書，並仿《資暇集》、《龍龕手鑑》之例，兼著其書之卷第，以示有徵。按《資暇集》惟引《通典》注卷第，其餘亦不盡然。此雖足矯明人杜撰之弊，然亦近繁而費矣。余此書援引事文，一字一語，必根柢典籍，不敢杜撰鑿空臆語。然止著明某人某書，至其篇卷，不復煩黷。惟長編巨帙，間亦注卷。至援引諸書，原書未見，第著所引之書。仿惠棟、王懋竑例，自注"未見原書"。後見錢氏《養新録》，言江少虞《事實類苑》竟體

---

① 此段注文，道光本所無。

② 此段注文，道光本所無。

注卷。① 又《道藏》王懸河《三洞珠囊》引書注卷。王亦唐人。②

一、此書所辯，特論其綱領宗旨，宗旨既剖，則以讀群書，是非白黑，一覽易明，如伐樹本，枝葉自枯。若諸家所著，無慮數百十種，條而辯之，亦非數十百卷不可了，力有未給，姑俟能者。倘有以楊龜山《辯三經義》見擬者，則吾不堪也。

一、此書本止一卷，首尾脈絡相貫，以篇葉較多，分爲三帙。首溯其畔道罔説之源；次辯其依附經義小學，似是而非者；次爲總論，辯其詆誣唐宋儒先，而非事實者。推闡義理，必持平審正，不敢以目睫一孔邊見，偏宕放激，取罪於世。但其爲説，千歧萬派，雖頗辭費，而非好爲支離。蓋亦若《論衡》所云"宅舍多，土地不得小；户口衆，簿籍不得少。失實之詞多，虚誣之語衆，指實定宜，辯論之言，不得徑約"者也。

一、昔司馬子長稱"自託於無能之辭，網羅天下放失舊聞"，"究天人之際，通古今之變，成一家之言"。顧子長所網羅者，放失之事迹也；兹之所網羅者，放失之義理也。夫義理著在人心，何得云有放失？然爲雜説所汨，恒數百十年，而至道不明。《尚書》曰"道心惟微"，惟其微也，故易失而難見。莊子曰"至言不出"，則"俗言勝也"。故子長之書，欲成一家之言；義理之書，第還天下之公言而已，無欲私爲一己之能意也。

---

① "虞"，原作"微"，方氏偶誤，今改。江少虞有《宋朝事實類苑》六十三卷。若"少微"，則爲宋江贄之號，贄有《少微通鑑節要》五十卷。方氏此文引自錢大昕《十駕齋養新録》卷十九"引書記卷數"條，然錢氏不誤也。

② 此條《凡例》，爲方氏增改者。道光本原作"李涪《刊誤》、《演繁露》，於所引諸書，著明某篇某卷，令觀者易於檢校，陳厚耀等仿之；余蕭客《古經解鉤沉》，一一各注其所出之書，並仿《資暇集》、《龍龕手鑑》之例，兼著其書之卷第，以示有徵。此雖足矯明人杜撰之弊，然亦近繁而炫博，古人無是體也。余此書援引事文，一字一語，必根柢典籍，不敢杜撰鑿空臆説，然止著明某人某書，至其篇卷，不復煩黷。至援引諸書，原書未見，第著所引之書，仿惠棟、王懋竑例，自注'未見原書'"。

重　序

三代以上，無經之名，經始於周公、孔子。樂正崇四術，春秋教以《禮》、《樂》，冬夏教以《詩》、《書》。及至春秋，舊法已亡，舊俗已熄，詐謀用而仁義之路塞。孔子懼，乃修明文、武、周公之道，以制義法而作《春秋》。《春秋》亦經也，孔子雖未嘗以是教人，然其平日所雅言於人者，莫非《春秋》之義也。衛君待子爲政，子曰："必也正名乎！"陳恒弑其君，請討之。季氏伐顓臾，旅泰山，則使欲止之。① 至於哀公問政，子曰："文武之政，布在方策。"《論語》卒篇載《堯曰》一章，柳宗元曰"是乃夫子所常常諷道之辭云爾"。子曰："道之以德，齊之以禮。""能以禮讓爲國乎，何有？"又曰："小子何莫學夫《詩》？《詩》可以興，可以觀，可以群，可以怨。邇之事父，遠之事君。"又曰："興於《詩》，立於《禮》，成於《樂》。"又曰："假我數年，卒以學《易》，②可以無大過矣。"故莊周曰："《詩》以道志，《書》以道事，《禮》以道行，《樂》以道和，《易》以道陰陽，《春

---

① 方東樹《考槃集文集》卷四《漢學商兑後序》，此下尚有"此皆《春秋》之義也"一句。

② 按此句《論語·述而》作"加我數年，五十以學《易》"。《史記·孔子世家》"加"作"假"。朱熹《論語集注》謂他本"五十"有作"卒"者，且是時"孔子已幾七十矣，'五十'字誤無疑也"。然則方東樹此文所引，從朱子之説耳。

秋》以道名分。”六經之爲道不同，而其以致用則一也，此周公、孔子之教也。

及秦兼天下，席狙詐之俗，肆暴虐之威，遂乃蕩滅先王之典法，焚燒《詩》、《書》，於時不特經之用不興，並其文字而殄滅之矣。漢興，購求遺經，於是群經始稍稍復出，或得之屋壁，或得之淹中，或得之宿儒之口授，而固已殘闕失次，斷爛不全。賴其時一二老師大儒，辛勤補綴，修明而葺治之。於是《易》有四家，《書》與《詩》三家，《禮》、《春秋》兩家，號爲“十四博士”。則章句所由興，家法所由異，漢儒之功，萬世不可没矣。自是而至東京、魏晋，以逮於南北朝，累代諸儒，遞相衍説，辯益以詳，義益以明，而其爲説，亦益以多矣。及至唐人，乃爲之定本定注，作爲《釋文》，舉八代數百年之紛紜，一朝而大定焉。天下學者，耳目心志，斬然一齊，兼綜條貫，垂範百代，庶乎天下爲公，而可謂之大當也。然其於周公、孔子之用，猶未有以明之也。及至宋代，程朱諸子出，始因其文字以求聖人之心，而有以得於其精微之際，語之無疵，行之無弊，然後周公、孔子之真體大用，如撥雲霧而睹日月。由今而論，漢儒、宋儒之功，並爲先聖所攸賴，有精粗而無軒輊，蓋時代使然也。

道隱於小成，辯生於末學，惑中於狂疾，誕起於妄庸。自南宋慶元以來，朱子既没之後，微言未絶。復有鉅子數輩，蜂起於世，奮其私智，尚其邊見，逞其駁雜，新慧小辯，各私異見，[1]務反朱子。其所謂“道非道，而所言之韙不免於非”，其於道概乎未嘗有聞焉者也。逮於近世，爲漢學者，其蔽益甚，

① “異”，《漢學商兑後序》作“意”。

其識益陋。其所挾惟取漢儒破碎穿鑿謬説，揚其波而汨其流，抵掌攘袂，明目張膽，惟以詆宋儒、攻朱子爲急務。要之不知學之有統，道之有歸，聊相與逞志快意，以鶩名而已。吾嘗譬之：經者，良苗也；漢儒者，農夫之勤菑畬者也，耕而耘之，以殖其禾稼；宋儒者，穫而舂之，蒸而食之，以資其性命，養其軀體，益其精神也。非漢儒耕之，則宋儒不得食；宋儒不舂而食，則禾稼蔽畝，棄於無用，而群生無以資其性命。今之爲漢學者，則取其遺秉滯穗，而復殖之，因以笑舂食者之非，日夜不息曰：吾將以助農夫之耕耘也。卒其所殖，不能用以置五升之飯，先生不得飽，弟子長飢。以此教人，導之爲愚；以此自力，固不獲益。畢世治經，無一言幾於道，無一念及於用。以爲經之事盡於此耳矣，經之意盡於此耳矣。其生也勤，其死也虛，其求在外，使人狂，使人昏，蕩天下之心，而不得其所本。雖取大名如周公、孔子，何離於周公、孔子，其去經也遠矣！

嘗觀莊周之陳道術，若世無孔子，天下將安所止？觀漢唐儒者之治經，若無程朱，天下亦安所止？或曰：天下之治，方術多矣，百家往而不反，小大精粗，六通四辟，一曲之士，各有所明，雖不能無失，然大而典章制度，小而訓詁名物，往往亦有補前儒所未及者。何子罪之深也？曰：昔者周嘗封建諸侯矣，諸侯而下爲卿、大夫，卿、大夫而下爲士，士之下爲庶人。周固天下之共主也，及至末孫王赧，不幸貧弱負責，無以歸之，逃之洛陽南宫誃臺。當是時，士庶人有十金之産者，因自豪，遂欲以問周京之鼎，是以罪之也。十金之産，非不有挾也，其罪在於問鼎。後世之學者，不幸不見天地之純，古今之大，全賴程朱出而明之。乃復以其謏聞駁辯，出死力以詆而毁訾之,是何異匹夫負十金之産,而欲問周鼎者也?是惡知此天下諸侯所莫敢犯也哉?故余既明漢儒之有功若彼,而復辯諸妄者之失若此。後有作者,亦足以明余非樂爲是譊譊也,其亦有所不得已焉者也。

題　辭

研究大著，宏博淵通，沉精明辯，息群言之喙，區大道之途。書成一家，義綜百氏，洵斯文之木鐸，爲正學之明鐙。小師破道者，既以啓聵發聾；株守陳言者，亦足發揮旁達。蓋周秦以下有數之書，不僅救目前之失而已。篇中辯漢學之誣，猶易見，至辯黄、顧諸君之失，程、朱、陸、王儒禪兩家幾微毫釐之差，字字如犀分水，使人昭然發蒙。孟子所謂"圣人復起，不易吾言"者也。此書有功聖道，其力量豈不越昌黎而上耶！姚瑩識。

吾始讀植之書，有曰："今之言漢學者，詆毀程朱，欲使有宋不得爲代，程朱不得爲人。"甚訝其言之過。後見黄文暘所著《通史發凡》，以漢及曹魏、西晋、後魏、北周、隋、唐、遼、金、元十代，繫以正統。於北宋書"汴州盗趙匡胤"與"汴州盗朱温"、"广州盗劉隱"，並附於《遼紀》之後；於南宋書"降將趙構"與"降將劉豫"、"張邦昌"，並附於《金紀》之後。由其惡程朱而並及其代，其肆妄如此，然後信植之之言非虚搆也。當喜新尚異之時，而諸家之書，盛行於世，及今不辯，恐他日習非勝是，爲後學之害不淺。然則植之此書，所以正人心，維世道，非止一時之書，而天下萬世之書也。

惜天下之寶者，當共寶之。朱雅識。

弗穿群籍，兼綜百氏，康成也；理足辭明，折衷平允，質之前聖而无疑，俟之百世而不惑，朱子也。植之此書，實兼是二者。然則姚、朱之言，非溢美也。陽湖陸繼輅。

不遍讀群書，不足知其援據該洽；不精深窮理，不足知其折衷允當；不能包括古今義理是非，不足以周知此書之蘊。歷選前哲之著，其間議論醇駁偏全之數，曾不得植之之仿佛，真吾道干城也。元和沈欽韓。

讀大著，私心暢然，知負荷世教，自有人也。曩時讀書，甚不喜康成，然於朱子，亦時時腹誹。讀先生書，敬當力改其失，其爲賜豈有量哉！竊謂漢宋紛紜，亦事勢相激而然，得先生昌言之，拔本塞源，廓清翳障，程朱復明，此亦"功不在禹下"者也。非博學深思，安能得此明辯哉！武進李兆洛。

孟冬奉教，深慰二十餘年傾向，欣幸何既。閣下學問文章，閎博沖粹，當求之古大賢中，豈特足爲蠢愚師哉！此編博學、慎思、明辯，實爲南宋以來未有之書，真朱子功臣也！寶山毛岳生。

陶雲汀宫保曰：所論漢宋之學，得失利害，粹然豁然，多與鄙見相符。晰而不枝，核而能當，具見根柢淵通，自是一時無兩。

佟鏡塘方伯曰：某束髮受書，少長，即潛心周、程、張、朱諸大儒之學。既服膺有年，益信其切近平實，不過求之君臣、父子、兄弟、夫婦、朋友、耳目、口鼻、日用、動静之間，而極之可賅家國天下齊治平之大，凡歷聖授受心法，與人之爲人，胥是道也。承學之士，矜訓詁之一得，目爲空疏。某嘗思有以止之，雅不欲與人辯難，僅就向所服習者，爲《讀性理述》、《絅齋劄記》二刻，以明義理之可守。今乃得植之《漢學商兑》讀之，其説先臚列害道邪説，分晰辯詰，務拔其幟而後已。或曰：立説期於明理，訐人失而明吾得，門户所以分也。應之曰：非訐其説也，惡其説之害人心也。彼以義理爲空疏者，固已先病其心矣，人不至寒熱大作而七日不汗，雖良醫如和、緩，謂其病且死，彼必不受。植之亦恐人之不受也，提其病而示之，人乃瞿然也。①

① 自“佟鏡塘方伯曰”至此一段，道光本所無。

卷上

桐城方東樹

毛奇齡《西河集》辯道學，其略曰："聖學不明久矣。聖以道爲學，而學進於道，然不名'道學'。凡'道學'兩字，六經皆分見之。即或併見，亦只稱'學道'，而不稱'道學'。惟道家者流，自鬻子、老子而下，凡書七十八部，合五百二十五卷。按，今《四庫》著録四十部，四百三十二卷；存目一百部，四百六十四卷。毛氏但據《隋志》。雖傳布在世，而官不立學，只以其學私相授受，以陰行其教，謂之'道學'。是以道書有《道學傳》，專載道學人，分居道觀，名爲'道士'。士者，學人之稱。而《琅書經》曰：士者何？理也。自心順理，惟道之從，是名道學，又謂之理學。逮至北宋，陳摶以華山道士，與种放、李溉輩，張大其學，竟搜道書《無極尊經》，及張角九宫，倡太極、河、洛諸教，作道學綱宗。按，古今爭《易圖》者，聚訟紛紜：一曰圖書所出之世，一曰圖書九十之數，一曰太極先、後天方位，爲周、邵因《易》而作，非羲文本有，不可以之説《易》。最甚者，謂先天四圖，爲出於道家修鍊宗旨，而非聖人之學，以爲攻宋儒道學最初之證。吾謂太極之名、圖書之數、先後天方位，皆本於《易大傳》，固孔子之言也。《傳》雖不言圖，然圖與《傳》縱横曲直，無不相值，不謬於聖人，固不可廢矣。河、洛著於《易》,見於《論語》,其出於天無異説,而歐陽永叔指爲怪妄。近錢澄之謂河、洛皆因《易》而作,胡渭謂先儒僞造《洛書》,亦過矣。若太極出周子先天,雖未決知所出,要皆《大傳》所言,而其所以發揮易道者,至精至密,非徒無害焉而已,實足垂教於天下萬世而無窮,斯亦可矣,果何所忌惡而必毁去之也? 至九宫之法,見於《乾鑿度》,康成之注極著,非起於張角。張衡上疏極斥圖讖,而不非九宫、風角學,則又不自放、溉、希夷始搜得之。説圖書者,自漢孔氏、劉歆、揚雄、班固,皆著於儒書,惟宋劉牧《易數鈎隱圖》三卷,在《道藏》中。要是《道藏》收牧之書,非太極、河、洛本出於道家也。《易》言:“河出圖,洛出書,聖人則之。”明是伏羲則圖書以作《易》,故孔安國、揚雄、劉牧,俱云圖、書並出伏羲時。惟劉歆乃謂圖出伏羲時,伏羲以之作《易》;書出夏禹時,禹則之以作《範》。説者因謂圖、書之體相似,故孔子挾句言之,如以卜筮者尚其占,亦挾句言之也。此説蓋得之《周禮・司巫》鄭司農注引“魯僖公欲焚巫尪”,疏云“兼引尪者,挾句連引之”。河、洛二圖,宋朱震始列於《易圖》之首,固依《大傳》之言,非無所本而妄作之比,故朱子從之,後來學者因惡朱子,故亟攻之,要之非攻圖,攻朱子不應以之列於《易》耳。自林栗以來,無慮數十家,併爲一談,牢不可破,皆以《易圖》爲後人依託,非畫卦之本,雖吴澄、歸有光號爲宗朱者,亦皆著説爭辯。《四庫提要》曰:宋俞琬作《易外别傳》,以邵子先天圖,闡明丹家之旨。考先天圖傳自陳摶,自南宋以來,無不尊信。林栗、袁樞雖嘗據理直攻,猶未能抉其要。逮元延祐間,天台陳應潤作《爻變義藴》,始確指爲《參同》爐火之説,爲道家假借《易》理,以爲修鍊之術。胡渭作《易圖明辯》,力辯圖書、五行、九宫、先天、太極,使學者知圖書之説,雖言之成理,執之有故,乃修鍊術數二家,旁分《易》學之支流,而非作《易》之根柢云云。黄宗炎作《圖書辯惑》,毛氏作《圖書原舛》,闢之尤力。至此指爲道家之術,希夷竊之,以倡其教,固猶之諸家剿説已耳。然觀諸家之説雖堅,究竟諸圖之所以害於《易》、悖於四聖人者安在? 亦不能言也。蓋《易》道至廣,後世九流雜家,皆可附入,而二氏之書,又往往假借附會,以自尊其教。若此諸圖,實見於孔子之言,諸人之疑,不過以漢儒未嘗言圖,故不肯信。

遂並《大傳》經文不顧，所謂"寧信漢儒，不信孔子"，則試詰以《大傳》云云，曷爲渺無指據，而鑿空發語云爾哉？統觀近人所著書，攻道學，攻理學，攻《易圖》，攻《大學》，攻《集注》，尊《小序》，攻淫詩，攻禪學，攻言心言性道，攻門户，千條萬端，皆意在朱子而已。至《僞古文》，則亦以朱門弟子，無識輕信爲本旨，大抵出於妒惑，逞私矜名，非真有萬不容已衛道憂世之誠也。① 而周敦頤、邵雍、程顥兄弟師之，遂篡道教於儒書之間。按，馬貴與曰：晁氏曰朱震言程頤之學，出於周敦頤，敦頤得之穆修，亦本於陳摶。景迂云胡武平、周茂叔，同師鶴林寺僧壽涯，其後武平傳於家，茂叔則授二程。按伊川之學，出自濂溪，此先儒通論也。而晁、朱之説，②以爲濂溪本於希夷及一僧，則固老釋之宗旨矣，此論未之前聞。虞道園《君子堂記》云：昔周子特起於千載之下，上接

---

① 按此段注文，方氏改易頗多。道光本原作："按，太極之名，圖書之數，先、後天方位，皆本《易大傳》，固孔子之言也。傳雖不言圖，然圖與傳縱横曲直，無不相值，可謂至精，故朱子信之，即謂後人因傳作圖，要其旨不叛於聖人，則其理固不可廢，非異端妖妄之比也。至九宫之法見《乾鑿度》，康成嘗引之。蕭子顯《南齊書·高帝紀》，引太乙、九宫占，則非起於張角，亦不自希夷始搜得之。朱子依邵子定十爲河圖、九爲洛書，合於《易大傳》。北周盧辯注《大戴記》，稱明堂九室法龜文，亦以洛書爲九。自漢孔氏、向、歆、揚雄、班固，宋魏華父、朱子，發諸儒之論，或十或九，或分或合，紛紛不定，惟劉牧《易數鉤隱圖》三卷，在《道藏》中。要是《道藏》收牧之書，非漢儒以來説河洛者，皆從《道藏》中來也。吴澄、歸有光，及吾宗望溪，皆於易圖有辯，然亦不過謂此邵子之學，非必羲、文先有是圖，而孔子以《説卦》解之也。《四庫提要》曰：宋俞琰作《易外别傳》，以邵子《先天圖》闡明丹家之旨，考《先天圖》傳自陳摶，自南宋以來，無不尊信，林栗、袁樞雖嘗據理直攻，猶未能抉其要。逮元延祐間，天台陳應潤作《爻變義藴》，始確指爲《參同》爐火之説，爲道家假借《易》理以爲修煉之術。胡渭作《易圖明辨》，力辯圖書、五行、九宫、先天、太極，使學者知圖書之説，雖言之成理，執之有故，乃修煉術數，二家旁分，《易》學之支流，而非作《易》之根柢云云。黄宗炎作《圖書辨惑》，毛氏作《圖書原舛》，爭《易》圖尤力。至此直指爲道家之術，希夷竊以倡其教。竊謂諸家之説雖堅，究竟孔子《大傳》，曷爲渺無指據，而鑿空發語云爾哉？雖《易》道至廣，後世九流雜家，皆可附入；二氏之書，又往往假借附會，以自尊其教。而此諸圖，實本於孔子，諸人之疑，不過以漢儒未嘗言圖爲不可信，遂並《大傳》經文不顧，所謂'寧信漢儒，不信孔子'，則試詰以《大傳》云云，畢竟何指乎？"

② "朱"，原作"宋"，道光本亦誤。此"晁、朱"指晁説之與朱震，若作"宋"，則無所指焉，今改之。

前聖，圖書之作，天實啓之，①而或者猶疑其説之别出，②云云。樹謂異説之興，自古而然。此咸邱蒙、萬章之徒所疑而亟欲問，而孟子所爲"不得已而好辯"與？至南宋朱熹，直勾史官洪邁，爲陳摶作一名臣大傳。而周、程諸子，則又倡《道學》總傳於《宋史》中，使道學變作儒學，凡南宋諸儒，皆以得附希夷道學爲幸。如朱氏《寄陸子静書》云：'熹衰病益深，幸叨祠禄，遂爲希夷直下孫，③良以自慶。'又《答吕子約書》云：'熹再叨祠禄，遂爲希夷法眷，冒忝之多，不勝慚懼。'按，朱子《周易參同契考異跋》末自署"空同道士鄒訢"。《四庫提要》曰："蓋以鄒本邾國，其後去邑而爲朱，故以寓姓。《禮記》鄭氏注謂'訢當作熹'；又《集韻》'熹，虚其切'，'訢'亦'虚其切'，故以寓名。殆以究心丹法，非儒者之本務，故託諸廋辭與？考《朱子語録》論《參同契》諸條，頗爲詳盡。《年譜》亦載慶元三年，蔡元定將編管道州，與朱子會宿寒泉精舍，夜論《參同契》。又與蔡書曰'《參同契》更無縫隙，亦無心思量，但望他日爲劉安之雞犬耳'云云。蓋遭逢世難，不得已而託諸神仙，殆與韓愈謫潮州時，與大顛同游之意相類。故黄端節《附録》謂其師弟子有'脱屣世外之意'，深得其情。黄震《日鈔》乃曰'《參同契》者，上虞人魏伯陽作，其説出神仙，不足憑。近世蔡季通，學博而不免於雜，嘗留意此書，而晦庵與之游，因爲校正其書，頗行於世，而求其義，則絶無之'云云。其持論固正，然未喻有託而逃之意也。"云云。樹謂此論甚的。毛氏所指朱子與陸、吕兩書之云，其意亦猶是耳。蓋惟聖人之體道廣，又磨不磷，涅不緇，子路輩則不及知矣。黄震以魯男滯見非柳下，高子之爲《詩》也。後有知者，當參此微旨。昔朱子論張子房託意寓言，將與古之形解銷化者，相期於八紘、九垓之外，使千載之下聞其風者，想像太息，不知其心胸面目爲何如人。余謂孔子欲居九夷，乘桴浮海，意

---

① 虞集《道園集》卷二九《君子堂記》，"啓"作"假"。

② 自"虞道園"至此注文，道光本所無。

③ 朱熹《朱子大全》卷三六《寄陸子静書》，"深"作"侵"，"直下孫"作"直下諸孫"。

亦如是,此豈黄震所及知哉!又按《新序》,介子推曰"謁而得位,道士不居也"。《漢書·京房傳》所偁"道人",解者皆謂有道之士,有道之人。則道士,古人不諱偁。是道學本道家學,兩漢始之,歷代因之,至華山而張大之,而宋人則又死心塌地,以依歸之。其爲非聖學,斷斷如也。"

按向來疑宋儒者,譏其墮禪。此獨誣其篡道,雖焦竑、楊慎輩,極力詆毁,皆未有若是之堅僻者。夫學道,乃士人之職業;"道學",乃後人所加之名號。隨文各當,不可執著。古者治出於一,道在君師學校,而畎畝所樂者亦是。晚周以來,道始歧分。如老子所稱之道,稍過而偏,[1]遂失中耳;再變而爲莊、列、楊、墨,其途益差,於是始有攻乎異端者,則所謂道其所道,非吾所謂道也;再變而以爐火、符籙、齋醮、章呪誣老子,於是不但道與儒分,而道與道亦分矣。《荀子》書偁"道經",楊倞注謂"有道之經",即《虞書》也。《漢·藝文志》曰:"道家者流,蓋出於史官,歷記存亡禍福、古今之道,然後知秉要執本,清虚以自守,卑弱以自持,此君人南面之術也。合於堯之克讓,《易》之謙謙,一謙而四益,此其所長也。及放者爲之,則欲絶去禮學,兼棄仁義,曰獨任清虚,可以爲治。"《隋·經籍志》曰:"自黄帝而下,聖哲之士,所言道者,傳之其人,世無師説。漢時曹參,始薦蓋公能言黄老,文帝宗之,自是相傳,道學衆矣。下士之爲,[2]不推其本,苟以異俗爲高,迂誕譎怪,而失其真。"云云。如陶弘景《真誥》,朱子謂其"皆竊佛家之至鄙至陋者爲之"。《四庫提要》曰:"後世神怪之迹,多附於道家,道家亦自矜其異。要其本始,則主於清静自持,而濟以堅忍之力,以柔制剛,以退爲進,故申、韓流爲刑名,而《陰符》可通於用兵。其後長生之説,與神仙合爲一家,而服餌、導引、房中皆入

---

[1] 道光本"稍"前有"亦是惟"三字。

[2] "之爲",《隋志》作"爲之"。

之；鴻寶有書，燒煉入之；張魯立教，符籙入之；北魏寇謙之，又以齋醮、章呪入之。”又曰：“《漢志》道家、神仙，本截然兩途。”“黄冠者，以丹方符籙，炫其神怪，名爲道家，實神仙家也。黄老之學，漢代並偁，然言道德者偁老子，言靈異者偁黄帝，名爲述説老子，實皆依託黄帝也。其恍惚誕妄，爲儒者所不道，其書亦皆不足録，顧其書名，歷代史志皆著於録”云。宋張君房作《雲笈七籤》一百二十卷，類例指歸，科條綱格，無不該備，《道藏》精華，大略具此。又明道士白雲霽，作《道藏目録詳注》四卷，其七部分三洞、四輔，爲舊道藏《目録》，與《雲笈七籤》合其七部子目，分十二類，則所新續之目也。“三洞者：一洞真部，元始天尊所流演，是爲大乘上法；二洞元部，太上老君所流演，是爲中乘中法；三洞神部，亦出太上老君，是爲小乘初法。四輔者：一太玄部，洞真之輔也；二太平部，洞元之輔也；三太清部，洞神之輔也；四正一部，三洞、四輔所會歸也。每條各爲解題，仿《崇文總目》、《直齋書目》例。但所列諸書，多有非爲道家言者，一概收入，殊多牽强。然考道家之源委，此書實爲總滙”云。又元道士李道謙撰《甘水仙源録》十卷，以爲老子言清静，佛言寂滅，神仙家言養生術，而張魯以符籙祈禱爲教，四者各别。至金源初，咸陽人王嚞，棄家學道。正隆中，自偁遇仙於甘河鎮，飲以神水，遂自號“重陽子”。大定中，抵寧海州，馬珏夫婦築庵事之，立三教平等會，以《孝經》、《心經》、《老子》，教人諷誦，而自名其教曰“全真”，由是四方之人宗其道者，皆號“全真道士”云。都卬《三餘贅筆》曰：今之道家，有南北二宗。其南宗者，謂自東華少陽君得老聃之道，以授漢鍾離權，權授唐進士吕巖、遼進士劉操，操授宋張伯端，伯端授石泰，泰授薛道光，薛授白玉蟾，白授彭佀；其北宗者，謂吕巖授金王嚞，嚞授七弟子，其一邱處機，次譚處端，次劉處元，次王處一，次郝大通，次馬珏及珏妻孫不二云云。其説甚詳，然孰見其授受乎？厥後“三教歸一”之説，浸淫而及於儒者。明代講學家，矜爲秘密，實則嚞之緒餘耳。又元陳采作《清微仙譜》偁：“道教啓於元始，一再傳至老君，分爲四派：曰真玄，曰太華，曰關令，曰正一。”大率荒誕，不足辨真僞也。又按《後漢書・襄楷傳》言，宫崇上《太平經》注引

《江表傳》,言于吉燒香讀道書,制作符水,以除災病。孫策言交州刺史張津,舍前聖典籍,廢漢家法制,鼓琴焚香,讀邪俗道書,云以助化,卒爲蠻夷所殺。張魯祖父陵,學道雞鳴山,造作符書。熹平中,妖賊張脩爲太平道,張角爲五斗米道。① 則道教妖妄,自漢代始之,至其所以爲説,則若《隋志》所論《道經》云云者是也。

蓋自漢儒分道爲一家,而道之正名實體大用皆不見,惟獨董子、韓子及宋程朱,始本六經、孔孟之言而發明之,而聖學乃著。董子曰"道之大原出於天",韓子《原道》,首揭仁義。道猶路也,言天下古今所共由之路也。程子曰:"天有是理,聖人循而行之,所謂道也。"故曰"夫道若大路然"。其原出於天,而率於性,而行之必以中正,故程子謂"中者,天下之正道",而孟子亦謂之"正路"也。《洪範》曰:"無偏無黨,王道蕩蕩;無黨無偏,王道平平;無反無側,王道正直。"言道也。無有作好惡,而遵王之道路,言學道也。《詩》曰:"周道如砥,其直如矢。君子所履,小人所視。"砥、矢言道,履、視亦言學也。故曰:"道也者,不可須臾離也。"周公立政曰師"以道得民",又曰"論道經邦",孔子曰"志於道",子夏曰"君子學以致其道"。凡堯舜之道,文武之道,《大學》之道何? 莫非聖學也。

至於理者,許慎説爲"治玉"之名,吾以此詁猶後起之義。要之條理、義理、文理,皆本天道之自然,故曰"天理"。凡見於六經載籍者,古今無異論。戴震據《莊子》以牛之

① 按方氏此處引據有誤。《後漢書》卷七五《劉璋傳》、《三國志》卷八《魏書·張魯傳》,有關太平道等,注皆引自《典略》。《魏書》引《典略》曰:"熹平中,妖賊大起,三輔有駱曜。光和中,東方有張角,漢中有張脩。駱曜教民緬匿法,角爲太平道,脩爲五斗米道。"然則"熹平中"當爲"光和中";而爲太平道者當爲"張角",爲五斗米道者當爲"張脩",方氏皆誤也。

"腠理"爲"天理",以攻宋儒説"理"之謬,不知"腠理"政理之確解,震不悟耳。《莊子·養生主》庖丁解牛"依乎天理",注曰"牛之腠理,有自然之縫"。又曰"彼節者有間,而刀刃無厚;以無厚入有間,恢恢乎其於游刃必有餘矣"。又《公食大夫禮》"倫膚七"鄭注"倫,理也。謂精理之脆絶者"。① 蓋因天下萬事萬物,皆有如此自然之間縫條理,無事不然,無物不具,故名之曰"理"也。而昧者猶闢之。② 龍溪李威曰:"'理'字見於三代典籍者,皆謂'條理'。《易》曰'君子黄中通理',又曰'和順于道德,而理于義',又曰'將以順性命之理';《詩》曰'我疆我理';《周禮·考工記》曰'陽也者,稹理而堅;陰也者,疏理而柔';《中庸》曰'文理密察';《孟子》謂'理也,義也',又曰'始條理也,終條理也',其義皆同。未有以爲至精至完,無所不具,無所不周,爲萬事萬物之祖者也。《論語》,孔門授受之書,不言及'理'。何獨至於宋儒,乃把'理'字做個大布袋,精粗鉅細,無不納入其中。至於'天'亦以爲即'理','性'亦以爲即'理',卻於物物求其'理'而窮之,凡説不來者,則以爲必有其'理';凡見不及者,則以爲斷無是'理'。從此遂標一至美之名曰'理學',竟爲古昔聖賢未開之門庭,不亦異哉!"按,此説蔽昧無知,殆由病狂,喪其心之神識而譫語也。夫三代典籍所同謂"條理"者,政此"理"字的解,何得是二五而非十邪?譬如言古今典籍,但曰人身、人心、人手、人足、大人、小人、貴人、賤人、男人、女人、賢人、愚人,何得獨以一"人"字做個大布袋,賢、愚、貴、賤、男、女、手、足、身、心,盡納其中,而統名之爲"人"? 李氏之説,何以異是。而戴氏、阮氏諸家之蔑理者,謂程朱"以理禍斯民","理必附於禮而行",皆同此譫狂而已。③

夫以堯、舜、周、孔之聖學,號而讀之曰"道",循而求之

---

① "脆絶",《儀禮·公食大夫禮》鄭注作"滑脆"。

② 自"《莊子·養生主》"至此,道光本所無。

③ 自"此説蔽昧無知"至此,道光本原作:"按此説蔽昧無知,不識好惡,所謂'詅癡符'也,不審何所惡於斯名而詆之也?"

曰“理”，此古今之通義，不悟以此乃犯不韙。至其以後世分居道觀之羽流黄冠，而謂周、程、張、朱與之同類，非但誣而失是非之心，又將使來學視周、程、張、朱爲異端，而斷其非聖學，此其爲害，豈在洪水猛獸下也？古之學者在學校畎畝，惟神仙、道士，皆栖神山澤，吐納清虚。其生之所居，或曰“静室”，曰“精舍”，其死即或祠之，如《莊子》偁“藐姑山”。燕昭王、漢武帝使人求蓬萊山，王子喬駐緱氏山，後人即立祠山下，浮邱公接王子晋上嵩高山，陵陽子入黄山采玉芝。鬼谷子居清溪山，山東有泉，泉側有道士精舍。《十洲記》曰滄浪海島中，有石室，九老仙都治處。承淵山有金臺玉樓，流精之闕，瓊華之室，西王母之所治。《淮南子》曰傾宫旋室，在崑崙閶闔之中。《江表傳》言于吉初來吴會，立精舍。梁周子良作《冥通記》，稱道士之居名“治堂”。“觀”本樓觀之名，《爾雅·釋宫》“觀謂之闕”郭注“宫門雙闕”，疏：“《周禮·大宰》‘懸治象之法於象魏，使萬民觀治象’。《白虎通》‘使人觀之謂之觀’。是觀與象魏、闕，一物而三名。”若白虎、高昌、建城、龍堂、細柳等名皆是，故曰“高樓飛觀”，又曰“連觀飛榭”。至於以觀像設仙真居道士，據《初學記》載《樓觀本記》云：周穆王好神仙，因尹真人學制樓觀，遂召幽逸之士，置爲道士。平王東遷，又置道士七人。《元和郡縣志》亦襲是説。元道士朱象先《終南山説經臺碑記》、李道謙《終南山祖庭仙真内傳》，偁終南山樓觀，爲尹喜故居，故其徒謂之“祖庭”。是編載歷代羽流居是觀者，道謙所編皆元人，①象先所纂則自尹喜而下周、漢人也。象先自跋《樓觀先師傳》云，尹喜弟尹軌撰。至唐有尹文操者續紀，則觀居道士，其來已遠，要皆虚誕不足深詰。夫尹喜與老子同時，而《初學記》謂爲穆王時人，尚足辨哉？觀爲宫闕之名，後世以居道士，猶之寺本官府，始漢明帝以鴻臚寺，居攝摩騰、竺法蘭，後世遂以寺爲浮屠所居

① 按“元人”《四庫總目》卷一四七《終南山祖庭仙真内傳提要》作“金、元人”。方氏道光本原注較此爲簡略，然引文亦作“金、元人”，詳見下注。

之常名矣。[①] 希夷之爲聖學與非，即不敢知；若周、程、張、朱所述，非聖學而何！河洛、先天、太極諸圖，即以爲希夷所傳，非聖學；而周、程、張、朱所發明六經大義，古聖微言，不止在此。其書著爲功令，風厲學官，用以取士，非“私授陰行”之比，何得一概詆之，而斷其非聖學也？當日林栗劾朱子，偁朱爲“道學”。葉適上疏爭之曰“小人殘害忠良，率有指目”，“近創爲‘道學’之名，鄭丙倡之，陳賈和之”云云。攻道學者，鄭丙、陳賈、何澹、劉德秀、劉三傑、胡紘、林栗。栗字黄中，與朱子論《易》、《西銘》不合者；澹本生繼母喪，禮寺言當解官，澹引不逮事之文，太學生喬嚞、朱有成移書責之，乃去；寧宗以嫡孫議行孝宗三年服，紘與朱子爭言止當服期；丙字丙如，四明人。[②] 則“道學”之名，非雒閩諸賢所自號，亦明矣。至於元修《宋史》，非周、程諸子所及逆知，毛氏謂周、程諸子倡《道學》總傳於《宋史》中，非事實也。

昔宋周公謹周密，錢塘人，寶祐間爲義烏令。入元不仕，自稱“弁陽老人”。弁山在湖州。[③] 有言曰：“伊洛之學行於世，至乾道、淳熙間盛矣。其能發明先賢旨意，溯流徂源，論著講解，卓然自爲一家者。”新安朱氏元晦“尤淵深精詣，蓋其以

---

① 自“《爾雅・釋宫》”至此，道光本原作：“若東觀、白虎、高昌、建城之類，故曰‘高樓飛觀’，又曰‘連觀飛榭’。至於以觀像設仙真居道士，《元和郡縣志》等説難信，漢以後乃漸盛耳。猶之‘寺’，本官府之居，始於漢明帝之居攝摩騰、竺法蘭於鴻臚寺，後世遂以‘寺’爲浮屠之居之常名矣。而元道士朱象先《終南山説經臺碑記》，李道謙《終南山祖庭仙真内傳》，稱終南山樓觀爲尹喜故居，故其徒曰‘祖庭’。是編載歷代羽流居是觀者，道謙所編，皆金、元人；象先所纂，則自尹喜而下周、漢人也。象先自跋《樓觀先師傳》，尹喜弟尹軌撰。至唐，有尹文操者續紀。則觀居道士，其來已遠，要多虚誕，不足深詰。”

② 自“攻道學者”至此，道光本所無。

③ 自“周密錢塘人”至此，道光本所無。

至高之才，至博之學，而一切收斂，歸諸義理；其上極於性命、天人之妙，而下至於訓詁、名數之末，未嘗舉一而廢一。蓋孔孟之道，至伊雒而始得其傳；而伊雒之學，至朱氏而始無餘藴。必若是，而後可言道學也已。外若廣漢張敬夫、東萊吕伯恭，亦皆以其學傳授。而陸子靜、張子韶，往往流於異端。子韶參宗杲，子靜參杲之弟子德光。程子所謂今之異端，因其高明者也。至於永嘉諸公，則以詞章議論馳騁，固已不可同日語也。世又有一種淺陋之士，自視無堪以爲進取之地。輒亦自附於'道學'之名，褒衣博帶，危坐闊步，或抄節語録，以資高談；①或閉眉合眼，號爲默識。而叩擊其所學，則於古今無所聞知；考驗其所行，則於義利無所分别。此聖門之大罪人，吾道之大不幸，而遂使小人得以藉口，爲'僞學'之禁，而君子受玉石俱焚之禍者也。韓侂胄用事，遂逐趙忠定，凡不附己者，指爲'道學'而盡逐之。"已而知"道學"二字，非不美之名，②於是更目爲"僞學"。"臣僚之薦舉，進士之結保，皆有'如是僞學，甘服朝典'之辭。高文虎博洽自負，與胡紘共攻道學，久司學校，凡言性命道德者，皆黜之。又按政和間，以詩爲元祐學術，御史李彦章遂上疏論淵明、李、杜以下皆貶之，因詆黄、秦、晁、張，請爲科禁，至著於律令，士庶傳習者杖一百。又史彌遠因惡陳起，遂下詔禁作詩。此在當日出於蔡京、韓侂胄、史彌遠者，猶曰有故。今時漢學考證家之出力苦攻宋儒道學，徒出爭名好勝之私妄，遂昧心而忘其爲小人之歸矣。尤袤、劉光祖、王介之辨明切如彼，③今學人猶承餘臭邪？④　一時嗜利無恥之徒，

---

① 道光本此下有注文曰："如近人《反身録》、《儒門法語》亦是。"底本删去。
② "非不美之名"，周密《齊東野語》原文作"本非不美"。
③ "如"，全集本作"於"。
④ 此段注文，道光本所無。

雖嘗自附於道學”者，往往改“易衣冠，强習歌鼓，欲以自別。甚者鄧友龍輩，附會迎合，首啓兵釁。鄧友龍，長沙人。初從張南軒游，後攻道學，遂諱之。嘉泰間，韓侂胄欲立蓋世功名，議恢復，鄧友龍附和之，以逐樓機。又《齊東野語》論秦檜之主和，韓侂胄之恢復，皆有所由，論世者不可不知其故。[①] 而向之得罪於慶元初者，亦從而和之，可歎也已！”《癸辛雜識》載吴興老儒沈仲固論道學之蔽一條，亦不可不知。要之此皆小人依附，非真道學諸賢實貽之害也。《抱朴子》云：“噎死者，不可咎神農之教稼；[②]燒死者，不可怒燧人之鑽火。”[③]按，論“道學”之真僞得失，無如此説之詳盡者，余故録之，以著其實，使知世所譏於“道學”者，自指此輩。而向來誣善之徒，直集矢於程朱，是不可不辨也。

又朱子有《答周益公書》，其末一條，辨學道之言云：“以道爲高遠玄妙而不可學邪？則道之得名，正以人生日用當然之理，猶四海九州百千萬人當行之路耳，非若老佛之所謂道者，空虚寂滅而無與於人也。以道爲迂遠疏闊而不必學邪？則道之在天下，君臣父子之間，起居動息之際，皆有一定之明法，不可頃刻而暫廢。故子游誦夫子之言曰‘君子學道則愛人，小人學道則易使’，而夫子是之。若謂雖嘗學之，而不當自命，以取高標揭己之嫌邪？則爲士而自言學道，猶爲農而自言其服田，爲賈而自言其通貨，亦非所以爲夸。若韓公至乃自謂己之道，乃夫子、孟軻、揚雄所傳之道，則其言之不讓益甚矣，見《答張籍書》，《唐書》籍本傳亦

---

① 此段注文，道光本所無。
② 《抱朴子内篇・論仙》“咎”作“譏”，“教稼”作“播穀”。
③ 此段注文，道光本所無。

載之。[1] 又可指爲後生之語而疑之耶?”又劉爚奏言:“宋興,六經微旨,孔孟遺言,發明於千載之後,以事父則孝,以事君則忠,而世之所謂‘道學’也。慶元以來,權佞當國,惡人異己,[2]指道爲僞,屏其人,禁其書。學者無所依鄉,義利不明,趨向污下,人欲横流,廉恥道喪。[3] 望其於既仕後,職業修,名節立,不可得也。追維前日,禁絶‘道學’之事,不得不任其咎。”云云。竊謂此事之在當日,猶爲有激而然,勢不兩立。今學者幸生盛世,一道同風,何所惡於斯名,而稱引無稽,詭理反正,疑亂學術,雖欲自絶,何傷日月也。或因毛氏此言,遂併《太平御覽》引《道學傳》第六百六十卷《道士部》引《道學傳》。有燕濟、鮑靚、王嘉、嚴遵等二十三人。今《道藏·洞真部》傳記中無《道學傳》,蓋自被宋人以“道學”之名,而道學隱矣云云,此尤爲謬陋!奈何輕吾道,而惜彼道之隱,轉若有憾詞邪? 世以“道學”、“理學”爲訴病也,衆也久矣,余故首爲正其名,以究其所失之源焉。其餘先儒之論載見於馬氏《通考》者,卷二百十一《道家》,二百二十四《神仙家》。學者具見,不備述也。

萬氏斯同撰《儒林宗派》,其旨以爲自《伊雒淵源録》出,《宋史》遂分《道學》、《儒林》爲二傳。非惟文章之士,不得列於儒;即自漢以來傳聖人之遺經者,亦不得列於儒。講學者遞相標榜,務自尊大,明以來談道統者,揚己淩人,互相排軋,卒釀門户之禍。

---

① 此段注文,道光本所無。
② “異”,《宋史》卷四〇一《劉爚傳》作“議”。
③ “道”,《宋史》卷四〇一《劉爚傳》作“日”。

按，朱子撰《伊雒淵源録》，本以考實前輩師友學行，不没其真，以爲來者矜式，逮其後聲氣攀援依附，分立道學門户，此末流之敝，古今類然，只可因時救正，而不得惡莠亂苗，並追咎於教稼者也。至於元修《宋史》，本此書創立《道學傳》，非朱子所逆覩，乃世遂援此以爲罪朱子鐵案，豈非周内與？昔韓侂冑初禁道學，後猶知道學之名，非爲不美。今學者生當日久論定之後，而猶以道學爲詬病，雖生於妒惑，亦由智識卑陋，不自知其然而然也。

《宋史》創立《道學傳》，實爲見周、程、張、朱，躬行實踐，講學明道，致廣大，盡精微，道中庸，厥功至大，實非漢唐以來諸儒所可並。平心而論，誠天下人心之公，即以爲後來諸儒，不容濫登此傳，而周、程五子固無忝矣。不知"道學"二字，犯何名教，害何學術，①必欲攘袂奮臂，作冤親仇主，鋌爲訟首，②試叩其本心何居，③豈非甘自外於君子，犯名教之不韙，而以惡直醜正自標揭也？君子一言爲知，一言以爲不知，叔孫之毁，何傷日月也哉！又考《大全集》五十九卷《答吴斗南書》，則《淵源録》乃朱子未定之書，亦非自命名。

又錢受之爲琴川毛氏作《新刊十三經注疏序》内云："宋之學者，自謂得不傳之學於遺經，掃除章句，此語誣而非實，朱子説經，並未廢章句，詳見下卷。而歸之於身心性命。近代儒者，遂以講學爲能事，其講學愈精，其言知性知天愈渺而窮，究其指歸，未必如章句之學，有表有坊也。漢儒謂之講經，通經以致

---

① 刊誤本此下尚有"干礙諸人何事"六字。

② 刊誤本此下尚有"若欲伸大義於天壤而不共戴天者"十四字。

③ 刊誤本此下尚有"誠不可解"四字。

用也，講經而不反之身心，何用講，更何用經也。而今世謂之講道，離經講道，離經講道，無有是事也，辯見卷中之下第十一葉。賢者高自標目，不肖者汪洋自恣，則亦宋儒掃除章句者，導其先路也。修《宋史》者，於是分《道學》、《儒林》爲兩傳。《儒林》則所謂章句之儒，《道學》則所謂得不傳之學者也。《儒林》、《道學》分，而古人傳注箋解義疏之學，無復遺種。現所新刊者，即是歷世傳習，何云"無復遺種"？① 且宋後列史，自有《儒林》，何得云爾？② 此亦古今經術升降絶續之大端也。"按，《漢書》翼奉曰："聖人名之曰道，賢者名之曰經，則《易》、《書》、《詩》、《春秋》、《禮》、《樂》是。"錢氏蓋不足以知此也。樹按，錢氏誖畔之徒，本不知學，③焉識是非！即如此論，誣謬蔽昧，無一語中理，實本不足與細辯，但近時攻道學者，悉同此旨，奉爲篤論，故附録於此，以見邪説之興，必自邪人倡之也。錢在懷宗時，爲張漢儒、温體仁、蔡奕琛所攻，上疏自辨。其言有曰："皇上全臣之軀命，尤不若全臣之名節。全臣之軀命，臣之得生，在一身在一家；全臣之名節，臣之得生，在天下在後世。"又曰："若無行義壞名節，聖主不以爲臣，哲父不以爲子，生難戴面爲人，死當薦棘毒以入地。臣讀聖賢之書，奉父師之訓，於'名節'二字，亦既籌之熟矣，而謂臣忍爲之哉！"又曰："古未有城破而不死之縣令，陷賊而不死之臣子。"云云。其言如此，不知其後降李賊時，④用章句坊表與？用離經講道者之身心性命與？然不待至是而後敗也。即當上疏時，力辨己非東林、復社之黨，已自外於君子矣。此《序》之矯誣，政其根本如是也。⑤

---

① 刊誤本此下尚有"信口駕誣"四字。
② 刊誤本此下尚有"是爲文理不通"六字。
③ "本不知學"，刊誤本作"人頭畜鳴"。
④ "降李賊時"，刊誤本作"迎降之時"。
⑤ 自"《宋史》創立《道學傳》"至此大段正文與注文，皆道光本所無。

考上古聖人，不以儒名。周公設官分職，始别師儒之用，而師較優。《禮記・文王世子》："凡始立學者，必釋奠於先聖先師。"禮家謂考之經傳，未嘗舉其人以實之。鄭氏康成於"先聖"言周公若孔子，於"先師"以爲若毛公、伏生、高堂生、制氏，於"國故"言若唐虞有夔龍、伯夷，周有周公，魯有孔子。宋長樂劉氏，以舜、禹、湯、文爲"先聖"，要皆臆度之辭。漢魏以還，或以周公爲"先聖"，孔子爲"先師"；或以孔子爲"先聖"，顔回爲"先師"。唐顯慶以後，從房喬等議，始定而不改。開元八年，以左丘明、子夏以下二十二人爲"先師"，後升子夏，止二十一人。配食孔子。宗康成注説，以專門訓詁，爲盡得聖道之傳。近漢學諸人，專主此宗旨。馬端臨、明宋濂等皆不謂然。弘治元年，程敏政考正祀典，欲黜荀況、王弼、馬融、何休等八人，議未行。嘉靖九年，張璁更正典禮，采宋真宗詔旨，以孔子爲"至聖先師"，而"先聖"、"先師"始合爲一，其配位改稱"先賢"、"先儒"。罷公伯寮、秦冉、顔何及荀況、戴聖、劉向、賈逵、馬融、何休、王肅、王弼、杜預、吴澄從祀，林放、蘧瑗、盧植、鄭衆、鄭玄、服虔、范寧各祀於其鄉，進王通、歐陽修、胡瑗、陸九淵從祀。吾友沈君欽韓《義塾附祀先儒議》謂："璁、蕚改稱孔子爲'至聖先師'，不特歷代典故未考，並《禮記》未能通曉。愚謂孔子以人臣爲帝王師，稱爲'先師'，於義無害，加以'至聖'，於義尤備，愈於'素王'、'世家'之虚誣無據矣。"沈君主漢人，自名其所受經爲"先師"，與唐貞觀所褒二十二人，爲符於《禮》"先師"之義。此亦仍顧亭林舊説，不知此只是經師改稱"先儒"，亦無不可。張璁邪人，附會時主私意，非真能正典禮者。然此議自爲可采，但不當罷及康成從祀耳。國朝雍正二年，復祀先賢蘧瑗、林放、秦冉、顔何，先儒鄭康成、范寧，升周、程、張、邵爲先賢。乾隆三年，復祀先儒吴澄。其餘增祀先賢、先儒，或有爲顧亭林、張考夫所欲斥者，兹不備載，亦不備論。吴履震《五茸志逸》云："陸平泉爲宗伯時，議陽明從祀，須俟論定。陶大臨曰:'朝廷不惜以伯爵酬功,何況廟祀?'陸曰:'伯爵者,一代之典;廟祀者,萬世之典。'卒不能奪。"①然儒之名義無定,如孔子告子夏有"君子"、"小人"之殊;《荀子》書有"賤儒"、"悉儒"之譏。《後書·賈逵傳》注引《風俗通義》、何休《公羊解詁序》及徐彦疏所引《繁露》等説,皆有美有惡。故謂儒者,區也。言其區别古今,居則玩聖哲之詞,動則行典籍之道,稽先王之制,立當時之事,此通儒也;若能納而不能出,能言而不能行,徒講誦而已者,是爲俗儒。許叔重解"儒"爲"柔",爲"術士"之稱。顔師古曰"凡有道術皆爲儒"。司馬相如曰"列仙之儒"。《禮記·儒行》"今衆人之命儒也妄常,以儒相詬病"。鄭讀"妄"爲"亡"。亡,無也。以"無常"絶句,云今世名儒,無有常人,遭人名爲儒,而以儒靳故相戲。孔疏引《左傳》杜注"戲而相愧曰靳"。則儒之名,不專爲美號也。準以孔子高之論,及明高皇之諭,則儒必出於中正,而後可當乎儒之名義,是爲儒之正解,惜乎其不能盡出於是也。② 孔子高論:"儒必行包衆美,兼六藝,動静不失夫中道。"洪武十五年諭曰:"中正之道,無踰於儒。上古聖人,不以儒名,而德行實儒。後世儒之名立,雖有儒名,或無其實。孔子生於周末,身儒道,行儒行,立儒教,率天下後世之人,皆欲其中正。卿等爲師表,正當以孔子之道爲教,使諸生咸趨於中正,則朝廷得人矣。"近粤中友人有作《釋儒》者,其言皆支離偏蔽,舉一廢一,未可説經。有謂儒當以"需"爲義者,則試詰以"需"者事之下,豈儒者必皆緩不及事,而後爲美

---

① 自"其餘增祀先賢"至此,道光本原作:"其餘增祀先賢、先儒,或有爲顧亭林所欲斥者,兹不備載,亦不具論。"又"卒不能奪"下,刊誤本尚有"又《張揚園年譜》:壬午,館苕溪,謁文廟。指王陽明曰:'有王者起,此老猶坐不穩。'"一段,底本删去。

② 按自"《荀子》書有"至此,與道光本相較,或注文升爲正文,或添改增益者,亦復不少。

邪？有謂儒當以“柔”爲義者，則試詰以剛爲天德，豈可專用“柔”爲義？此兩説皆本於許叔重，考古經言“柔”，必兼“立”、兼“直”、兼“則”言之，今止舉九德之一之半，安得成義？矧《易》曰“其柔危”，《刑法志》曰“柔者仁之賊也”，又何説也？至謂君子、小人，第於“柔”之真僞分之，尤非。夫“柔”安得云有真僞？此既失名理，又不辭也。色厲内荏，亦謂“剛”有真僞耳。若“柔”之僞，如王莽“謙恭”，李義甫“人貓”，古今諂媚，鄉原詭隨，王弼所謂“以柔順而爲不正”者，豈得猶冒儒之號邪？又可號真儒、真君子爲真柔邪？總之，“柔”、“需”單義，未可釋儒之全名。凡近時漢學家，主《説文》以解經，支離偏蔽，皆犯孔子“不知而作”之病，風气一開，俾端厚之資，皆遵由是路，出入是門，至乃犯大不韙而不悟，思之可爲深懼。吾是以每恨作俑者之務畔朱子也，使學者肯略觀朱子書，必無是輕淺虚憍，强不知以爲知之病。夫儒，只是肄《詩》、《書》六藝之人通號耳。許氏謂之“術士”，亦是儒有君子、小人，猶士有貞邪，君子有真僞。凡古今所論只言人耳，至其造字本義，姑闕之，毋穿鑿可也。本無真知，而傅會臆説，妄説强説，只成病痛，即“通天地人”亦是泛論，非字詁也。① 如公孫弘、蔡義、韋賢、玄成、匡衡、張禹、孔光、馬宫、翟方進、平當、當子晏、孟喜、京房、江公、戴聖、揚雄、馬融、蔡邕、許慈、胡潛、來敏、孟光、譙周、王肅、杜預，雖有儒名，實同冒姓。今萬氏只知以儒爲貴而爭之，既未考周公之制，又不辨儒有俗僞迂鄙等失，而概以爲美號。且《史》、《漢》以來，歷代皆有《儒林傳》，並無貶黜。惟《宋》、《齊》無《儒林傳》，而非以《道學》擠去之也。而謂自漢以來，傳聖人之遺經者，不得列於儒，非事實也。其實康成《禮》注所指“先師”，及唐貞觀所褒，正周公所以謂之儒者也。劉歆稱先師皆出於建元之間者，正漢儒也。而明嘉靖所改稱“先賢”及宋五子，乃周公所以謂之師者也。司馬、

---

① 自“近粤中友人”至此，道光本所無。

班、范所作《儒林傳》,只載傳經義詁之儒,而道德大賢不與焉。良史之製,其用意固有所受也。《宋史》本《伊雒淵源録》,創立《道學傳》,正合周公之制。萬氏不知而議之,過矣!

萬氏此書,意在持平,而其實乃不平之甚,不如張烈,張烈,字武承,其先浙江金華人。嘉靖時,曾祖始自東陽遷居大興。康熙丙午,舉順天。庚戌,成進士,與陸清獻同榜。己未,舉鴻博,授編修,充纂修《明史》官,升春坊、贊善。學宗程朱,深疾陽儒陰釋之學,以閑邪衛道爲己任。著《讀史質疑》,皆舉大綱,似范太史《唐鑑》。又著《王學質疑》,其辨山陰之失極詳切,誠正學砥柱也。[1] 烈著《讀史質疑》,謂《宋史》以外不得濫立《道學傳》,雖意在裁陽明,而語自有分寸。周汝登作《聖學宗傳》,汝登,字海門,泰州人。官尚寶卿。附《王守仁傳》。錢牧翁《密雲墖銘》言:"周公汝登,唱道東南,以宗傳證聖,[2]師與之水乳相契。"據此則海門之溺佛學可知矣。[3] 程子下分二支:一支朱子,下不係一人;一支陸子,下係陽明。沈佳作《明儒言行録》,收陽明於正集,而於其弟子皆從删汰。蓋陸王雖有病痛,若在孔門,亦邀狂狷之與,未可以末學之見,輕欲裁簡。至黄宗羲作《明儒學案》,視周、沈二書爲詳密,然意有左右,陽主陰違,亦非正見。朱軾作《史傳三編》,其旨以明以來傳名儒者,大抵宗宋,而祧漢唐,而宋又斷自濂洛以下。軾此書"上起田何、伏生、申公,不没其傳經之功;中及董仲舒、韓愈,不没其明道之功;於宋

① 此段注文,道光本所無。

② 按錢謙益《有學集》卷三六《天童密雲禪師悟公塔銘》,"聖"下有"學"字,語意較足。

③ 此段注文,道光本所無。

則胡瑗、石介、劉敞、陳襄，並見甄録，不存門户。以遷就利禄，削揚雄、馬融；以祖尚玄虚，削王弼、何晏；以假借經術，削匡衡、王安石。皆見平允。惟胡寅修怨於生母，王柏披猖恣肆，至删改聖經，咸與名儒之列，似爲少濫”。以上皆據《四庫提要》，原書均未見。華亭張恒，字北山，著《道傳録》，始伏羲畫卦，以及堯、舜、禹、湯、文、武、周公、孔、孟、七十子、孟子弟子，下逮漢、唐，然後繼以濂、洛、關、閩諸儒，迄於元、明人，各録其遺訓。朱彝尊稱“采純去疵，審同斥異。至其録周子，舍《太極圖説》；録邵子，不信《皇極經世書》，尤見卓識。以爲有罪我者，不復辨也”云云。要之皆爲不知而作者也，夫舍《太極圖説》，何以見周子？舍《皇極經世》，何以見邵子？劉念臺作《人極圖》，李二曲作《學髓圖》，依様摹擬，固不免陋謬。此乃謂之疵異而斥去之，是豈得爲知言乎！歷選諸家，精確篤信，斷制二千餘年學脈，顛撲不破，無若阮氏元之言者。《擬儒林傳序》。惜乎阮氏之言若彼，而其志業表章，仍宗漢學一派。今節録其説曰：

“昔周公制禮，太宰九兩繫邦國，三曰師，四曰儒，復於司徒本俗，聯以師、儒。師以德行教民，儒以六藝教民，分合同異，周初已然矣。數百年後，周禮在魯，儒術爲盛。孔子以王法作述，道與藝合，兼備師、儒。顔、曾所傳，以道兼藝；游、夏之徒，以藝兼道。定、哀之間，儒術極醇，無少差謬者此也。”荀卿以降，乖違興廢，師儒漸棼。“司馬、班、范，皆以《儒林》立傳，叙述經師家法，授受秩然，雖於周禮師教未盡克兼，然名儒大臣，匡時植教，皆與《儒林傳》相出入。宋初名臣，皆敦道誼。濂洛以後,遂啓紫陽。闡發心性,分析道理,孔孟學行,明著天下。[①]《宋史》以《道學》、《儒林》分二傳,不知此即周禮師、儒之異,後人創分而闇合者也。[②] 終明之世,學案百出,而經訓家法,寂然無聞。揆之周禮,有師無儒,空疏甚矣。然其間臺閣風厲,持正扶危;學士名流,知能激發。雖多私議,或傷國體;然其正道,實拯世心。是故兩漢名教,得儒經之功;宋、明講學,得師道之益。皆於周孔之道,得其分合,未可偏譏而互誚也。"

愚按,通經以致用,致用必有本,本在身心。若説經而不講道,是買櫝還珠,何用説更何用經。轅固教公孫弘曰:"公孫子!務正學以言,無曲學阿世。"嚴彭祖曰:"凡通經術,固當修行先王之道,何可委曲從俗,[③]苟求富貴乎?"然則漢經儒固自教德行也,亦何嘗無講學師道之益者乎?[④]

朱彝尊《道傳録序》曰:"宋元以來,言道學者必宗朱子,朱子之學源於二程子,先程子言學者爲周子。[⑤] 於是論者尊之,謂直接孟子,是爲道統之正,毋論漢、唐諸儒不得在其列也,即七十子親受學於孔子者亦不與焉。故凡著書言道統者,輒斷自周子始,飲流或忘其源,知末而不揣其本,吾嘗未慊於中也。且夫聖人之道,著於六經,是豈一師之所能囊括

---

① 按阮元《揅經室一集》卷二《擬國史儒林傳序》,及《清史稿》卷四八〇《儒林傳序》,"明著天下"皆作"不明著於天下哉",方氏正言之,故轉引如此。

② 闇合者也,阮氏原文及《清史稿》作"而闇合周道也"。

③ "俗",原作"容",誤。據《漢書》卷八八《嚴彭祖傳》改。

④ 此段正文,道光本所無。

⑤ 朱彝尊《曝書亭集》卷三五《道傳録序》,"程子"作"二程子"。

者與！世之治舉業者，以《四書》爲先務，視六經可緩。以言《詩》，非朱子之《傳》義，弗敢道也；以言《禮》，非朱子之《家禮》，弗敢行也；推是而言《尚書》、《春秋》，非朱子所授，則朱子所與也。道德之一，莫逾於此時矣！然杜其聰明，見者無仁智之殊，論者少異同之辨，習者莫有温故知新之義，不能無敝焉。科舉行之久矣，言不合朱子，率鳴鼓百面攻之。”云云。

按，彝尊華聞之士，識見淺陋，學無根柢，豈能與知斯道之精微！夫周、程之學，豈但漢唐諸儒所弗及，即七十子實有不能皆逾焉者，以爲直接孟子，此自定論，知道者必不河漢於斯言也！宋李元綱《聖門事業圖》其第一圖曰：“傳道正統，以明道伊川承孟子。”其書成於乾道壬辰，與朱子同時。蓋七十子雖賢，亦自有優劣差等，不得以其親受學於聖人，一例皆許爲能傳道也。當日顔、曾、子貢數子而外，性道一貫之聞，他賢不皆與。孟子於夷惠“不由”，於顔冉且“姑舍是”，非自謂能過之也，論道之止極自有所在耳。仲尼祖述堯舜，憲章文武；孟子叙述道統，亦斷自堯舜，不及羲、農、黄帝，豈爲飲流忘源知末忘本乎？哀公問弟子好學，孔子獨稱顔子，且曰“不幸短命死矣，今也則亡”，豈曾、閔、子貢輩皆不好學與？斯言也，若出自程朱，則乳臭童子，皆將斥之，不以爲刻，即以爲偏矣。聖學心傳，微言奥旨，非可爲流俗淺人道也。我聖祖仁皇帝，升朱子進配十哲，由彝尊之論，豈不爲越踰七十子及漢唐諸儒乎！至於六經非一師所囊括，此何待言，朱子諄諄教人，讀漢、魏諸儒注疏，《文集》中凡數十見，即四子書《集注》所采五十四家之言，何嘗杜其聰明，斷以一師。漢學諸人，其膏肓本志，在於妒名，忌嫉朱子，既不平心察理，又不實考其迹，往往以鑿空顢頇莫須有之説誣之，千歧萬端，或遠言之，或正言之，或旁見側出，集矢攢矛，萬口一舌。世俗無聞者衆，未暇深考，謂爲信然，從風而靡，是不知程朱之道與孔子無二，欲學孔子而舍程朱，猶欲升堂入室，而不屑履階由户也。由彝尊之論，若憫學者恐其爲朱子所誤，必欲變亂已定之是非，復自倀倀焉紛紜於道路歧塗間，莫知所止泊，而後慊於其心。其論似公，其實乃出於私；似正，而其實乃邪。何以明之？蓋朱子之教，何嘗不是上探古聖，下考近代諸儒，而後折衷至正以詔學者，而必欲排之擠之，何也？吾嘗譬之：程朱之教，如人執燭以照暗塗幽室，有人焉妒其不出於己也，乃欲奪之燭而代之照，程朱之燭不可得，而己乃捫石握土，冒燭之名，而實不堪爲照，因相率以共行於暗塗幽室而已。如戴氏之學，謂由訓詁名物考證通乎性道，則是亦知學以通乎性道爲極至，但不肯循程朱所以造之之方耳。如彝尊此旨，著書立説者毋慮數十百家，皆一時高名鉅公，吾不知其人果已能盡程朱之道，而實見其不足法與？或實見其有異於聖學之傳而誤於學者與？抑粗鄙輕浮，苟爲異説，徒欲以博綜爲名高與？若夫俗士，治舉業之陋，此自習俗卑趨，詳見第三卷。不得以此歸咎朱子。

天下失是非久矣！以六經、孔孟、程朱之言喻人，習焉不察，皆謂迂闊而莫之信，倡以詖辭邪説，莫不風行，錮結於胸中而不可解，非真窮其義理，深惟其害而然也。人情好異喜新，尚粗麤，此句本何休《公羊解詁》隱元年、文二年兩見。

《説文》:"麤,行超忽也。"①"粗,疏也。徂故切。"兩音兩義,昔人皆以"麤粗"連文,對精微、精妙言之。《繁露》"始於粗麤,終於精微"。《論衡》"略正題目麤粗之説,以照篇中微妙之文"。《漢·藝文志》"庶得麤觕",師古曰"觕,粗略也。音才户反"。② 而不暇研精也。《莊子》曰:"至言不出,則俗言勝。"夫俗之顯爲鄙悖者,人知之;惟夫託於理道之正,似是而非,又横有高名,爲世所尊,其説一出,最易疑誤學者。吾故不得不辨。晚學小生,不肯細心窮理,妄引陸子詆斥程朱,此虞道園之言。而明以來,奉陽明爲宗主者,皆由於此。粗學之士,以記問爲貴,謂道學以空疏談性命。觀袁清容之言可知。而近人以漢學考證爲宗主者,皆由於此。歷考詆程朱者,不出此兩大派。而近人之説,又夾雜宋明人心學禪學,一概以誣之;一種論國事者,又以講學門户,遺害人國坐之,於是程朱遂爲衆惡所集也。

顧氏亭林論明嘉靖之議諸儒從祀,有曰:"棄漢儒保殘守缺之功,而獎末流論性談天之學。語録之書,日增月益;五經之義,委之榛蕪。自明人之議從祀始也。有王者作,必遵貞觀之制乎!"

按,孔庭從祀,繫人心學術之大防,垂教立制之眼目,萬世所瞻法,非可以一時一人私意見,爲是非進黜。自唐以來,代有更正,終未能畫一。明徐溥有言,諸儒從祀,非有功斯道不可。善矣!然竊以爲尤當考其實行,以德行垂教,其功不更在傳經之上乎?但在宋以前,義理未著,人未知訓詁之非學,經與人分之不可。況秦火以後,漢儒實有

① "忽",《説文解字》作"遠"。
② 此段注文,道光本所無。

保殘守缺之功，魏晋諸儒實有訓詁名物之益，縱有遺行，當從寬假。是宋後之論，未可施於漢魏之人。唐貞觀之祀，以代用其書，垂於國胄，祀之所以報其功宜也，不可易也。以貞觀之制及顧氏之論推之，漢唐諸儒固皆宜從祀。朱子《四書集註》五十四家亦當從祀，而趙順孫《纂疏》，胡炳文《四書通》，所采諸家，皆宜附祀朱子祠堂。馬端臨、宋濂、程敏政、張九功、張璁諸人，論雖嚴正，或未察於此。惟在宋以後之儒，經程朱講辨，義理昭著，一道同風，則必經行合茂而後可，否則寧取其行，不得以著述偏重，蓋後世著述易而實踐難也。後世著述名家，淹貫經典，而行己範家，遺行足愧者有矣。楊廷和等無識，執著述有無，以泥胡安定、薛文清之從祀，非也。顧氏目擊明儒心學縱恣之失，及語録空疏之病，又不厭於劉蕺、陽明、程敏政、張璁諸人之議，祖述康成，創爲救敝之論，專重著述，以爲當從貞觀之制，謂荀況、揚雄、韓愈三人之書，雖有合於聖人，而無傳注之功，不當從祀，則不知顏、閔諸賢曾著何書，而世競以虚車剿説，爲有功聖道矣！後來漢學諸人，祖此偏宕之論，乘釁而起，變本加厲，遂乃蔽罪程朱，痛斥義理，專重著述，奉康成、叔重爲極至，與議從祀之旨，又一局矣。使亭林在今日見之，必悔其言之失也。

茅星來《近思録後序》曰："自《宋史・道學》、《儒林》分傳，而言程朱之學者，但求之身心性命之間，不復以通今學古爲事。"茅星來，字鈍叟，歸安諸生，好宋五子書。爲《近思録注》，二十餘年而始成。王芸渠、方望溪、沈冠雲皆重其文行。卒年七十。無子。書歸桐鄉程尚質,其友也。①

按,茅氏此《序》,後截語甚有分寸,而漢學家則專取此數言爲宗旨,以定程朱爰書鐵案,不知空疏不學,乃末俗承流之敝,詳見後卷總論。非程朱之教之有失也。程子"玩物喪志"之語,乃鞭辟近裏,爲成學者言之,即孔子告子貢"君子不多"之旨,乃竟以此蒙世大詬。至於朱子,不廢漢魏諸儒訓詁名物,極推康成,諄諄見於《文集》,可考而知。俱詳見第三卷。而於《論語》首篇第七章子夏論學,即著吴才老之説,其所慮遠矣。又"我非生而知"章,著尹和靖説曰:"生而可知者,義理耳。若夫禮樂名物,古今事變,亦必待學而後有以驗其實也。"據此則漢學人謂宋儒坐談空妙,置名物不講,並《集注》未始寓目,但隨聲吠影耳!

伏讀《四庫提要》,《近思録》下曰:"朱子之學,大旨主於格物窮理,由博反約,根株六經,而參觀百氏,原未嫚嫚姝姝守一先生之言。故其題辭曰:窮鄉晚進有志於學者,誠得此而玩心焉,亦足以得其門而入矣。然後求諸四君子之全書,以致其博而反約焉,庶乎有以盡得之。若憚煩勞,安簡便,以爲取足於此而止,則非纂集此書之意。然則四子之言,且不以此十四卷爲限,亦豈教人株守是編,而一切聖經賢傳束之高閣哉!"云云。據此則凡漢學家所誣程朱之語,如云:"後之儒者,廢訓詁而談名理,目記誦爲俗生,訶多聞爲喪志;持論甚高,實便於束書不觀,游談無根。"錢大昕《論爾雅》。"道學起而儒林衰,性理興而曲臺絶。"孔廣森《戴氏遺書序》。此本於范寧《穀梁傳序》"九流分而微言隱,異端作而

① 此段注文,道光本所無。

大義乖”,《文中子》“九師興而《易》道微,三《傳》作而《春秋》散”等句法。[1]“經術一壞於東西晋之清談,再壞於南北宋之道學。義疏諸書,束置高閣,棄等弁髦,視如糟粕,蓋率履則有餘,考鏡則不足。”江藩《漢學師承記序》。數百十條,皆以荒經之罪坐之道學者,舉未考程朱之教之大全也。又袁桷《困學紀聞序》曰:“先生出,知濂洛之學,淑於吾徒之功甚溥;然簡便日趨,偷薄固陋,瞠目拱手,面牆背芒,滔滔相承,恬不爲恥。”按,袁清容去朱子未遠,而其言已似有嫌於濂洛之學,致啓空疏,可知流俗識趣卑陋,知德者鮮,袁桷,醜正而失是非之心之徒,不止《困學紀聞序》,如何義門所譏,其言固不足據。[2]一語之差,毫釐千里,貽誤學術,恒延至數十百年而莫挽。

問嘗推論,以爲窮理極高明,則偏而流於虚狂,此弊之所必至也。故宋明人失之,爲禪爲心學,救虚狂以道問學,政當導之以道中庸,盡精微,敦厚崇禮,朱子當日所以力與金溪爭之者,此也。袁氏之旨,僅以考證博學爲貴,與後來顧氏專重著述同失,以致流爲今日之漢學考證,横流波蕩,世未有知其歧變之由者,故首爲著之。至於顔元、李塨、李顒等,知尊性崇禮矣,亦不能道中庸,盡精微,則仍是問學之失,此方辨漢學,未暇及彼也。孫徵君奇逢《歲寒集》有云:“門宗分裂,使人知反而求之事物之際,晦翁之功也。然晦翁没,而天下之實病不可不瀉;詞章繁興,使人知反而求之心性之中,陽明之功也。然陽明没,而天下之虚病不可不補。”按,此論殊影響不確。朱子平日論永嘉學問在事功上,講用而無體,世遂詆朱子尊德行,而薄事功,以空談性命爲其罪,説既多誣,此又論其病實而宜於用瀉,益非情

---

① 自“此本於范寧”至此,道光本所無。

② 此段注文,道光本所無。

實，殆未知朱子者也。至其所謂虚病宜補者，是也。但永嘉之事功，習齋、二曲等之躬行實踐，漢學家之考證名物，同欲用補者也，特方藥均偏，或遂誤致殺人耳。又按，夏峰此論，乃襲取黄石齋語。石齋曰："善乎！施四明先生之言曰'天下病虚，救之以實；天下病實，救之以虚'。晦菴當五季之後，禪説繁興，豪傑皆溺於異説，故宗程氏之學，居敬窮理，使人知所持循；文成當晦翁之後，辭章訓詁，汩没人心，雖賢者猶安於帖括，故明陸氏之學，使人知所反本。雖然，朱氏學孔，才不及孔，以止於程。文成學孟，才與孟等，而進於伊。"云云。愚謂此等議論，真未窺天地之方圓，①强作解事，其謬非一。夫程朱之學，直欲明孔孟之道，以繼往開來。天不變，道亦不變，日月之照，萬古常經，不容有異。豈區區瞰一時之虚實，以爲補救哉？何見之小，言之鄙淺卑狹乎！② 夫天下之理，同歸而殊塗，一致而百慮。苟有以會而通之，則觸處逢源。③ 苟不能會通，則只見其異，故貴觸類而長之也。惟其本之差者，則會之而不可通，觸之而不可長，影響彷彿，似是而非，其初歧毫釐，終成千里之失，如三公此論是也。後有真儒知言，則必能辨之。④

"明人講學，襲語録之糟粕，不以六經爲根柢，束書不讀。"黄宗羲語。"終明之世，學案百出，而經訓家法，寂然無聞。"阮元《擬進儒林傳序》。"儒林之名，徒爲空疏藏拙之地。"錢大昕《惠徵士論》。⑤ "自黄黎洲起而振其頽波，顧亭林繼之，於是承學之士，知習古經義矣。"江藩《漢學師承記》。

---

① "真"下刊誤本尚有"隔壁影響亂道"六字。"圓"下刊誤本尚有"客氣做大"四字。

② "狹"下刊誤本尚有"而衹成爲頭巾措大之語"十字。

③ "則"下刊誤本尚有"花花相對葉葉相當"八字。

④ 自"又按夏峰此論"至此，道光本所無。

⑤ "論"，當作"傳"，見錢大昕《潛研堂文集》卷三九《惠先生棟傳》。

按，右此論議，皆確信不誣，但顧、黄諸君，雖崇尚實學，尚未專標漢幟。江藩曰：顧亭林、黄太冲"兩家之學，皆深入宋儒之室，但以漢學爲不可廢耳。多騎牆之見，依違之言，豈真知灼見者哉"云云。意甚憾其不專宗漢學，已爲謬見；又稱其深入宋儒之室，益爲無見之談。以余論黄、顧二君，蓋得漢學之精，而宋學之粗者也。如江氏、惠氏，乃識漢學之渣穢者也。後有真儒，必以余言爲信。專標漢幟，則自惠氏始。惠氏雖標漢幟，尚未厲禁言理；厲禁言理，則自戴氏始。自是宗旨祖述，邪詖大肆，遂舉唐宋諸儒已定不易之案，至精不易之論，必欲一一盡翻之，以張其門户。江氏作《漢學師承記》，阮氏集《經解》，於諸家著述，凡不關小學，不純用漢儒古訓者，概不著録。觀江氏書中所記諸人之説，其徒奉爲科令者。如云："南宋以後，講學家空談性命，不論訓詁，教學者説經，專宗漢儒。"黄宗羲。又曰："説經則宗漢儒，不取宋、元諸家之説。"朱筠。又曰："宋人説經，好爲新奇，棄古注如土苴。"褚寅亮。① 又曰："治經宗漢學"，"不喜宋儒性命之學"。汪中。又曰：於宋以後愚誣之學，拒之尤力，"解經一本漢學，專主訓詁，不雜以宋儒之説"。劉台拱。夫説經不衷諸義理，辨僞得真，以求聖人之意，徒以門户之私，與宋儒爲難，非徒不爲公論，抑豈能求真得是？君子一言以爲智，一言以爲不智，於宋儒何傷乎？然此猶不過欲以漢學考證，破宋儒空言窮理，謂病其空疏耳。其後臧氏、段氏、江氏等，於六朝南北傳注經本，音字異同，又力詆魏、晋，蔽罪唐儒，極口詆詈陸、孔，是

① 按"褚"，原作"諸"，此指褚寅亮，今據改。寅亮字搢升，一字鶴侶，江蘇長洲人。乾隆時官至刑部員外郎。精於治禮，兼擅天算。著有《儀禮管見》三卷、《勾股廣問》三卷等。

豈不可以已乎？又其甚者，乃操同室之戈，均一漢學也，乃曰“謬種流傳，兆於西漢”。此惠氏棟説《箕子》“明夷”，主孟喜、趙賓，而害施讎、梁邱賀，因詆馬融爲“俗儒”，不當以爻辭爲周公作也。又稱許叔重《説文》未作，西漢諸儒，得古文不能讀。此孫氏星衍説。甄綜古今學問，壹歸於東漢鄭、許二君，此漢學亦幟也。

伏讀《四庫提要》有曰：漢代傳經，專門授受，“各有師承，非同臆説”，專而不雜，故得精通。陳耀文《經典稽疑》。“自鄭玄淹貫六藝，參互考稽。旁及緯書，亦多采摭，言考證之學者自是始。宋代諸儒，惟朱子窮究典籍，其餘研求經義者，大抵斷之以理，不甚觀書。故其時博學之徒，多從而探索舊文，網羅遺佚，舉古義以補其闕”云云。鄭方坤《經稗》。此論固至平實，但風氣所偏，遂欲掃滅宋儒，毒罪朱子，鼓怒浪於平流，振驚飈於靜樹，可已而不已，斯風一煽，將害及人心學術，兹之所辨，惟在於是，吾爲此懼，非得已也。間嘗論之，以爲經傳則道傳，漢儒之功不可廢；乃經傳而道仍未傳，宋儒之功豈可誣邪？班固言：“兼而存之，是在其中。”要非得通賢真儒，平心觀理，去泰去甚，安能得其是之所在邪！

卷中之上

桐城方東樹

《黄氏日鈔》説《尚書》"人心惟危道心惟微"四語云：此本堯命舜之辭，舜申之以命禹，加"危微精一"於"允執厥中"之上，所以使之審擇而執其中耳。此訓之之辭也，皆主於堯之"執中"一語而發，豈爲心設哉？近世喜言心學，舍全章本旨，而獨論人心道心。甚者單摭"道心"二字，而直謂"即心是道"，蓋陷於禪學而不自知，其去堯舜禹授受天下之本旨遠矣！蔡九峰之作《書傳》，雖亦以是明帝王之心，而心者治國平天下之本。其説固理之正，其後進此《書傳》於朝，乃因以"三聖傳心"爲説，世之學者遂指此書十六字爲"傳心之要"，而禪學者借以爲據依矣。

按，此一大公案，其後顧亭林申之，遂爲蔑心之祖，而漢學者因據以爲罪宋儒成讞矣。苟博觀終始，窮極義理，則是非分明。黄氏截講"執中"一語，固似得理，而慮後人以言心墮禪，謂蔡氏不當以"傳心"爲説，則粗疏不察，而失其本矣。姑勿論三代聖王所以治天下之心何如，即如《二典》所載，曆象、命官、平地、明刑、典禮、立教、奏庶艱食諸大政，傳之萬世，孰非聖人之心之所寄哉！聖人之心，都俞吁咈，該於微危精一；微危精一，要於執中。使非先精其心，亦安知中之所在而執之？孔子者，時中者也。《中庸》者，子思之書也。孔子之"時中"，子思之作《中庸》，即傳堯舜禹"執中"之一語也。其引夫子之説曰"擇善固執"，即"精一"之旨也。朱子《中庸序》所以發揮此四言者，至矣盡矣。黄震粗疏淺謬，滑意妄説，可謂無知而輕於立論矣。孟子曰："權，然後知輕重；度，然後知長短。物皆然，心爲甚。"古今神聖，一切智愚動作云爲，皆心之用，三尺童子，不可謾也。今爲學欲明聖人之道，而拔本塞源，力禁言心，不知果有當於堯舜禹之意否邪？唐虞之世，未有禪病，今以梁以後禪學，豫代古帝防之，動欲改避經文，抑何可笑！漢學之徒，益推而極之，遂堅斥此非聖人之言，以爲荀子引"人心之危，道心之微"，稱出《道經》，爲僞古文所采，宋儒不知僞古文，遂妄尊而信之耳。或竟據"道經"二字直證，以爲出於《道藏》。楊倞《荀子注》云："今《虞書》有此語，而云'道經'，蓋有道之經也。"按，《困學紀聞》言："《新序》介子推曰：'謁而得位，道士不居也。'蓋謂有道之士。《漢·京房傳》'道人'，亦謂有道之人。"據此則楊倞所言，亦容近是，蓋周漢人語，固有如此者。又《晋語》"西方之書有之曰"，王厚齋云"蓋《周志》之類"。① 皆此類也。又按《四庫提要·鶡冠子》下云："古人著書，往往偶用舊文；古人引證，亦往往偶隨所見。如'谷神不死'四語，今見《老子》，而《列子》乃稱爲《黄帝書》；'克己復禮'一語，今見《論語》，而《左傳》乃謂仲尼稱'志有之'；'元者善之長也'八句，今在《文言》，《左傳》乃以爲穆姜語。司馬遷引《鶡冠子》，惟稱賈生，亦此類。未可以單文孤證，遽斷其僞"云

① "王"，原作"土"，誤。王厚齋即王應麟，今據改。引文見王氏《困學紀聞》卷二〇。

云。而快朱子"傳心"之説,見斥於其徒。按,《宋史》黄震登寶祐四年第,本傳不言其受學源流,世稱震傳朱子之學。考周密《癸辛雜識》稱,饒雙峰既詭爲黄勉齋門人,而黄東發與雙峰門人董敬庵、韓秋巖,會哭雙峰,俱稱先師。一時道學之怪,往往至此云云。則黄東發亦羅子遠之儔邪!① 愚以爲此二語,既爲《荀子》所引,下文又曰"危微之幾,惟明君子而後能知之",則荀子視此二語,亦不輕矣。荀子及程朱重之,黄震乃輕心掉之,諸新學小生,乃詆而斥之,適足見其非明君子耳! 夫不審義理之實,而第執左證,棄心任目,此漢學膏肓錮疾。將己之父兄,偶至他族,亦不當認乎? 謹按《四庫提要・靈樞經》下云:"梅賾古文,雜采《逸書》,聯綴成文,雖牴牾罅漏,贗託顯然,而先王遺訓,多賴其搜輯以有傳,不可廢也。"是則公允至平之論,而凡攻僞古文者,所宜取正也。

或謂《道經》所云,顯與佛氏"明心"之説相近,黄氏所闢,其論甚當。夫所惡於禪學"即心是道"者,謂其專事明心,斷知見,絶義理,用心如牆壁,以僥倖於一旦之灑然證悟。若夫聖人之教,兢業以持心,又精擇明善,以要於執中,尚有何病? 孔疏"將欲明道,必先精心",亦是在"執中"前補義也。王僧達詩云"精理亦道心",善注引《尚書》曰"道心惟微"。蓋單提"危微"二語,雖有警惕提撕意,猶引而不發,至合下"精一執中",則所以區處下手功夫至密,道理直盛得水住,而猶妄議之,可謂昧矣! 或又謂:"心一而已,安有人心道心?"此語尤昧! 今試詰彼所謂心一而已者,果何等之一心

---

① 此下刊誤本尚有"羅椅,字子遠,號礀谷,廬陵富家子也。初投詩劉後村,時方向程朱,於是尊饒雙峰爲師,素行詭詐,見薄於賈似道。饒,番陽人,見《齊東野語》"一段注文。

也？若以爲皆道心與？則斷不可謂古今天下皆聖賢。若以爲皆人心與？亦斷不可謂天下古今皆邪慝。若以爲不屬道邊，亦不屬人邊，粗則如告子之知覺運動，與禽獸同焉者是；精則正墮向禪學"即心是道"，及陽明"本心"、"良知"之説。然則所謂心一而已者，於此三者果何居也？宋范淳夫之女，讀《孟子》"操存舍亡"語，因譏孟子不識心曰："心豈有出入邪？"程子聞之曰："此女不識孟子，卻識心。"劉安節問："心有亡，何也？"曰："否。此只是説心無形體。纔主著事，便在此處；纔過，便不見。如出入無時，莫知其鄉。亦要人理會，心豈有出入？亦以操存而言也。"此論至精，與《大學》"正心"傳"有所不在語"吻合。或又謂孟子曰："仁，人心也。"是人心不可指爲欲心。此語更誤。夫孟子此言，探其本始言之。即"性善"之旨，所謂"道心"也。然固不可謂一切人之心，皆全於仁而無欲也。故又嘗曰"失其本心"，"陷溺其心"。夫陷溺而失之者，即欲心、人心也。孔疏解"人心"，①蓋亦指衆人之心，但未詳耳。若謂人皆無欲心，則《記》所稱"易慢之心"、"非僻之心"、"鄙詐之心"，果何心也？試令夫人自捫其心，果皆仁而無欲乎？使人心皆仁而無欲，古今聖人爲學與教，又何憂乎有不仁也？惟夫人心本仁，而易墮於人欲之危，是以聖人既自精擇，而守之以執其中，又推以爲教於天下萬世，千言萬語，欲使同歸於仁而已。然固不能人人皆自覺悟，以返於仁，則賴有此四言之教，相傳不刊，以爲迷途之炬，②所以歷代帝王，兢兢守之，不敢失墜，此所謂"傳心"者也。嘗試論之，以爲禪家

---

① 按此指《孟子》孫奭疏，非孔疏也，方氏偶誤。《孟子·告子上》"孟子曰：仁，人心也。"孫疏："人心，是人人皆有之者也。"方氏語本此。

② "炬"，道光本作"寶炬慧鐙"。

“即心是道”，與陽明“本心”、“良知”，大略亦似是“道心”一邊，但不能如聖人文理密察，備四德，有品節，所以差失作病痛，致認人心爲道心，政爲少精以執中耳。精以執中，則所爲“盡精微”，巽以行權，而時中也。然則聖人之道，所以異於禪學者，其歧違偏全之爭，政在此處；程朱所喫緊爲人講切發明，分別疑似者，亦政在此處。初學之士，欲審善惡邪正，全在察“人心”、“道心”，危微二端之幾；懋修之儒，欲救誤認“道心”墮禪之失，全在精一執中之學。黄氏乃畏病而不識病源，轉欲去其藥，浸假而並欲去其軀體，輕於立論，真妄庸也！

朱子曰：“道心是義理上發出來底，人心是人身上發出來底。雖聖人不能無人心，如飢食渴飲之類；雖小人不能無道心，如惻隱羞惡之類是也。”“但聖人全是道心主宰，故其人心自是不危。若是人心也危，故曰惟圣罔念作狂。”按此功全在操存克復，功夫到極地便是仁，便是反之之聖。自此以下，以克去分數多少，分大賢小賢優劣，士人希賢，往往不能自克，浮慕爲義，而人欲時時潛發。《易》曰“莧陸夬夬”，“中未光也”此誠意所以爲“人鬼關”。余嘗驗之，心之不正，總由意之未誠，誠意只是決定主意，不爲惡耳。此處堅決之志，用力之勤，蓋與佛同；而其下手功夫，次第效驗，則與佛學迥異。儒者之功，先在於精，既得則在於一，在於允中；佛則只有“止念”之一法，而無所謂“精”。“精”是格物、致知、窮理、博學、審問、慎思、明辨，許多功夫在先，故訓爲擇，中是不偏不倚，五性全備；佛只有一“仁”，而偏於慈，其餘萬事俱廢，故曰次第效驗不同。佛止曰“明”，儒者必曰“固執”。蓋上資之人，固由明而可誠，然致知而不能誠意，比比皆是，是雖顏子，必用拳拳服膺固執也。若徒恃一“明”，安保其後不失。陽明主“知行合一”，言之太易，全是佛學，故其徒之有得者無論，其後破敗百出，而其先固已魯莽滅裂之甚矣。故佛氏“明心”，與此處經文所云“精一”之旨，政是是非得失，判然歧路分界處，乃茫未有知，而輕妄發論，依稀仿佛，如霧中看花，株本未分，跗萼未辯，但見遠林一色，遂謂之相近。此等本不勝辨，但近世諸妄庸鉅子，輕於立論，多祖是説。後學小生，目睔未徹，被此翳昧，信以爲然。又相與承風學語，其誤世匪細。彭魯岡曰“毒草似葠，恐人誤服”。不得不辨。①

或又謂黄氏引《論語·堯曰》云云，證舜未嘗言心，可謂精矣。此尤爲謬論，必若前聖所未言，後聖不許增一辭，則後來安得有六經？前書所未及，後書所有不可信，則此《論語》之言，亦今文《堯典》所未有。古人引書，多易原文爲訓詁之辭，《孟子》、《史記》尤可見。世之俗士，執字句異同，以疑古書。陋矣！愚嘗反覆究思之，無論僞古文足信與否，《荀子》所引足重與否，只此二語，即出於巷説里諺，亦當平心審諦，斷然信其精粹無疵，不詭於道，足以質古聖而無疑，而無庸代爲周防也。何基有言：“治經當謹守精玩，不必多起疑論，有欲爲後學言者，謹之又謹可也。”此足爲黄氏、顧氏藥石矣！要之，黄氏、顧氏猶目擊時病，有救敝之意，言雖失當，心則可原。及妄者主之，則借以立門户，與程朱爲難，援黄氏以爲重，又自矜能闢僞古文，而已與黄、顧之意全别。何以明之？以今世並無禪學、心學之害，不待慮之也。《日知

① 此大段正文，道光本所無。

録》引《黄氏日鈔》、唐仁卿唐名伯元,號曙臺,甘泉門下,澄海人,深疾陽明新説。及陽明從祀,上疏力爭,並請黜陸九淵。《明史》有傳。[1] 諸説,以爲闢陸王心學則可,以爲六經、孔孟不言心學,則不可;以爲六經、孔孟不若陸王言心則可,以爲六經、孔孟不言心則不可。伊川曰:"心,一也。有指體而言之者,寂然不動是也;有指用而言者,感而遂通是也。説無心,便不是,只當説無私心。"真德秀作《心經》,集聖賢論心語三十餘條。昔在晉、宋之間,義學盛興,所有諸經教,皆中國文士剌取莊、老《魏書·佛老志》載太武詔曰:前世漢人"劉玄真、吕伯强之徒,乞胡之誕言,老莊之虚假,附而益之,皆非真實"[2]。及吾儒精理,以潤飾之。理本大同,六經之言,與佛學相近者,數百千條。不究義理之實,及當處文義偏全何若,但以其辭之相近,即疑而欲去之,徒亂聖人經義,疑誤來學。此黄震、顧亭林之用意太過,反致粗疏謬妄,而承學之士,因粃糠眯目矣。

顧氏曰:"心不待傳也。流行天地,貫徹古今,而無不同者,理也。理具於吾心,而驗於事物。心者,所以統宗此理,而别白其是非。人之賢否,事之得失,天下之治亂,皆於此判。此聖人所以致察於危微精一之間,而相傳以執中之道,使無一事之不合於理,而無有過不及之偏者也。禪學以理爲障,而獨指其心曰:'不立文字,獨傳心印。'聖賢之學,自一心而達之家國之用,無非至理之流行,明白洞達,人人所同,歷

① 此段注文,道光本所無。
② 此段注文,道光本所無。

千載而無間者，何傳之云？俗説浸淫，雖賢者或不能不襲用其語”。云云。

按，程子以《中庸》爲孔門傳授心法。蔡氏“三聖傳心”之説，蓋亦稟之朱子。顧氏非之，故其推衍黄氏之意如此。不知心具衆理，是不得不如此立説。其實心與理不可分爲二件，舍心何以見理？傳理即傳心也。故曰千古以上，千古以下，有聖人出，①此心此理同也。特以“傳理”不可爲名，且於辭義爲不備，故以傳心爲辭，《公羊傳》所謂“避不成文”是也。至於禪家單傳心印，其病乃在鶻突，無文理密察，不分四德，無品節，反以理爲障，但高明廣大，而不知精以執中，與聖人所傳，戒謹恐懼兢業，②以擇善執中之心，其界甚分明。不此之辨，而概禁不許言心，用意浮淺，議論魯莽矣。③ 且如顧氏所云，心者所以統宗此理，聖人所以致察於微危精一，相傳以執中，使無不合於理。是顧氏已不能舍心以言理。又云聖賢之學，自一心達之家國之用，無非至理，歷千載而無間。是顧氏已自明言，聖人以其心統具此理，以傳於千載，何以云“心不待傳”，不當言傳心

① 按“有”，原作“之”，據道光本改。此方氏節引陸象山語，原文爲“千百世之上有聖人出焉，此心同也，此理同也；千百世之下有聖人出焉，此心同也，此理同也”。

② 道光本“戒”前尚有“都俞吁咈”四字。

③ 道光本此下尚有“至於釋氏理障之説，其義甚精微，蓋即《孟子》兼愛爲我，及執無權之中，皆足以害正理者。陸子所謂溺於意見，《大學》正心傳所謂有所則不得其正者也。知德者尠，固未有知其切於身心體察者矣。哀哉！苟有一日，用其力於德仁，方知其味也。顧氏粗淺，不曾細心窮理，固不足以知此。釋氏能慮及此，可謂喫緊爲已，周防密切，惜乎其所以求之心者，但取光明本覺，而不知有四端品節，又坐不講學窮理，所以差失，則亦仍是理障也。豈謂凡爲學者，皆不當求心耶?”一段正文。

邪？借如顧氏意不言傳心，第言傳理，不知此理託於何物以傳邪？若以理貫徹古今，而無不同，但隨時隨事，隨人取用，自無不足，無待於傳，則是古聖賢經典文字皆可廢。夫理具於心，無古今一也。今言理而不許言心，譬如言世人但取足於米，不必言禾，此不爲童昏之見邪！顧氏於考證自優，於義理甚魯莽滅裂。古人言鹵莽滅裂：鹵，土塊大；莽，草根盛；滅裂，言耘苗者，滅去而分裂之。其解不明，余繹思其意，蓋言耘苗者，本欲滅草，而反裂苗也。黄氏、顧氏，政是滅裂。説著此事，無不錯者，而横有高名，爲世所震，顧歡所謂"精非粗人所信"，良不誣矣！大抵聖人之言，渾然坦平，因事立教，施之各當。辨生於末學，往往沾滯支離，動生荆棘。如明季心學縱恣，異説紛歧，誠爲惑亂。顧氏憂而欲闢之，其意甚善，特自家學術粗，見道未真，立義既差，故其辭亦絞繞不分明，本欲除病，而不悟己所立説，其病更大，亦由其不肯虚心服膺程朱故也。

考朱子作《記疑》一卷，中有"論傳心"一條，實爲宋明之季諸人之講所宗，今録於此，可以正黄氏、顧氏之辨爲不得其理也。曰："先聖後聖，若合符節，非傳聖人之道，傳聖人之心也；非傳聖人之心，傳己之心也。己之心，無異聖人之心，廣大無垠，萬善皆備，欲傳聖人之道，擴充此心而已。"朱子辨曰："此言務爲高遠，而實無用力之地。夫學聖人之道，乃能知聖人之心；知聖人之心，以治其心，而至於與聖人之心無以異焉，是乃所謂傳心者也，豈曰不傳其道而傳心，不傳其心而傳己之心哉？且既曰己之心矣，則又何傳之有？況不本於講明存養之漸，而直以擴充爲言，則亦將以何者爲心之正而擴充之邪？"按此言傳心非傳聖人之道，固爲大謬，黄氏、顧氏又以第傳聖人之道，黄氏之“中”，顧氏之“理”，即“道”而異名者。而不當言心，益爲鶻突。孟子論見知聞知，又曰“先聖後聖，其揆一也”。夫其所以知者何也？非以其心知之邪？則後聖心之所知，即前聖心之所傳。但聖賢之人不世出，饒如此詳説，學人尚不能明，尚多差謬。而曰明白洞達，人人所同，談何容易邪！且惟人人所同，故可以傳，同言之也；惟不能人人皆同，故愈賴於傳，獨言之也。今曰“人人所同”、“何傳之云”，是真如陽明所謂“滿街都是聖人”，然乎？否乎？戴震禁言理，詆程朱不當别言有理具於心；黄震、顧亭林禁言心，以理流行於天地古今，特具於心，而不當以心爲主。皆邊見邪見，非正知見也。

吾今一言以蔽之曰：聖人之教，從不禁人言心。所惡於言心，而流於禪，墮於空寂，及高談性命縱恣放佚者，爲舍人事，一也；廢倫常，二也；不致知窮理，三也；不道中庸盡精微崇禮，四也。而聖人及程朱之教，所言人心、道心、正心者，即在此四事，尚有何病？黄氏、顧氏但見禪之爲害，心學爲害，而不能明其所以差謬之故，而乃概禁不許言心，遂舉聖人之經，儒先之注，一概欲去之，殆於不知而作矣。嘗謂黄東發、黄太冲、顧亭林，立身大節，學問根柢，不愧通儒。但皆不免以博溺心，不肯細心窮理，潛玩程朱，所以議論多有差失，其流皆足爲學術大害。如東發、亭林之禁言心，梨洲教學者説經專宗漢儒是也。余初服膺黄、顧，及統核其生平得力之處，論議所及，乃知其猶未足列四科之選、當百世之師也。義理道德不及程、朱，文章議論不及韓、歐，詩不及坡、谷，但務張大門户，以博綜爲多，苟求其實，則皆粗麤，不過永嘉、止齋、同甫之儔耳。其學皆由外鑠,無深造自得,一往深至,精能獨有千古之處。二人相較,亭林又稍精審沈實;梨洲資性過人,弱冠又以忠臣之子、節義孝行著聞,取求聲氣滿天下。後人讋於其名,望若天人,蓋未有能開正眼者也。亭林《與梨洲書》曰:“伏念炎武自中年以前,不過從諸文士之後,注蟲魚、吟風月而已。積以歲月,窮探古今,然後知後海先河,爲山覆簣,而於聖賢六經之指,國家治亂之源,生民根本之計,漸有所窺,恨未得就正有道”云云。按亭林自言如此,大體得矣。而繹其言,終從外鑠,所以然者,於聖賢六經義理功夫太少耳。綜其大指,不過以爲百王之敝,可以復起;三代之盛,可以徐還。其言甚大,然亦甚夸,殆屬虚憍,恐未能酬,程晋芳已辨其難行數事。且此事不從身心根本起,則皆成客氣粗疏。外王必由内聖,達用必由明體。苟内聖體明,舉而措之,本分内家當事耳,無待張皇也。吾故曰亭林未足以列四科、師百世,由其學偏於外王達用處多,而内聖明體處全無,説著義理處,無不錯者。後有論亭林者,當以此衡之。夫欲以道紀天下,必深通於道,由本達末,自然時措,恒若無事,而罔不宜,人莫能窺。亭林徒託粗迹豪氣,欲以中古易今世,而本領不濟,用之必敗,幸而不爲蘇威、王介甫耳。但入《儒林傳》則皆無愧,實非後來漢學諸人所及。[1] 余故不得不辨。

顧氏《與友人論學書》,力闢言心言性。《日知録》又引唐仁卿之説,以爲六經、孔孟不言心學。又引《論語》言心者三條,至於操存舍亡,則謂門人未之記,而獨見於《孟子》,意蓋亦疑而不信。惟於“從心不踰矩”,特引衛嵩之言,以爲學者未可與立,而語從心,爲率天下之人,而禍仁義,其論自當;至《中庸》章句,引程子傳授心法,以爲借用釋氏之言,不無可酌,則非也。顧氏只爲王氏心學有失,發爲救病之論,其意固善,然有激之談,務與相反。遂誣古

① 此大段注文,道光本所無。

聖、六經、孔孟不言心，懲羹吹贞，矯枉過正，轉成悖謬邪說，其禍聖道不小矣！

黄氏又駁《論語集注》"三省章"上蔡説曰："孔門未有'專用心於内'之説，用心於内，近世禪學之説耳。象山陸氏因謂曾子之學，是裏面出來，其學不傳；諸子是外面入去，今傳於世者，皆外入之學，非孔子之真。遂於《論語》之外，自謂得不傳之學，凡皆源於謝氏之説也。後有朱子，當於《集注》去此一條。"

按，此説粗疏謬妄，真亂道也！姑無論陸子之學，自出孟子，非緣謝氏。即謝氏此語，果有何病，而欲去之邪？矧"用心於内"四字，出《漢書·揚雄傳》，子雲之世，豈有禪病邪？夫以曾子之篤實立事，討論變禮，雖好爲異議者，必無嫌於其以禪誤後學，況上蔡下文明曰，傳之無弊，觀於子思、孟子可知，則其語亦甚審諦矣。按，楊慈湖斥《大學》非聖言，而謂子思、孟子，同一病源。楊爲象山傳心高第，其言如此，政與上蔡相反。則象山之學，非因上蔡之誤可知。若因一語之似，即妄疑聖人之經，儒先之注，則"顧諟天之明命"，有似於止觀；"仁遠乎哉"，欲仁斯至，有似於"即心是道"，立地頓悟；"夫焉有所倚"，有似於無住無著。"衣錦尚絅"，"内省不疚"，何在非用心於内，而六經有不勝其可删者矣。陸子曰：學有本"則六經皆我注脚"。"大抵有基方築室，未聞無址忽成岑"。明明"先立乎其大"之宗旨，黄氏不知，而蔽罪謝氏，考之未詳，輕於立論，可謂妄矣！借使象山之學，真出謝氏，此語亦當明爲學者辨之曰：上蔡"專用心於内"語，是守約不外馳之意，非如象山從裏面出來云云，主張心學也。如此，則象山之失亦見，而又有羽翼正學之功矣。學者悼流之失，只當清其源，不當誣其源。黄氏政坐不肯用心於内，故其議論之失如此。大抵考證家用心尚粗麤，故不喜言心、言性、言理、言道，又會有禪學心學之歧，爲其藉口，此中是非雜糅，如油著麪，本不易明。黄氏、顧氏，以言心爲墮禪，論雖滅裂，猶實有其害。近漢學家，以致知窮理爲墮禪，則直是亂道。不知禪之失，政在不求心窮理；而禪之妙，亦政在不許求心窮理。纔一求心窮理，便非禪，故其説曰："汝他日縱得一把茅蓋屋，止成得一个知解宗徒。"又曰："若論此事，纔眨上眉毛，便錯過了也。"又曰："不可以知知，不可以識識。"又曰："不涉思議。"又曰："心無所住。"又曰："外息諸緣，心如牆壁。"又曰："將心用心，卻成大錯，夾山三槳，汾州正鬧。"皆切切嚴禁用心，以理爲障，以斷知見爲宗，離想爲宗，六祖五宗，相傳秘密皆如此。

今漢學家，咎程朱以言心、言理墮禪，豈知程朱是深知禪之害在不致知窮理，故以致知窮理破彼學，而正吾學之趨邪！惟聖人吾儒之學，無不用心，而禪家則專忌用心；惟聖人吾儒之學，無不窮理，而禪家則專忌窮理。其事正相反。漢學者標訓詁名物爲宗，無以破程朱言理之正，則壹借禪以誣之。不知程朱言人心道心、精一執中、致知窮理，正是破禪；又不知己之禁不許言心、言理，乃是用罔，政與禪同病。而又或居身行己，沈溺忿欲，卑惑苟妄，且爲禪之所呵棄，鄙薄不屑。不此之念，而反咎程朱救墮禪之病爲墮禪，顛倒迷謬，悖者以不悖爲悖。究之儒禪兩邊，皆不曾用功，徒取門面字樣，紙上文句，耳食程朱闢禪緒論，反以噬之，混以誣之。世俗不學無聞者衆，驚聞其説，不辨涯涘，因附和之以爲信然云爾。實黄氏、顧氏諸人滅裂之論，有以啓之也。

今與天下學者，平心論之：程朱教人爲學，以格物窮理，克己主敬，又精擇以執其中，又不舍人事廢倫常，此果尚有何病？悖於聖人何處？而猶煩衆人紛紛，如蜩如螗邪！聖人之言，曰"明辨之"，曰"盡精微"，曰"精義"，皆教人窮理也。不窮理，則於其粗者，固黑白不辨；窮理而不盡精微道中庸，則於近理而亂真者，疑似不明，毫釐之差，失之千里。既失前聖之意，因以自迷，又以貽誤來學，擿埴索塗，何所取正乎？世徒病宋明之季，心學横流，援儒入釋之害。如黄東發、顧亭林、唐伯元，雖舜、禹、孔子之言，皆疑而欲去之。韓非言"鱣似蛇，蠶似蠋，人見蛇則駭，見蠋則毛起，而漁者持鱣，婦人拾蠶"。黄氏、顧氏，談道論學，其智乃不如漁者、婦人邪？誠得吾説而精之，此固是在其中矣。

按，《朱子語録》，稱程門高弟如謝、游、楊，"下梢皆入禪學去"。又稱上蔡《觀復齋記》中所説道理，全是禪意。黄氏、顧氏摭此，故於上蔡語皆致疑耳。謹按《四庫提要·上蔡語録》引："朱子《後序》，稱初得括蒼吴任寫本一篇，後得吴中板本一篇，①皆曾天隱所記。最後得胡文定寫本二篇，文定不及程子之門，而以父執事上蔡，故記其説爲《上蔡語録》二篇。② 凡書四篇，以相參校。胡氏上篇五十五章，記文定公問答。下篇四十九章，與版本吴氏本略同，然時有小異。輒因其舊，定著爲上下二篇。獨版本所增多，猶百餘章，或失本旨，雜他書。其尤者五十餘

① 道光本、《四庫總目》皆無"後得吴中板本一篇"八字。

② 此段注文，道光本所無。

章，至詆程氏以助佛學，輒放而絶之。其餘亦頗刊去，而得先生遺語三十餘章，别爲一篇。凡所定著書三篇。是朱子於此書，芟薙特嚴。後乾道戊子，重爲編次，定爲今本，又作《後記》，稱胡憲於吕祖謙家，得江民表《辨道録》，見所删五十餘章，首尾次序，無一字之差。然後知果爲江氏所著，非謝氏之書，則去取亦爲精審。觀《語録》稱某二十年前，得《上蔡語録》觀之，初用朱筆畫出合處；及再觀則不同，乃用粉筆；三觀則又用墨筆；數觀之後，全與原看時不同。則精思熟讀，研究至深，非漫然而定也。"據此云云，則朱子作《集注》，尤畢生精力所萃。其取上蔡語，必經研審至精，所見斷不致出黄震、顧亭林後也。謝氏之學，以"切問近思"爲要，雖才高意廣，言論閎肆，或不無過中之弊。然經朱子所取，必不以有病之言，遺誤來學。愚故詳訂之，廓清放絶，無使無知妄説者，得以藉口云。

戴氏震曰："以理爲學，以道爲統，以心爲宗，探之茫茫，索之冥冥，不如反而求之六經。"

按，此論乍觀之，頗似篤正；徐而詳之，實謬悠邪説。昔程子受學於周茂叔，亦曰"反而求之六經"，則程朱固未嘗舍六經而爲學也。且所謂求於六經者何也？非謂求其道、求其理、求其心邪？戴氏宗旨，力禁言理，而所以反求之六經者，僅在於形聲、訓詁、名物、制度之末。譬如良農舂穀，盡取精鑿以去，貧子不知，方持穅核以傲之，何以異於是？朱子曰："近年以來，乃有假佛釋之似，以亂孔孟之真者，其法首以讀書窮理爲大禁，嘗欲注心於茫昧不可知之地，以僥倖一旦恍然獨見，然後爲得”云云。據此則凡漢學家所持以謗程朱者，皆竊朱子之緒論，而反以誣之。初不尋其立言本旨，徒取影響近似，巧以施之，以欺末學無聞者耳。詳見後朱子論禪學之害各條。考戴氏嘗言，“吾自十七歲時，有志聞道，謂非求之六經、孔孟不得，非從事字義、名物、制度，無由通其語言文字”云云。若是則與程朱固爲一家之學矣，兹何又以之爲譏邪？蓋由其私心本志，憎忌程朱，堅欲與之立異，故力闢求理之學，大本一失，無往不差。然後知其所謂“有志聞道”，欲“求之六經、孔孟”者，特託爲重言，以塗飾學人耳目，使人無疑其畔六經、孔孟耳。非其智真能測得有道可聞，六經、孔孟當求也。不然理也、道也、心也，未有與六經分而爲二者也。程朱所學所宗之道與理與心，亦未聞别於六經之外而求之也，斯固天下萬世學人所可共信者也。伊川謂方道輔“學者於聖人之道，求入其門，不由於經乎？今之治經者衆矣，買櫝還珠之弊，人人皆是。經所以載道也，誦其言辭，解其訓詁，而不及道，乃無用之糟粕耳。冀足下由經求道”云云。由是以觀，戴氏之所反而求之於經者，直舍珠而取糟粕，以睥睨程朱耳。①

朱子曰：“聖賢説‘性’、‘命’，皆是就實事上説；言‘盡性’，便是盡得三綱五常之道；言‘養性’，便是養得此道而不害，至微之理，至著之事，‘一以貫之’，非虚語也！”陸子曰：“古人自得之，故有其實。言理則是實理，言事則是實事。德則實德，行則實行。”又曰：“宇宙間自有實理，所貴乎學者，爲能明此理耳；此理苟明，則自有實行實事。”又曰：“千虚不博

① 此段注文，道光本所無。

一實,吾生平學問無他,只是一實。”又曰:“古人皆是明實理,做實事。”又曰:“做得功夫實,則所説即實事,不説閒話,所指人病,即是實病。”又曰:“吾自幼時,聽人議論似好,而其實不如此者,心不肯安,必求其實而後已。”又曰:“只就近易處,著著就實,無上虛見,無務高遠,一是即皆是,一明即皆明。”袁絜齋燮言:“嘗見象山讀《康誥》,有所感悟,反己切責,若無所容。”據此則是先儒雖近禪,而所以反求之六經者,其實如此,何嘗茫茫冥冥也?茫茫冥冥,如風如影,政由己討探不得其故而然耳,則其言不亦宜乎!

漢學家皆以高談性命,爲便於空疏,無補經術,爭爲“實事求是”之學,衍爲篤論,萬口一舌,牢不可破。以愚論之,實事求是,莫如程朱。以其理信而足可推行,不誤於民之興行,然則雖虛理,而乃實事矣。程子論《中庸》曰:“其味無窮,皆實學也。”即此“實”字義。① 漢學諸人,言言有據,字字有考,只向紙上與古人爭訓詁形聲,傳注駁雜,援據群籍,證佐數百千條。反之身己心行,推之民人家國,了無益處,徒使人狂惑失守,不得所用。然則雖實事求是,而乃虛之至者也!愚嘗謂宋學之虛,如飲葠术之汁;漢學之實,如飽烏頭附子,鴆酒毒脯,裂腸洞胃,狂吼以死而已。斯言誠若太過,然如余此一書所辨各條,無非鴆毒也。觀者幸詳之,知余非誣耳。②

子罕言命與仁,性與天道不可聞。而《中庸》首言命與性道曰:“道也者,不可須臾離也。”又曰:“君子無終食之間

---

① 此段注文,道光本所無。
② 此段正文,道光本所無。

違仁。"孟子遇人,便道"性善"。夫言各有當而已,形上者道,形下者事。聖人不指性道之名,而所言無非性道。孔子教弟子以"孝弟",孟子曰"堯舜之道,孝弟而已"。夫孝弟之道,通於神明,非性道而何?君子之道,孰先傳焉?孰後倦焉?民可使由,不可使知。以迹求之,似聖人之教,有隱顯耳。歐陽永叔謂聖人教人,性非所先,已誤。顧亭林乃以性道爲末流,而力闢之,可乎?吕東萊《近思録題詞》,論首列陰陽性命之故,曰:"後出晚進,於義理本原,雖未容驟語,苟茫然不識其梗概,則亦何所底止。列之篇端,特使知其名義,有所向往而已。餘卷所載講學之方,日用躬行之實,自有科級,循是而進,自卑升高,自近及遠,庶不失纂集之旨"云云。此可以破顧亭林之疑,而爲朱子雪其謗矣。

江氏藩曰:"濂洛關閩之學,不究禮樂之源,獨標性命之旨。"

按,性命之旨,即禮樂之源。故孔子曰:"言而履之,禮也;行而樂之,樂也。"自漢晉以來,惟獨宋儒周程諸子,能知其本源合一處。今反以此譏之,如以牧豎而議公卿家服食起居,節宣失宜,亦太不知類矣!"禮只是序,樂只是和。"程子此言,已盡禮樂之源。又明道言:"禮樂只在進反之間,便得性情之正。"《記》曰:"禮主其減,樂主其盈。禮減而進,以進爲文;樂盈而反,以反爲文。"朱子曰:"減是退讓撙節收斂的意思,是禮之體本如此,然非人之所樂,故須進步向前著力去做,故'以進爲文';按此所謂曲折以行禮,在於勉强莊敬,周折中禮,爲大壯也。盈是舒暢發越快滿的意思,樂之體本如此,然易至於流蕩,須收拾向裏,故'以反爲文'。

按此所謂欲不可縱，樂不可極。所以明道言人能如此，便得性情之正。"按此所謂不可斯須去身。又伊川《明道行狀》云：窮神知化，由通於禮樂。程朱言禮樂之源者，如是其精，是豈諸妄庸所及聞邪！①

焦循曰："宋儒言性言理，如風如影。"

按，此亦剿顧氏之説而失之者。顧本以之斥明儒，今妄移以斥宋儒也。程朱言性言理，皆從身心下功夫，以日用倫常爲實際，何嘗"如風如影"？是未嘗詳讀其書，徒耳食浮游以誣之耳。考顧《與友人書》曰："百餘年來之爲學者，往往言心言性，而茫然不得其解也。"夫明曰"百餘年來"，則非以譏宋儒可知，焦氏豈足以知宋儒言性之説哉？觀其所作《性善解》，一則曰"食色"，再則曰"知覺"，此其所以不爲風影者，特拾告子、佛氏之唾穢而已。

考漢學者之始，生於深忌《宋史·儒林》、《道學》分傳，因之痛疾朱子補《大學·格致傳》窮理之説，故謂孔孟書中不言理，言理是宋人捕風捉影之説。而度數、名物、訓詁，皆是一貫上達之道，學者只講小學，便盡孔子之道，並無所謂義理之學。一時自命爲碩學通儒者，悉本此意以著書，奮其私妄，信口無忌，海内風靡，乃至如外國日本西條掌書記山井鼎、東都講官物觀所著《七經孟子考文補遺》，亦多好與朱子爲難，所斥駁多在性情仁禮等説。豈所謂未成乎心而有是非，失之易而不遜志者與？將苟據版本異同，不深究其所原，不度德量力，犯不韙而不顧者與？

① 此段正文與注文，皆道光本所無。

夫所謂性者非他，仁、義、禮、知、信五者之德是也。所謂理者，即此五者所存所發自然之條理是也。自孟子而後，荀、揚不識，晦亂之者幾千年矣。幸程朱復辨明之，以續夫孔子、孟子之言，可謂灼然而无疑。乃自朱子没後，而異説蜂起，專務攻之。明代儒者如陽明、甘泉、白沙、景逸、念臺，不肯虚心遜志，遵依程朱，硬自主張，别創宗旨，妄起疑端，扣槃摘埴，自誤誤人。馴至近日，横流波蕩，承風吹唇，一同吠影。善乎張蒿菴之言曰："人有資性淳厚，立身謹愿，而好詆程朱者，於《集注》、《本義》諸書，皆極力吹索，妄生穿鑿，必别立一解，欲駕其上，若肯平心於先儒成説，心體而躬踐之，豈不有益，乃費盡聰明，只成一無忌禪罪過，亦深可惜。推原其故，自良知之説一唱，一二妄人遂敢肆口訕笑儒先，其説流布四方，雖有美質，亦被引壞，百年以來，餘毒未殄"云云。愚謂蒿菴猶未見後來漢學考證諸家之言，至於此極也，使見之，又當如何太息！又愚嘗推漢學考證家，所以誖妄如彼之故，其本病在務攻朱子以爲名，又外感變症在眩博，其夾雜症在耳食前人正論，而不能審其虚實，如心學門户，禪學、僞古文等。至於發狂，則神明亂而不可藥矣。①

戴氏曰："程朱以理爲如有物焉，得之於天而具於心，啓天下後世人人憑在己之意見，而執之曰理，以禍斯民；更淆之以無欲之説，於得理益遠，於執其意見益堅，而禍斯民益烈。

① 此"一時自命爲碩學通儒者"至此，道光本原作："一時碩學通儒，皆主此著書，海内風靡，乃至流於外國，如日本西條掌書記山井鼎及東都講官物觀，所著《七經孟子考文補遺》，亦多好與朱子爲難，所駁多在性情仁理等説。"

離人情而求諸心之所具，安得不以意見當之。”又曰：“古聖人以體民之情、遂民之欲爲得理；今以己之意見不出於私爲理，是以意見殺人！”

按，程朱以己之意見不出於私，乃爲合乎天理，其義至精至正至明，何謂“以意見殺人”？如戴氏所申，當體民之情，遂民之欲，亦必民之情欲，不出於私，合乎天理者而後可，若不問理，而於民之情欲，一切體之遂之，是爲得理，此大亂之道也。[1] 程朱所以有大功於聖道者，政以其認理最真，辨理最精，而惟恐學者誤執意見以爲理也。所以能紹孔孟之傳，而有大功於世政在此。今戴氏反即以其所精辨者，意見不出於私爲理。而轉誣之；於其所用功而全力欲講去之者，人欲。而轉謂不當去。諸家著書，紛然祖述，益推而衍之，以蔑理爲宗。此所謂“讒説殄行，震驚朕師”者也！

又曰：古人之學，“在通民之欲，體民之情，故學成而民賴以生。後儒冥心求理，其繩以理，酷如商、韓之用法”，“彼自以爲理得，而天下受其害者衆也”。又曰：“聖人之道，使天下無不達之情，求遂其欲，而天下治。後儒不知情之至於纖悉無憾是爲理，[2]而其所謂理者，同於酷吏之所謂法。酷吏以法殺人，後儒以理殺人。浸浸乎舍法而論理。死矣，更無可

---

① 自“亦必民之情欲”至此，道光本所無。而有“則彼民之情，彼民之欲，非彼民之意見乎？夫以在我之意見，不出於私，合乎天理者，不可信；而信彼民之情之欲，當一切體之遂之，是爲得理，罔氣亂道，但取與程朱爲難，而不顧此爲大亂之道也”一段。

② “悉”，戴震《戴東原集·與某書》原文作“微”。

救矣！"

按，"情之至於纖悉而無憾是爲理"，此是理之極至大通處，自古聖人之心在是，聖人之政即在是。堯、舜、禹、湯、文、武、周公之所已行，孔孟之所講求而欲行之者，舍是無他事。程朱豈反不知？顧民之爲道也，生欲既遂，邪欲又生，苟不爲之品節政刑，以義理教之，則私妄熾，而驕奢淫泆，犯上作亂，爭奪之禍起焉。聖人知其然，故養欲給求，以遂其生。又繼之治教政刑，以節其性。司徒之命，修道之教，學校之設，所以明民者，惟義理之用爲急。故曰："惟天生民有欲，無主乃亂；惟天生聰明時乂。"又曰："以義制事，以禮制心。"此所以能纖悉無憾也。今謂不當以義理爲教，而第惟民之欲是從，是率天下而亂也。不知何代何王，有此治法？殆莊、老過中皇古之説，荒唐之言耳！如《莊子·在宥》之説如是。然戴氏非能有老莊玄解，不過欲堅與程朱立異，故其説惟取莊周言"尋其腠理而析之"，"節者有間"等語，解"理"字爲"腠理"，以闢程朱無欲爲理之説，"腠理"乃是自然出於天者，故莊子謂之"天理"，乃是語妙，政借用天下萬事，皆順乎天之自然，謂之理之正解。理本於天，謂之天理；欲則攙以人之私妄矯僞，非其自然無欲爲理。自古聖經典相傳，未有易之者也，何忽以之罪程朱乎？只爲自家占度，所以居身行己，不能免乎勢利聲色、貪淫邪鄙之爲。故深疾宋儒言理、言道，言正心、誠意、修身。盜憎主人，魑魅畏明鏡，無髮者忌人譏禿，無目者忌人嘲瞽，羞變爲怒，故奮其横逆而不顧也。不然，何以儒者讀書講道，而痛疾惡怒"天理"二字，必欲蔑之，著書立説，而不諱言之也哉？"蔑天理"爲便於"逞人欲"，東原即修士，而固無解於無忌憚之人欲矣，而況其承虚接響者邪!① 則亦仍不出訓詁小學伎倆。不知言各有當,執一以解經,此漢學所以不通之膏肓錮疾。又肆之以無忌憚之言,以汩亂聖人之經教,所謂“生於其心,害於其事;作於其事,害於其政”者也。且程朱所嚴辨理、欲,指人主及學人心術邪正言之,乃最喫緊本務,與“民情同然好惡之欲”迥别,今移此混彼,妄援立説,謂當通遂其欲,不當繩之以理,言理則爲“以意見殺人”,此亘古未有之異端邪説,而天下方同然和之,以蔑“理”爲宗,而欲以之易程朱之統也。或問彭魯岡曰:“陽明謂‘與愚夫愚婦同的,方是同德’,當乎?”曰:“須必同夫與知與能。不然,愚夫愚婦之習心習氣,待教化處尚多,何可與同!”

又曰:“君子或出或處,可以不見用,用則必措天下於治安。宋以來儒者,以己之見,硬坐爲古聖賢立言之意,而語言文字,實未之知;其於天下之事,以己之見强斷行之,而事情原委隱曲,實未能得,是以大道失而行事乖,而天下受其咎,不知者且以躬行實踐之儒,歸焉不疑。夫躬行實踐,釋氏之教亦爾。孟子闢楊墨,退之攘佛老,當其時尊楊墨、佛老者,或曰:是聖人也,是正道也,吾所尊而守者,躬行實踐,救人心,贊治化,天下尊之,帝王尊之之人也。然則君子何以闢之哉? 愚人睹其功,而不睹其害,君子深知其害故也。”

按,爲論披猖至此,肆無忌憚。② 至乃謂程朱語言文字未之知,事理原委未能得,致大道失而行事乖,天下受

---

① 此大段注文,道光本所無。
② 道光本此下有“所謂獸死不擇音者也”九字。

其咎，與楊墨、佛老同罪，凡尊信程朱者，皆愚人不睹其害，惟獨漢學君子，深知而憂之，故力闢之，不容已如此。竊以程朱以前，上溯晚周，其道失行乖與否？天下受咎與否？固與程朱無與。若程朱以後，元明以來，何道之失，何行之乖，天下所受何咎，是爲程朱所致？事迹昭然，生民共睹，歷歷求之，一字不讐，此真無實不祥之言也！夫躬行君子，孔子所求，今並此黜之，謂不足貴，則天下尚安有白黑也？忿設詖邪至此，而方且自以用必措天下於治安，其徒尊之，謂之“集群儒之大成，浩氣同盛乎孟子，精義上掩乎康成、程、朱，修詞俯視乎韓、歐。性與天道，了然貫徹。故吐辭爲經，用則施政利民，舍則垂世立教而無弊。”此段氏之言。又曰：“其學有功於六經、孔孟甚大，使後之學者，無馳心於高妙，而明察於人倫庶物之間，必自戴氏始也。”此洪氏榜之言。又以能衛戴氏者，爲衛道之儒。此江氏聲之言。① 邪妄熾結，任意亂道，雖天下之大，無所不有，不應誕肆至此！

盧文弨《戴氏遺書序》曰：“精詣深造，以求至是之歸。胸有真得，故能折衷群言，而無徇矯之失。其爲説也，未嘗使客氣得參其間，泠然而入，豁然而解，理苟明矣，未嘗過騁其辯以排擊昔人，而求伸其説，其爲道若未足以變易當世之視聽，而實至名歸。一二公卿賢士大夫，洒然異之。”云云。按，抱經此言，不啻以周公頌王莽，以孔子頌魏忠賢，蓋無一字一語，不政與東原相反，

---

① 按“聲”當爲“藩”之誤。此江藩之言，非江聲之言也。江藩《漢學師承記》卷六《洪榜》：“洪君可謂衛道之儒矣。”

而何以稱之，不顧世之清議哉？乃歎抱經、莘楣，皆號通儒端士，惜乎皆學其末而昧其本，於義理白黑，一無所辨，至於此極也。其平生著述，碎細卑狹，局於訓詁文字，所謂焉能爲有亡者，豈不深可惜哉？施朝幹曰：戴東原殁時，有人爲楹帖以輓之曰："明德之後，必有達人；孟子之功，不在禹下。"以孔孟擬東原，豈非小人無忌憚者與？施儀徵人，乾隆癸未進士，官宗人府丞，湖北學政。無子。此語在其《集》中。又乾隆末，浙人趙佑爲安徽學政，試徽州，議以東原配食朱子祠堂，休寧諸生葉元習力爭，乃止。嘉慶間，吴人徐頲爲學政，竟行之。此爲至悖。無論東原學行足祀與否，即其生平專務詆詈朱子，而俾之並食一堂，朱子即無言，東原亦豈安乎？徐字直卿，癸丑第三人及第，亦依傍漢學以立門户者。①

又曰：《大學》開卷説"虚靈不昧"，便涉異學；"以具衆理而應萬事"，非心字之旨。《論語》開卷説"可以明善而復其初"，出《莊子》，全非孟子"擴充"言學之意。《中庸》開卷説"性即理也"，如何説"性即是理"？

按，"虚靈不昧"，狀心之體，無過此四字之確；"具衆理"、"應萬事"，説心字之義，亦無如此之確。明善復初，詁"明明德"，亦無如此諦當。政使出於釋典，用之亦無害，況所明在善，則非般若無知之旨，尚何慮其爲病也？若夫"性即是理"此句，與孟子"性善"同功，皆截斷衆流語，固非中賢小儒所及見，況妄庸乎！且戴氏極詆程朱，固奉康成爲宗主矣。豈知程子此語，正用康成《樂記注》"理即性也"語。彼本不知性命爲何説，又失檢鄭注，《樂記》"天理滅矣"，

① 此段正文與注文，皆道光本所無。

鄭氏注“理,猶性也”。惠氏棟駁之曰:“前注云‘理,分也’。韓非曰:‘理,物之文也。方圓、短長、麤靡、堅脆之分也。’理不作‘性理’説。”又曰:“‘天理’二字,始於《樂記》。”(此余見惠氏舊校《禮記》本云爾,惠氏刊行書無之,他處亦不見。)愚謂韓非之言,與余前所説莊子義同,皆謂自然條分縷析,政理之的解。惠氏不識性不識理,並不識韓非、鄭注所言,而妄生駁辨,由其粗淺,故成其妄而不覺。夫性非他,只是仁、義、禮、智、信五者之德而已。五者所存所發,各有不易之條理,皆出天之自然,是謂“天理”。觀康成《孝經説》以血氣吉凶言性,未必深能辨此,而“理猶性也”一語,獨質之聖人而不謬,想必古昔相傳,舊有是語,康成依而用之,昧者乃反闢其非,豈不可嘆!又按朱子《中庸注》“性即理也”一語,本於程子,實爲精確不移,陽明卻易之以“心即理”,則大謬。《中庸》言“率性”而不言“率心”,孔子稱顔子其心“不違仁”,若心即是理,豈可曰其理不違仁乎?況陽明以無善無惡爲心之體,則“心即理”尤説不去。夫天理在乎能順而不可滅,不得謂之無善。蓋天地之間,只是陰陽、曲直、從革、潤下、炎上,静厚發生,五者之氣,絪緼蟠結,人受之以生,則爲剛柔、惻隱、羞惡、辭讓、是非真實五者之心。此五者,在天在人,皆自然不相倍害,謂之理、謂之性,一也。惟所稟不能無差互不齊,故須由教學以復其本然。而教學之法,只有讀書窮理。陽明之罪,在師心自用,欲學者盡廢去讀書窮理之功,即心以悟,謂一悟無不徹,故主張“知行合一”而昧自明誠之教,欲以破朱子之學,而實墮於佛。不知不窮理,則先已不識性;不識性,豈能盡心哉!故姚江之學興,不但説理無根據,即爲教、为學之方,亦無根據。此事如油著麵,五百年來能確然明白之者,不數覯,吾故不得不辨。① 遂輕妄立論,漫肆詆呵。余嘗論釋氏認心爲性,認意爲心,固誤。詳見朱子論。然猶説性。若世俗學者,雖讀儒書,然皆逞妄徇私,全從心與意上作用,蓋懵然不知己

① 此段注文,道光本所無。

之有性，又安知性爲何物？其言命亦只以死生、禍福、貧富、貴賤當之，是世俗之人，不知己之有性命者，衆也久矣。苟知己有四端五常，則知己有性，知四端五常之爲性，則知性之本所從來爲命矣。性命之本，無有不善，使非出於理，何以能善？則"性即是理"，明矣！趙岐偁《孟子外書》四篇，有《性善辨》，知此事在孟子當日，已自難與不知者言矣。

近錢氏大昕稱《荀子》書曰："人之性惡，其善者僞也。"又曰："不可學不可事而在天者，謂之性；可學而能可事而成之在人者，謂之僞。'僞'即'爲'字。"以爲世人不識字，致使荀子蒙千載惡聲。愚謂辨"僞"與"譌"，即"爲"之假借字，此爲確論，不可易矣，然固無解於"性惡"之説也。錢氏得"僞"字訓詁一端，沾沾自喜，[1]遂不暇致詳上文，而以爲足爲荀子白千載之冤，則未然也。荀子本意謂人之性惡，其出於善者，由人事强爲，亦略如告子杞柳桮棬，戕賊人以爲仁義之旨，錢氏何能代爲之解免也。新學小生，耳食浮游，執論孟子"性善"之説爲妄，以爲韓子"三品"之説本之孔子，而孟子可以啞口矣。豈知聖賢言各有當，孔孟之説初不異乎？

孔子所謂"相近"，是言氣質之性，纔説相近，須是有兩般，天之所命只是一般。朱子解此直是精微，譬如金重於羽，一鈎金之偶少，則不勝一輿羽之重，而金之重性、羽之輕性不改也。推之焦土使枯，激水在山，鬱火使滅，而流溼就燥，發生之性不改也。夫"性善"，亦若是則已矣，《孟子》

---

① "沾沾"，道光本作"詹詹"。

所稱蓋如此。若夫中人,可上可下,此則視其所禀、所習之分數。禀氣有偏,先天也,習則後起也。苟未至於甚,則皆可移。孔子此説,較孟子爲周備,而要非謂性之本體有不善,與孟子之言有殊。孟子特舉其最初者以立教,亦非於孔子之言有背,但未及詳説耳。孔子曰"有教無類",《中庸》"修道之謂教",所以教者,教此禀氣之偏,不至於下愚與移於習者耳。使其性非本善,亦何可教?孟子所謂"性善",亦謂人皆可與爲善,而慎毋棄而不教,及自暴自棄焉耳。而豈謂滿街皆是性善之聖人,不待教乎?使孟子行政,必首以修道立教爲先務。"性善"之説,其旨如此,而何嘗悖於孔子乎?如執辭以害意,則孔子既曰"不移",又曰"無類",不自相矛盾乎?子思曰"率性之謂道",使性非本善,何可率也?率之而何能即爲道邪?明王廷相著《雅述》,謂"人性有善有惡,儒者亦不計與孔子言性背馳與否,而曰孟子言"性善",是棄仲尼而尊孟子矣。況孟子亦自有言不善之性者,何獨以"性善"爲名?"按此説蔽昧,使孟子之言與孔子背馳,何以爲孟子?使程朱之言與孔孟背馳,何以爲程朱?此未詳讀程朱之書而妄説。王字浚川,謚敏肅。程子言:"論性不論氣不備,論氣不論性不明,二之則不是。"不論氣,何以有上智下愚之分?故曰"不備";不原其性之本善,則是不達其本,故曰"不明"。朱子曰:"論性不論气,孟子'性善'是也;論氣不論性,荀、揚是也。孟子無害其爲性,荀、揚則不識性。"吕新吾曰:"宋儒有功於孟子,只是補出'氣質之性'來,省多少口吻。"愚謂朱子雖稱氣質之説始張、程,亦據其炳著者言耳。其實孟子"動心忍性"及"性也有命焉",兩處説"性",已與"堯舜性之也"之"性"不同。古人言各有當,非會而通之,則只見其異耳。又李習之水火砂烟之喻,亦氣質之説,特不能如程、張之炳丹青耳。若孔子言氣質之性,朱子而外,無人道破。①

考戴氏生平著述之大,及諸人所推,在《孟子字義疏證》及《原善》。《孟子字義》戴氏自謂"正人心"之書。余嘗觀之,轇轕乖違,毫無當處,《原善》亦然。如篇首云云,取《中庸》、《論》、《孟》之字,標舉古義,以刊正宋儒,徒使學者茫然昏然,不得主腦下手處,大不如陳北溪《字義》。

臧氏琳曰:"《大學》一篇,本無經傳可分闕處可補,此本陽明之説,臧鏞竊之以誣其祖者。蓋《經義雜記》,多非出於玉林先生原有之言。余聞之前輩云。② "誠意"正學者最切要處,所以成始而成終者,不當退處於後。"

按,此説乃學者是非通蔽,一"人鬼關"也,諸人皆從此路差去。其謂"本無經傳可分闕處可補",亦仍本前人之爭古本者。惟説"誠意"不必本於"致知",朱子退《誠意傳》使處於後,最爲亂道。蓋粗閱注疏本,胸中全未有知,不暇致

---

① 此大段正文與注文,道光本原作:"譬立馬於前,數其百體(喻"三品"),而謂道馬者(喻孟子道"性善"。)非馬,可乎?(明王廷相著《雅述》,謂人性有善有惡,儒者亦不計與孔子言性背馳與否,而曰孟子言性善,是棄仲尼而尊孟子矣。況孟子亦自有言不善之性者,何獨以性善爲名?按此真妄説!使孟子之言,與孔子背馳,何以爲孟子?近人顔元,謂孟子言'性善',即孔子言'性相近,習相遠',語異而意同。此論得之。)《中庸》曰'率性之謂道',使性非本善,何可率也?何能率之而即爲道邪?(《困學紀聞》引《白虎通》云:《禮運》記曰'六情,所以扶成五性',五性謂'仁、義、禮、智、信'。韓子《原性》與此合。)性兼氣質,(此張子説。)命兼氣數,與子思、孟子所稱專言其本者,言各有當。先儒既精論而詳説之,其言備矣,何容復倡爲異説!(李習之'水火沙烟'之喻最善。)"

② 此段注文,道光本所無。

詳，較李塨説更鶻突。塨以《大學》“格物”爲《周禮》“三物”。孔子時，大學教法，所謂六德、六行、六藝者，規矩尚存，故“格物”之學，人人所習，不必再言。惟以“明德”、“新民”標其目，以“誠意”指其入手而已。“格物”一傳，可以不必補。按，塨此説謬妄非一，聖人立教，只教當時，不顧後世；及至後世，此事豈不缺此一義乎？① 若曰人人所習，不必再言，首章目中，又胡爲條舉之？存其目而闕其事，即以書言，亦無此體例。孔子時用人理財諸事，皆尚有規矩，胡爲又言之？孔子時“三物”尚存，故不言。至朱子時“三物”已不興，仍不必補傳，是終廢此一義也。一派謬説，全非理實！塨學於顔元，以躬行爲主，此等妄説，蓋又沿之王柏、毛奇齡諸人者也。又宋黎立武作《大學發微》，所説“誠意”亦略與此同。黎立武，字以常，新喻人。咸淳進士，華文閣待制。② 入元，徵不起。③ 夫《大學》之書，即不以爲孔子之言、曾子之意，而經文見有之言，不可誣也。經固曰“在明明德”，則上一“明”字自不可忽；“格物致知”，正“明”之之實事始功，“誠意”非所以成始也。經文曰“欲誠其意者，先致其知”，“知至而后意誠”，次第分明，非朱子移使退處於後也。夫“致知”而后“誠意”，尚難言之；況原不曾“致知”而曰“誠意”，所誠定何等意也？當篇文義，不暇照管，脱節亂道，其失猶小；惟不本“致知”，直標“誠意”，使學術緣此歧誤，其害甚大！以虞帝“惟精惟一”言之，“精”是致知窮理，“一”是誠意執中，則正心也。以孔子誠身之目言之，學、問、思、辨四者，屬格物、致知、篤行始是誠身。故康成注此曰“勸人學誠其身也”。學雖不專屬致知，然節目大概如此。朱子曰：“‘致知格物’者，堯舜所

① 道光本“此事”下尚有“不興”二字。
② “待”，原作“侍”，今據文義改。
③ 自“黎立武字以常”至此，道光本所無。

謂‘精一’也；‘正心誠意’者，堯舜所謂‘執中’也。”①夫説經於聖學宗旨切要處，敢爲亂道若此，何其輕妄，不自知量，無忌憚乃爾！

昔朱子以“誠意”章爲學者“人鬼關”，在今日則直當以“格物致知”章，爲學者“人鬼關”也。蓋不窮理致知，則不知至善之所在。當止之處，固爲凡民之不識，是非邪正者無論矣。於此而有質美，不待致知，而自誠其意者，苟非生知上聖，則不過爲不踐迹，亦不入室之君子善人，如黄憲者而已，非明德之止於至善也。出乎此，則入於告子之不動心，禪家不思善不思惡，心如牆壁之所爲矣。然則致知誠意，正儒、禪、愚三家分界至緊要處。諸人詆宋儒言心、言理、言格致墮禪，捕風捉影，卻於此處滅火去明，自開歧路引放教誤走，反咎朱子之執炬指路者爲非，豈非罔邪！比因論漢學力攻窮理之説，因悟及此，私竊自幸天啓其衷。後儒得吾説而明之，不論《大學》有闕無闕，只朱子此所補傳，正儒禪之分界，導愚善於睿聰，愚善之人，只有寬裕温柔一德，而聰明睿智，發强剛毅，文理密察，皆不備也。有功於聖教，日月不刊矣！蓋自王柏以來爭古本者，紛紛不一，實未有分明得利害關係有如此者。馮山公有《答閻百詩書》，與余此説同。又高景逸，名爲尊朱子，而亦以古本爲是。景逸於此義不得明，又安能識性？吾故曰高景逸、劉念臺，未嘗知學，以其未知入門也。凡尊古本，皆爲欲去《格致傳》，不從“格致”入門，而以“誠意”爲入手，其學無頭，其病百出矣。②

濂溪由静而動，是論天地陰陽，道之全體，確是如此。若

---

① 自“朱子曰”至此，道光本所無。
② 此段注文，道光本所無。

學者“明明德”，則必以知行爲之次第，由明而誠，事理確是如此，故必從“格物致知”入，而後知止之所在，孔子所以贊《黄鳥》也。蓋格物致知，即是明之之實事實功。白沙從静中養出端倪，是先從定静入手，無頭而同於禪矣。雖主静功夫，學者不可少，然古今學人，亦安能盡得寬間歲月，如僧家之閉門瞑目静坐乎？孔門教人，只隨事教之，故曰“出門如見大賓，使民如承大祭”。若如白沙，則當曰閉門，不當云出門；當曰静坐，不當云見賓使民。聞白沙築陽春臺，閉門習静，穴壁進食三年，無論似僧家行律，而貧寒之士，固不能效法矣。陽明亦曰：“人須在事上磨鍊做功夫，乃有益。若只好静，遇事便亂。”據此，白沙又不逮陽明遠矣。① 故知以静養爲入手，提倡標爲宗旨，其不可也明矣。至劉念臺從慎獨起見，以省察爲頭，畢竟前面亦少格致，政與以誠意入手同旨，特改换名目耳，凡此皆仍姚江之失。嘗試論之，凡人未曾致知者，人欲交滚，念念動亂，以惡爲能，且不知己念中，何者爲善，何爲不善，何時有静，何時動起，安能遽望其慎獨動念，而即能辨善惡之幾邪？故必如堯舜之敬敷五教，周樂正之崇四術，孔子之入孝出弟、謹信、親愛、學文，處貧富無求安飽；孟子義利、性善、王霸、辭受取與；《中庸》亦先提個命、性、道。都教人先知大分，從此學之，所謂“知止”也。既知止，然後加省察功夫，以誠其意，事理次第，確是如此。故凡陸王明儒之學，皆只爲自己。及學者已成就向上者言，未爲不可。而便以此立爲宗旨，欲攻《大學》格致之説而去之，則爲無知邪説矣！

格致是明明德始功，誠意乃討實下落事也。李塨謂直以誠意指其入手，臧氏謂誠意正學者所以成始，皆大誤。夫人

---

① 此段注文，道光本所無。

未致知，則始學功夫有闕，縱誠得善意，而品節必不詳，豈不同於禪？故《格致傳》斷不可攻，誠意斷不可作入手。李二曲曰："明德與良知無分別，念慮微起，良知即知其善與不善；知善即實行其善，知惡即實去其惡。不昧所知，心方自慊。"愚謂此亦談何容易，上根上智如顔子，猶須用克治，其次則必大勇血戰。故孔子告原憲曰"可以爲難"，自古聖賢所爭在此，故朱子謂之"人鬼關"。然前面必須有"致知"一層，李氏移"誠意"合於知，以"良知"混當致知之"知"，所謂頓門也，陸王之旨如此。不知良知明德，是指本體，與致知"知"字不同。上聖之人，本誠而明者，或即用明德、良知爲照，[①]若學者思誠明，明德則必先"致知"，所謂明之也，明而後誠也，致曲也。陸王只由自己天資高，不顧古今學者，不能人人皆爲上智，如己之明決勇鋭也，然且其後猶有病，如王氏再傳，已爲顔山農、何心隱、李贄可見。宿松朱書曰："由陽明之道，率天下之人盡爲王心齋、王龍溪、顔山農、羅近溪、趙大洲、何心隱、李卓吾之徒，棄禮法，任放誕，詐諼縱横，肆無忌憚，如飲狂泉，而不可救。"云云。故孔孟之教，必從下學入手，朱子所以苦爭之也。二曲《學髓圖説》與蕺山《人極圖》，皆沿姚江之謬。比因論誠意不可入手，致知之功不可缺，而二曲牽"知"與"誠意"作一事，益爲謬説，故附訂之於此。總之，《大學》本經曰"在明明德"。自姚江以來，諸儒只提倡"明德"，將上一"明"字抹去，何其鹵莽滅裂也！如李塨直以"明德"、"新民"對言，尤非。[②]

陽明謂格物致知，即是誠意。宗旨在此，大謬在此。又曰：

① "照"下道光本尚有"蘇子由所云本覺自明也"十字。
② "尤非"，道光本作"可謂不通"。

《大學》功夫，即是明明德；明明德功夫，祇是誠意；誠意功夫，祇是格物致知。若以誠意爲主，去用格致的功夫，即功夫始有下落。湛氏《格物通》本此。如文公《新本》，先去窮格事物之理，即茫茫蕩蕩，都無著落處。須用添個"敬"字，方纔牽扯得向身心上來，然終是没根源處。按，此是陽明破朱子以讀書窮理爲學，補《格致傳》一大宗旨公案。自劉念臺、李剛主等以來，流傳謬種，至今未已。彼以窮格事物之理，爲没著落，不知朱子已補小學在前。此格物致知，亦就倫常日用、經世理物、六藝之文先務之急，而讀書以窮其理，非茫茫蕩蕩也。且"敬"是徹始徹終爲學之本，不可少，不可謂之"添出"。朱子此法，完密周善，質之孔子無疑，百世以俟聖人不惑。而陽明獨以爲非，豈非異端？爲學固知行並進，然畢竟知在行先，不明乎善，不誠乎身，知得分明，然後行得分明。此理昭於天壤，古今人心所同，何以昧者，猶必欲破之？豈不由矜名好勝之心，私妄熾結，而不暇虚中遜志以求理乎？夫乘舟而迷者，見斗極則悟。吾人所恃爲斗極者，非堯、舜、孔子乎？堯舜之道，在"惟精惟一"。孔子教顔子博文在先，約禮在後。四教文在行先，誠身之目，學問思辨，在篤行先。則朱子以讀書窮理爲學之始功，有何謬處？若誠意，自是行中事，非致知事。譬如身今欲往何方，亦必心中先有所擇，而後決往；既決往，又必講去其歧塗叉路，①而後步趾。故曰知得不錯，而後行得不錯。夫"誠意"，固其所當講知之要道矣。然天下萬事萬物之理無窮，各皆有爲民生利用安身，所必不可闕、必不可亂之道，"誠意"如何能包括得？夫"誠意"，只是爲修身先牌，堅

① "叉"，原作"乂"，今據文義改。

定爲善去惡耳。至於修、齊、治、平許多事，前既不講，後置不論，但曰《大學》全功在於"誠意"，此分明是佛之宗旨。古今聖人相傳至道，豈如是其無頭乎？吾嘗論陽明大罪，祇是一"妄"，[1]誤天下人心學術，其本病在務矜一己之名，欲盡蓋前後一切學者，實非真有衛道明教之衷誠。此念一發，遂不得不埽滅朱子，[2]務行己之私説，所以爲罪也。世人讋於其名德功勳，不敢輕議。有議者，則群以爲犯大不韙。余謂陽明序《古本大學》曰"合之以經而益贅，補之以傳而益離"云云，此或粗心未審，猶曰尊古而然。至於説格致即是誠意，誠意功夫即是格物致知，豈非昧心，何以自證其良知乎？夫功在一時者，與時消歇者也；功在萬世者，天地之心生民之命也。陽明宸濠之功，[3]孰與夫破壞學術、惑世迷人之罪之多乎？

陽明初去格庭竹致病，故疑朱子格物之説，爲茫茫蕩蕩無著落，爲其天姿高明，後來一悟本心而得力，遂主之立爲宗旨，所惜不更平心細考朱子所以爲學之方，而決去不顧。此其過在昧"不遠復"之幾，然後知孔子所以賢顔子爲好學也。夫陽明之先，差之歧塗毫釐耳，及其後務行其私説，遂至犯罪而不可恕，則失之千里矣。乃知"不遠復"三字，爲學者百世之師。而至今諸漢學妄人，猶迷於此塗，寧死不悟也。然試

---

① "妄"下道光本尚有"肆無忌憚而"五字。

② "埽"，道光本作"掃"。

③ 自"夫功在一時者"至此，刊誤本原文作："若夫宸濠之事，當日即無陽明，一他將亦必能辦之，何足關輕重？惟夫破壞學術，爲萬世人心之誤，斯其害至重耳。微獨陽明，且如諸葛孔明之輔漢昭烈，成三分之業，其功更在陽明之上，而亦不足稱也。何則？使當日昭烈不得蜀，不成帝業，何關於古今天下之有無乎？故凡功在一時者，與時消歇者也；功在萬世者，天地之心生民之命也。孔明之賢，所以不可及者，以其事君竭忠，治國安民，言論教令，悉本於理義，足爲萬世經常，無虧敷錫，故足賢耳。陽明宸濠之事，一將之功"云云。

叩其本心，大抵出於私妄矜名，並無衛道明教真意。不過爲風力所鼓，悍然遂欲以霸易王耳。昔劉屏山教朱子以“不遠復”三字，俾佩之終身。

按陽明“良知”之教，啓悟人心甚妙，即所謂“本心”也。蓋其義本於孟子“反本”之説，而其名亦本之孟子“不學而知”之名，與朱子解慎獨“人所不知而己獨知之”之地，略相似而不同。陽明以此“知”混作“格物致知”之“知”，則全非是；又以此爲即是誠意，尤非。此只可謂之心光所發之本意，而不可混“誠”。“誠”是實持此良知所明之善一邊念耳。夫既曰“不學而知”，則非待於致，且一知便誠，則誠意尚何難？何用做功夫？陽明以佛學爲教，自立門户。而必以此亂《大學》，斯爲矯誣也。

言誠意而不先之格物致知，爲無頭。吾嘗言：今告人以酒色害身，人雖然之，而仍多溺之；若砒鴆則未有肯試之者。知至，故意決也。《大學》“知至而後意誠”，次第分明。張楊園曰：“百餘年來，學者率以誠意爲主。”又云：“昌黎《原道》引《大學》至‘誠意’止，不及‘格物致知’，爲無頭學問。吾人之身，大而君臣父子，小而事物細微，莫不各有當然之則。惟於理有未明，是以知有不至；惟於知有不至，是以意有不誠。由明入誠易，舍明求誠難。古人所以必以讀書窮理爲先。”按楊園此所云，明謂學有緝熙窮理也，非良知本覺自明之宗旨。《中庸》言“明則誠”，所謂“明”即“其次致曲”也，而陽明乃以生知上睿爲明，則誠之明無論闕《中庸》“謂之教”三字，而安得遽以是普望學者邪？故曰：陽明之罪，在一“妄”字。

劉念臺宗王氏，不主格物致知，作《人譜》，證人以“省察”爲頭，實爲滅裂。夫“省察”者，將以改過而誠意也，故《人譜》

言改過最警切。張楊園曰:“欲改過,須先知過;欲知過,須先明乎善;欲明善,須是致知。今謂格物致知爲非,而切切言改過,吾不知所謂過者何也。”按楊園初受業念臺,後悟其失,而不欲以訐師爲名。若此言,豈非爲《人譜》發乎?①

至臧氏謂“本無經傳可分闕處可補”,亦未詳讀經文。按鄭氏於後諸節,②皆一一分注曰:此“廣明誠意之事”,“覆明前經正心、修身之事”,“重明前經修身、齊家之事”,“覆明前經齊家、治國之事”,“覆明上文‘平天下先治其國’之事”。是鄭君亦已章章分應前經,非朱子始分爲經傳也。但鄭氏既一一分應前經,不應“誠意”前獨闕“格物致知”之事。而又以曾子曰《淇澳》、《烈文》兩詩,《康誥》、《太甲》、《帝典》三書,《湯盤》、《玄鳥》、《文王》之詩,夫子聽訟之言,總謂是皆“誠意之事”,殊爲混淆不確。此所以致諸儒有無傳可補,誠意當爲入手,及諸家改本之聚訟,則皆不如朱子所定,爲理順而文從也。爭《大學》者,不出此數端。然未有明夫不致知,則同於凡民,不致知而誠意,苟非生知上聖,則流於禪與愚善者。余此説實爲漢唐以來朱子以後衆説,總結一斷案。而凡紛紛攻朱子之補《格致傳》者,皆未細心窮理也。

汪中曰:“《大學》與《坊記》、《表記》、《緇衣》伯仲,爲七十子後學者所記,於孔氏爲支流餘裔。師師相傳,不言出自曾子,視《曾子問》曾子立事諸篇,非其倫也。閻百詩《與馮山公書》

---

① 自“陽明謂格物致知”至此五段正文與注文,皆道光本所無。

② 按方氏此段所引,皆爲孔疏之文,非鄭玄注文。故此“鄭氏”與下文“鄭君”,皆當作“孔疏”爲是也。

疑曾子，與此同。[①] 宋世禪學盛行，士君子入之既深，遂以被諸孔子。是故求之經典，惟《大學》之“格物致知”可與傳合，而未暢其旨也。一以爲誤，一以爲闕，舉平日之所心得者，悉著之於書，以爲本義固爾。然後欲俯則俯，欲仰則仰，而莫之違矣。習非勝是，一國皆狂。即有特識之士，發悟於心，止於更定其文，以與之相爭，則亦不思之過也。誠知其爲儒家之緒言，記禮者之通論，則無能置其口矣。”

按，以此闢《大學》，是拔本塞源，直傾巢穴之師也。較諸儒之爭《古本》、《補傳》者，王柏季本，高攀龍、崔銑、葛寅亮改本，見毛奇齡《大學證文》。外如黎立武、董槐、葉夢鼎、車清臣、方正學、王陽明、李安溪，皆主古本者。又有石經《大學》，陳幾亭曰是豐坊僞作。坊言得之某冢中，鄭端簡極信之。車清臣，名若水，黄巖人，初師陳耆卿。接永嘉派，改師陳文蔚，傳考亭學。《脚氣集》堅持道學。又有《玉峰冗稿》十卷。[②] 更爲猛矣。然亦祖述楊簡、慈湖斥《大學》非聖人之言。毛奇齡、張文檒、戴震等之邪説，而益加謬妄耳。自來譏宋儒墮禪，未有直加諸程朱之身，及原本於“格物致知”者也，夏樹芳首創邪論，援儒入墨，此更睽孤之極，極口不顧矣！夏樹芳，江陰人。著《法喜志》，雖韓子、周、程、朱子皆入之。錢牧翁爲志墓。按佛言“凡人見妻則喜，佛見法即喜”也。[③]

“周秦古書，凡一篇述數事，則必先詳其目，而後備言之。今定爲經、傳，以爲二人之辭，而首末相應，如出一口，殆非所

① 此句注文，道光本所無。
② 自“又有石經《大學》”至此，道光本所無。
③ 此段注文，道光本所無。

以解經也。意者不託之孔子，則其道不尊，而中引曾子又不便於事，必如是而後安耳。門人記孔子之言，必稱'子曰'、'子言之'、'孔子曰'、'夫子之言曰'以顯之。今《大學》不著何人之言，以爲孔子，義無所著。"

此蓋亦祖述毛奇齡、戴震之意。毛著《大學證文》，主古本，力攻程朱。戴震自始入學，即疑此以問其師曰："子朱子何時人？"曰："南宋。"又問："曾子何時人？"曰："東周。"又問："周、宋相去幾何時？"曰："幾二千年。"曰："然則朱子何以知之？"按，朱子以前，實未有以《大學》爲曾子作者。宋過源《浩齋語録》，已稱《大學》爲曾子作，已有《大學》定本，《中庸》定本。《四庫提要》斷其僞託不可信。然考訂聖賢之言，亦以其義理辭氣得之，非必全藉左證。且如張揖以《爾雅·釋詁》爲周公作，張亦出於後世，何以知其然？而諸儒篤信不疑也。又如毛氏說《緇衣》爲公孫尼子作，此出於劉瓛之言，又何獨可信乎？至鄭氏以《論語》爲仲弓、游、夏所記，不如柳子厚、程子爲篤信也。李善《文選》注引《論語讖》曰："子夏六十四人，共撰仲尼微言。"

"標《大學》以爲綱，而驅天下從之，此宋以後門户之爭，[1]孔氏不然也。宋儒既藉《大學》以行其說，慮其孤立無輔，則牽引《中庸》以配之。"

惠氏棟亦曰：《祭統》與《中庸》合，若非出一手，則同時也，宋儒獨取《中庸》。按《漢志》有《中庸說》二卷，師古注"今《禮記》中有《中庸》一篇"，亦非本《禮經》。孔疏引鄭

① "爭"，原作"學"，據汪中《述學》卷二《大學平議》改。

《目録》云，此於《別録》屬祭祀。① 《五禮通考》曰：《中庸》，漢儒無所附麗，編之《禮記》，實於五禮無所屬，故劉向謂之通論云云。今惠氏以配《祭統》，與汪氏以《大學》配《坊記》、《表記》、《緇衣》，同一陋見。然亦由其立意與程朱爲難，遂不暇審是非，此正《大學》所謂"心所有忿懥，不得其正"；而《中庸》所謂"知德者鮮"，"鮮能知味"者也。又按《隋志》，南齊戴仲若有《中庸傳》二卷，梁武帝有《中庸講疏》一卷，惟《大學》自唐以前，無別行之本。然考宋仁宗書《大學》賜進士，范文正公以《大學》授張橫渠，②《書録解題》有司馬温公《大學廣義》一卷、《中庸廣義》一卷。表章《大》、《中》，皆在二程以前，不如汪氏無稽之談也。

"然曾子受業於孔門，而子思則其孫也。今以次於《論語》以前，無乃傎乎？蓋欲其説先入乎人心，使之合同而化，然後變易孔氏之義而莫之非，所以善用其術，而名分不能顧也。"

按，朱子定著《四書》，首《大學》，次《論語》，次《孟子》，次《中庸》，乃以爲學次第，爲書之次第。譬如居室，以寢廟爲尊，而不以立於堂户大門之外，豈爲傎乎？君子之道，孰先傳焉？孰後倦焉？譬諸草木，區以別矣。人既有之，書亦宜然。且《論語》爲門弟子所雜記，《大學》亦記述夫子及

---

① "屬祭祀"，原作"作通論"，今據惠棟《九經古義・禮記》、《禮記・祭統》疏文改。

② 按《宋元學案》卷三《高平學案》："汪玉山與朱子書：'范文正公一見横渠，奇之。授以《中庸》，若謂從學，則不可。'"則所授非《大學》，乃《中庸》耳。方氏不知何據，蓋記憶偶誤也。

諸賢之言,何名分之嫌?夫子删《詩》,以《關雎》、《鹿鳴》、《文王》、《清廟》,次於《公劉》、《后稷》、《太王》之前,不爲傎乎?《儀禮·士冠禮》賈疏:《周禮》叙官之法,事急者爲先,不問官之大小。《儀禮》見其行事之法,賤者爲先,其昏禮亦以士爲先,大夫次之,諸侯次之,天子爲後。[①] 按《四庫提要》云:朱子《四書》原本,"首《大學》,次《論語》,次《孟子》,次《中庸》,書肆刊本,以《大學》、《中庸》篇頁無多,併爲一册,遂移《中庸》於《論語》前。明代科舉命題,又以作者先後,移《中庸》於《孟子》前"云云。今汪氏不知朱子原本次第,乃據坊本譏之,無知亂道,見鄙通識,可爲笑柄矣。且汪氏既斥《大學》,欲廢《四子書》之名,而作《墨子表微序》,顧極尊墨子,真顛倒邪見也。按其稱墨子言,謂與曾子相表裏;又稱墨子與孔子位相埒年相近,皆操術不同,皆務立言以求勝,固不足以勝之。墨子詆孔子,猶之孟子詆墨子,歸於不相謀而已。此本《孔叢子·詰墨篇》中語。按孔子豈求勝者?又豈不足勝墨子者?古今群言衷諸孔子,孟子與孔子爲一家,今謂孔、墨但不相謀而已,道皆是也。此祖焦竑之謬論,其實焦竑又祖之韓退之者也。竑曰:趙學士孟靜云,往讀荀卿譏孟子,略法先王而不知其統,未嘗不駭其言。及探道日久,心稍有知,回視孟子之禽獸楊墨,竊謂過矣。夫墨子本於禹,楊子本於黄帝、老子,皆當世高賢,其學本以救世。孟子法孔子,孔子以前,有所不暇考,荀氏之言,或未爲過云。愚謂楊、墨本於黄、禹,即或有然,但流弊既極,亦當革而救之。三代忠質文且然,何況楊、墨,若以其源出於古帝,即不當譏議,則是世家之僕,悖亂犯法,亦不當治。如此淺古,孟子乃不暇考邪?然其説亦本之韓退之。韓云儒、墨同是,墨子必用孔子,孔子必

① 此段注文,道光本所無。

用墨子,不相用,不足爲孔、墨。按宋葉大慶《考古質疑》内引《孔叢子·詰墨篇》,證孔子不得有助白公之事,並晏子、景公亦無是問答,皆墨子鑿空造謗,據此則退之謂孔、墨必相用,真妄言也。韓、柳並世勍敵,而柳所辨古書諸篇,其義理往往出韓上,不獨《論史官》、《天説》、《復讐議》等也。學者讀書論古,當平心求其至是,不得以韓公名高,震而曲附之也。真西山曰:太史談《論六家要旨》,列儒、墨於陰陽、名、法、道家之間,是謂儒特六家之一耳。而不知儒者之道,無所不該,五家之長,儒者皆兼有之;其短者,吾道之所棄也。《困學紀聞》云,"孔墨"並稱,始於戰國之士,其流及於漢儒,雖韓退之亦不免云。余按程書論楊、墨凡六處見,惟卷第十八劉安節所記,問退之讀墨篇論最詳,可以定楊墨之斷案矣。王荆公詩云:"孔墨必相用,自古寧有此。退之嘲魯連,固未知之耳。"與余所見合。又王厚齋亦譏揚雄學孟子而尊楊墨。[①] 夫天下無二道,墨子是,則孔子非矣。墨子偝三年之喪,敗男女之交,此一語已得罪名教,安得與孔子並也? 至於"兼愛"之末流,乃至無父,幸孟子闢之,後世乃不興行,何謂誣之? 此等邪説,皆襲取前人謬論,共相簧鼓。後來揚州學派著書,皆祖此論。又紀氏昀論荀卿《非十二子》云,子思、孟子,後來論定爲聖賢耳,[②]其在當時固亦卿之曹偶,是猶朱陸之相非,不足訝也。按,思、孟在前,其論已明,非如朱陸並世之比,卿乃不識真聖賢,既不知言,尚明何道? 使後世不有程朱,則子思、孟子之道不著,即孔子之道不著。今生斯道大明之日,必欲夷孔子、子思、孟子於楊墨,力斥《大學》、《中庸》而毁程朱,不爲欲自絶於日月者乎! 夫《大學》縱非孔子之言、曾子之意,但令學者

① 自"王荆公詩云"至此,道光本所無。
② "定",原作"宜",據《四庫總目》卷九一子部儒家類《荀子》改。

守此爲學，學必不誤；本此爲教，教必不歧。可以遠紹唐虞三代司徒庠序之教，包孕六經群聖之言而不悖焉，亦足矣！視世所傳曾子，氣象廣狹，義理精密，何如也？乃貴彼賤此，斥爲不如《立事》等篇，可謂有目乎？按《漢志》，《曾子》十八篇，今世所傳，視《漢志》亡其八篇矣，十篇見於《大戴禮》。何義門云疑曾子之書已亡，後人采《大戴禮》僞爲之。愚按，謝上蔡《論語説》論曾子曰"惜乎其嘉言善行，不盡傳於世也"云云，則固不以世傳《曾子》爲可信也。今世傳《曾子》一卷，宋汪晫編，儀真阮氏復重編刻。①

阮氏元曰："朱子中年講理，晚年講禮，誠有見於理必出於禮也。如殷尚白，周尚赤，禮也。使居周而有尚白者，以非禮折之，則人不能爭；以非理折之，則不能無爭矣。故理必附於禮以行，空言理則可彼可此之邪説起矣。然則《三禮》注疏，學者何可不讀。"

按，顧亭林在關中論學曰："諸君，關學之餘也。横渠、藍田之教，以禮爲先。孔子教顔子博文約禮，而劉康公亦云：'民受天地之中以生，所謂命也。是以有動作威儀之則，以定命。'然則君子爲學，舍禮何由！"又曰："某年過五十，始知不學禮，無以立。"然顧論主率履之禮，此主注疏、訓詁、名物之禮；顧以孔門執禮、約禮，斥明儒心學縱恣之失，此以注疏、名物、制度，破宋儒格物窮理之學，宗旨各有在也。此論出之最後最巧最近實，幾於最後轉法華。新學小生，信之彌篤，惑之彌衆，爭之彌力，主之彌堅。以爲此論出，而宋儒窮理之説，可以摧敗埽盪，萬無可復置喙矣。

---

① 自"今世傳曾子"至此，道光本所無。

不知禮是四端五常之一，理則萬事萬物咸在。所謂禮者，理也，官於天也；禮者，天理之節文，天叙、天秩云云，皆是就禮一端，言其出於天理，非謂天理盡於禮之一德，而萬事萬物之理，舉不必窮也。周子言理曰：禮者，是就四德分布者言，非以一禮盡四德之理也。蓋分言之則理屬禮，合論之仁義知信皆是理。雖禮之取數至多，爲義至廣，宰制萬物，役使群動，三千三百，無所不統。然自古聖人爲教，必又區仁義知信之名，設《易》、《書》、《詩》、《春秋》之教，而不知以一《禮經》統括之，何其紛紛不憚煩邪？將智不及與？抑固不可與？考聖人爲教，知行並進，博文約禮，次第分明，語有單舉，理無偏廢。故子思曰："夫子之教，必始於《詩》、《書》，終於《禮》、《樂》。"《荀子》亦曰："其數則始乎誦經，原注謂《詩》、《書》。終於讀《禮》。"樂正"四術"，雅言"四教"皆然。自古在昔，固未有謂當廢理而專於禮者也。且子夏曰"禮後"，則是禮者爲迹，在外居後；理是禮之所以然，在内居先。而凡事凡物之所以然處皆有理，不盡屬禮也。

今漢學家厲禁窮理，第以禮爲教。又所以稱禮者，惟在後儒注疏名物、制度之際，益失其本矣。使自古聖賢之言，經典之教，盡失其實，而頓易其局，豈非亘古未有之異端邪説乎？夫謂理附於禮而行，是也；謂但當讀《禮》，不當窮理，非也。理斡是非，禮是節文，若不窮理，何以能隆禮，由禮而識禮之意也？夫言禮而理在，是就禮言理；言理不盡於禮，禮外尚有衆理也。即如今人讀書作文，學百藝以及天文、算數、兵謀、訟獄、河防、地利，一切庶務，謂曰須明其理，則人心皆喻；謂曰此皆是禮之意，則雖學士亦惶惑矣。故藉之虚詞,可以勝於一國;考實案形,不能謾於一人。窮理明理之言,順而易知,謂以禮賅一切,理逆而難知。孔子順折公孫龍曰:不知君將從其易而是者乎?將從其難而非者乎?然而新學小生,必執是説以爲至當不易者,學未知本,耳食新奇,承竅附和,逐臭趨名,而其中實莫之能省也。顧亭林引林文恪材之言曰:正德末,異説者起,以利誘後生,使從其學,士附講學之門者,皆取榮名。於是一唱百和,如伐木者呼"邪許",徐而叩之,不過僥捷徑於終南,而其中實莫之能省也。竊謂今日之漢學,其弊亦若是。

夫六經、孔孟多言"思",《洪範》"曰睿"、"曰思"。曰"睿"非謂以心通其理乎?凡天下事物,莫非實理,何云空言窮理也?理屬知邊,禮屬行邊。孔子曰"窮理盡性",孟子曰"盡心知性",言知其理也。唐、虞、伯夷所典,周公所制,孔門言執、言復、言約,謂行其禮也。上以是範圍,下以是率履也。今欲申其蔑理之旨,舉凡事物之理,悉舉而納之《三禮》注疏,是尚未及率履之禮。按李顒、顔元、李塨等,有懲於明儒心學之失,務以躬行矯之,似也。而亦毁程朱,亦不窮理,則亦子莫之執中也。兹漢學者,僅欲以訓詁、小學、名物、制度,易程朱之統,又下於二曲、習齋輩一等。其於聖人之教不亦遠乎!《商書》曰:"以義制事,以禮制心。"今乃欲以《三禮》注疏制心,此豈仲虺之智所及邪!或曰:"夫人以《禮經》爲教,其名甚正,其實甚美,宜無倍於聖人,何子論之深也?"曰:是當考其本意,防其流弊。此之宗旨,蓋欲絀宋學,興漢學,破宋儒窮理之學,變《大學》之教爲考證之學,非復唐、虞、周、孔以禮垂教,經世之本,並非鄭、賈抱守遺經之意。何也?鄭、賈諸儒,不禁學者窮理,又未嘗蓄私意,别標宗旨,欲以一手掩天下目也。故邪説假正,正亦邪也。若此説遂行,將使學者第從事訓詁、名物,喧爭忿訟,於一切之理,概置不講,勢必致人心日即於昏蔽,而推行之際,必缺略迂滯而多阻。既深罪空談義理之非,又力援大儒《禮經》之重,於是人心盡移,若真覺義理之學,謬迂可厭,真無實用矣。邪説害正,其端甚微,其流甚鉅,聖人復起,不易吾言矣!

至其援朱子晚年修《禮經》諸説,此乃誣朱子中年言理,晚始悔而返之於禮者,與陽明《朱子晚年定論》,其事恰相反,而其用意之私,爲説之巧,伎倆則適相同。善乎朱澤澐有言曰:"尊德性莫如朱子,道問學亦莫如朱子。"彼以尊、道分塗,爲早、晚異同之論者,豈知朱子者哉!朱子《答項平父書》云:"子思以來,教人之法,惟以尊德性、道問學兩事爲用力之要。子静所説專德性事,而某平日所論問學上爲多。所以爲彼學者,多持守可觀,而看義理不細;而某自覺於爲己爲人,多不得力。今當反身用力,去短取長,庶幾不墮一邊。"按朱子自言,如此明白,不待程篁墩之論矣。又按,陽明《答徐誠之》第二書云云,殆未見朱子此書邪?又吴草廬嘗爲學者言:"朱子道問學功夫多,陸子静卻以尊德性爲主。問學不本於德性,則其弊偏於語言訓釋之末,果如陸子所言矣。今學者當以尊德性为本,庶幾得之。"愚謂朱子何嘗不尊德性?《答項書》特以警學者耳。文正主陸學者,卻借朱子此所自言,而以施其左袒爲陸之計,其流弊遂爲顔元、李塨、李顒等之差,誣朱子,誤後學,其失匪細,不可不辨。後見虞文靖已辨其不然。文靖,師文正者,而其論甚平正。又顧涇陽《學蔀通辨序》謂"朱子歧德性、學問爲二,不能無失"。愚謂顧氏乃不知朱子如此,其不逮朱止泉遠矣。[1] 夫朱子之學,以格物窮理爲先,豈至中年而始從事,晚又棄而不

① 自"又按陽明《答徐誠之》第二書"至此,道光本所無。

言乎？且中年講理，豈盡蹈空？而如所注各經，及集中諸考證文字，具有年歲，豈皆晚年之説乎？《年譜》具在，可考而知也。即其晚修《禮經》，豈至是絶不復言義理，而禁學者不得復言格物窮理乎？而朱子前没之四日，猶改《大學章句》，何以不聞悔而去《格致補傳》也？亦可見其妄援立説，誣而非事實矣。朱子論學，見於《遺書》、《文集》、《語録》者至詳，今概置不言，第舉其一事與己意相近者，便辭巧説，疑誤學者。此關學術是非得失之大，非若他處訓詁名物，一事一詞之失，無關輕重者比，吾故不得不辨。

又曰："聖賢之教，無非實踐。學者亦實事求是，不當空言窮理。《大學集注》'格'亦訓'至'，'物'亦訓'事'。惟云'窮至事物之理'，'至'外增'窮'字，'事'外增'理'字，加一轉折變爲'窮理'二字，遂與實踐迥别。"

按，此説乃漢學宗旨第一義，千條萬端，皆從此路差去。何以言之？蓋漢學諸人，舉深忌痛疾致知窮理，所以説來説去，無不歸於錯者，其本亂也。聖門論學，固知行並進，然知畢竟在先，使非先知之，何以能行之不失也？"理即事而在"，所謂是者何邪？非理之所在邪？若不窮理，亦安知所求之是之所在？朱子固曰"在即物而窮理"。夫"即物窮理"，非即實事求是乎？於此而强欲别標宗旨，非所喻也。朱子稱謝上蔡以"求是"論"窮理"，可知"窮理"正爲"求是"。"窮理"本孔子之言，以之訓"格物致知"最確，何謂增出？事是迹，理是事之所由分是非得失處。今曰止當求是，不當窮理，欲以標其蔑理宗旨門户，猶曰吾止飯食，不需禾米，無乃不惠乎？兒説持"白馬非白"之説，服齊稷下之辯者;乘白馬而度關,則顧白馬之賦,虚言徒自謾耳! 程朱教人窮理,皆先就自家身心,及倫物日用之地求之,爲説甚詳,何嘗以空言窮理? 自宋以來,説"格物"者多端,惟此最巧,非精審明辨,幾莫能破其僞而奪其堅也。蓋"至"有二義:一"親至",一"周至"。"親至"如云"迪知"、"迪哲",與"謀面"爲對。程子譏王介甫"看相輪"之説是也,阮氏此説近似之。迪知、迪哲是以知爲主,阮氏宗旨以行爲主。蓋取力破朱子窮理,申漢學之厲禁,非復論知也。愚以彼言致知在實踐,有合於古聖人"迪知"、"迪哲",故謂之曰"巧"、曰"近似"。其實彼之爲説,但截斷"格物"二字,詁爲"至事",解爲"實踐",並不顧本句爲"致知"言,乃最拙最不通也。"周至"如孟子"盡其心者"之"盡"字義,故康成亦曰"致知","致"字或爲"至",而朱子所謂"極處無不到"也。余嘗作《雜説》,有"舟行望見廬山"云云,意蓋如此。

然則何以明阮氏之説爲非,而必從朱子爲是也? 曰"周至"能包"迪至","迪至"不能包"周至",朱子義較密,一也。凡天下事物,固踐之而知,其知彌真,然遂謂天下學者,概不當窮理,只以實踐求是,則於聖賢之教爲有闕漏,以行爲知固謬,以行廢知益爲邪説,此其宗旨不可爲訓,二也。《大學》條目,次第分明,若首於知前豫説行,則以後誠、正、修、齊諸行邊事轉没事,是其目虚設也。若"格物"所訓爲"至事"、爲"實踐"者,即在誠、正、修、齊、治、平,則匹夫蕭然蓬户,安得有國與天下,供其實踐至事? 否則終身無由知治、平之理,而知終不得而致矣,余初説若實踐即在誠、正、修、齊、治、平,則誠、正以下,皆有實行,而"致知"之目,獨無事乎? 且使經文"在"字、"而后"字,儱侗無著。繼恐其申辨,以爲誠、正以下,即"致知"實事,以"致知"併於"格物",以"格物"統貫誠、正、修、齊、治、平六條，如湛氏《格物通》之例。如此狡辨，又足以惑學者，終爲不了，故改從後説。《四庫提要》：嘉靖七年，若水任南禮侍，進《聖學格物通》一百卷，體例仿《大學衍義》，以"致知"統於"格物"，而以"格物"統貫誠、正、修、齊、治、平六條，凡《誠意格》十七卷、《正心格》三卷、《修身格》九卷、《齊家格》十三卷、《治國格》十四卷、《平天下格》四十四卷。中又各分子目，皆雜引諸儒之言，参以明之《祖訓》，而各以己意發明之。濬書多徵舊事，以爲法戒；此多引前言，以爲講習。①三也。然後知彼之爲説，不過取破朱子窮理，申漢學之厲禁耳。車清臣曰：格物"格"字，難以訓"至"。當依《玉篇》作"比方思量"之義。愚謂此亦未穩，尚不及康成"來"字之訓，然後益知"窮至事物之理"語，確不可易也。

又曰："孔子之道，皆於行事見之，非徒以文學爲教。故告曾子'吾道一以貫之'。'貫'，行也，事也。猶言壹是皆以行事爲教。又告子貢與告曾子義同。聖道壹是貫行，非徒學而識之。若曰賢者因聖人一呼之下，即一旦豁然貫通，此似禪家冬寒見桶底脱大悟之旨，而非聖賢行事之道也。故以'行事'訓'貫'，則聖賢之道歸於儒；以"通貫"訓'貫'，則聖賢之道近於禪。至其所行爲何道？則即《中庸》所謂'忠恕'、'庸德'、'庸言'，言行相顧之道也。"

按，此等議論，看去似亦近正，然最害事，最足惑亂學者耳目。緣其本謀，在深疾程朱窮理致知《大學·補傳》，千端萬變，思欲破之，無以爲辭，則壹借"墮禪"爲號。殊不思孔子時，未有禪學之害，後人因陸王之敝，往往豫代孔子防之，最爲可笑。凡六經言涉心、性、道、理，一概硬改其

---

① 自"《四庫提要》"至此，道光本所無。

説，此是從來未有，獨黄震、顧亭林等始倡之。風氣既開，變本加厲，乃造爲一切邪説。凡孔子所教人以“行”之者，轉以“知”當之，如執禮、約禮，今只以《三禮》注疏，名物、制度當之是也。孔子所教人以“知”之者，轉皆以“行”言之。如“格物”、“一貫”諸説是也。不知吾道壹是貫行，偏於尊德行，此鄧定宇、李二曲、顔習齊、李剛主一派。而遺道問學，失聖人以中道教天下後世之旨。又厲禁求心窮理，率天下而從於罔，尤爲禍道害教。夫子告哀公學問思辨，知居其四，行居其一；教顔子先博文，後約禮；而耳順從心，又所自言。則謂言通貫則近於禪，毋乃非孔子之慮所及乎？且以曾子之篤行立事，而夫子方且又告之以道在行事，不殆於贅而失因人立教之妙乎？若恐子貢以空知爲學，他日與顔子較知二知十，又何以與之？夫子之門，教人以行，自弟子入孝出弟已然，何待至是始獨以告曾子、子貢，而他門弟子皆若不得與聞焉者，此是何密旨？亦淺之乎其爲教矣。未向學人説聖賢事，如村氓牧豎談公卿家起居、節宣、服食，傳聞脱節，開口便錯，只是好笑。

戴氏言自漢以來，不明故訓、聲音之原，以致古籍傳寫遞訛，混淆莫辨。漢學諸人，皆祖是説，於是舍義理，而專求之故訓、聲音，穿鑿附會，執一不通，若此類也。六經之言，一字數訓，在《爾雅》、《説文》中不可枚舉，故曰“詩無達詁”。今據《爾雅》、《廣雅》，訓“貫”爲“習”、爲“行”、爲“事”，得矣；而“貫”實有“通貫”之義，《説文·毌部》曰“穿物而持之”，“貫”字下曰“錢幣之貫”。① 又《玉篇》“毌，持

① “幣”，《説文》作“貝”。

穿也”。貫，事也，條也，穿也，行也。惡得主一廢一？如《春秋傳》“而矢貫予手及肘”，及“貫革”、“貫魚”之類，不可以“行事”訓明矣。欲破宋儒之説，並誣聖人之道。其言曰：就聖賢之言而訓之，或有誤焉。聖賢之道亦誤矣，吾請即以其語還質之云爾。要之，此之本意，非解《論語》，乃是攻朱子《補傳》“一旦豁然貫通”語。故遠駕之《論語》，以隱其迹，不可爲其所謾也。

夫漢學家既深忌痛疾義理之學墮禪，申嚴厲禁，以“行事”易之，是自爲一大宗旨門户矣。而夷考其人居身制行，類皆未見德言之相顧也，是其視講經，本與躬行判而爲二，固不必與其言相應，原無意於求真得是，但務立説，與宋儒爭勝耳。竊嘗謂爲學而能墮於禪，此雖爲聖學之害，然大段已是上乘人物；若其餘，則皆溺於貨色，忿欲私曲，邪佞者衆也！如曰不然，請各捫心自反何如？

“一貫”之義，兼知行而言，不單主一邊，非真用功造極人，不能真知，即强説之，只是知解，不是心得，此事原與禪學次第相似，蓋道術不同，而功候無異也。非但禪也，即一切百工技藝文學之事，莫不皆有此候，如斲輪承蜩可見，但聖賢所授受，又廣大精微，非尋常所能喻耳。若以知解求之，莫如杜元凱“冰釋理順”四字，及前人“水漚”之喻。而張薦明之論鼓音，亦可相發。要其事則必俟實力躬踐，久而功到，始知之。蓋自以閲歷參差異同不齊之故，千山萬水，今始會通，覿面相呈，只可自喻，難遽以語人。蓋此自是得之候，非學之候，兼知行而言之也。故曾子亦難以語門人，而特告之以要約，使自求而得之。嘗切譬之，“忠恕”是鹽，“一貫”是鹹，味及之而後知耳。了此，則知其解非淺儒所及也。至焦氏循解作"吾道一以通之於人",蓋又泥"忠恕"字面,望文生義,又隔一重。

李安溪評明人張昺時文云:從來講得"貫之以一",未曾説得"一以貫之"。"貫之以一",如孟子所謂"反説約",朱子"一旦豁然貫通",義非不是,但"一以貫之",是學問頭腦,非指其究竟處也。惟當先有此頭腦,故後來能到説約、貫通地位,謬。中間謬在此二字。須歷多學而識、博文詳説功夫。蓋雖聖人,不能無所謂"貫之"也。余謂安溪此解,真亂道妄説,此分明仍是陸氏"先立乎其大"之旨,"大抵有基方築室,未聞無址忽成岑"之説,乃是倒學了。何以明之? 蓋孔孟所謂多識、博學、詳説,皆在始居先,今主陸學,謂當以此功夫放在中間,真積力久,一旦貫通,乃是窮神知化究竟處,今乃謂非指究竟,此皆是暗破朱子《大學》。雖程子言格致"必立誠意以格之",此非《大學》所言"誠意"本旨。朱子言"致知"、"誠意"諸條,必先之以"敬",乃是言初學做功夫,必以真實心地,而其道惟主一,程子解"敬"之義,"主一無適之謂敬"。不是先挐個"一"去做頭腦。聖人所謂"一貫"之"一",曾子且説不出,卻如何學者先會挐得? 真是亂説。吾嘗謂安溪學僞無真知,全是欺人,果不謬也。平生自謂宗朱,而無一不暗與朱子作異,其鬼蜮較陽明更奸,惜乎世未有識破者也! 且如上程子、朱子所説兩義,孔門教人,但不明提出作宗旨,其實蓋無不以之者,何得獨呼二子始語之,又待其真積力久之後而始告之邪? 子貢之多識於一事一物之理,已各有以知其當然,而未能知萬理之爲一,廓然而無所不通也。若然,則於處事接物之間,有以知其所嘗學者;而其未嘗學者,則不能有以通之也。大抵子貢之學,已從多識而久積，而夫子此處示之者，洪鑪點雪，必非入門功夫可知。若如安溪先有頭腦，後來方能到説約貫通地位，殆真如朱子所説“亂錢未有一文，先與一條繩索”者，佛學且不肯出此，況聖人之教乎？明道曰“人之爲學，忌先立標準，若循循不已，自有所至矣”。此言真孔門家法，而明之儒者，無不先立一宗旨者，可知其謬妄也。或問明道以“慎獨”二字立門庭。朱子答曰“慎獨”固操存之要，明道教人，本末具備，非獨此二字也。陸清獻曰劉念臺以“慎獨”爲講學宗旨，豈知明道者哉！又按，持“一貫”爲起頭功夫，本高景逸説，安溪竊之耳。朱子答顔子堅、包詳道、劉公度，已痛闢此旨，高、李皆未知。

“一貫”之旨，獨告二子，又必待其真積力久、疑悟將開之會，非以爲秘密也。政以他弟子尚未能實力用功，閱歷皆到，苟語之以未及，非徒無益於彼，且滋無限盲猜瞎説，虚憍恍惚，擿埴叩槃，傳譌襲謬，故不可也。[①] 禪家多有悟後悲涕自捫，至謂“我不重先師道德，只重先師當日不爲我説破。若早説破，豈有今日”。然則陸氏、王氏雖主頓悟，而於佛學之規律，尚未得知，徒引學者東奔西竄，如鄭、孔、張之立適無所，而爲客笑焉耳。吾今辨此，亟知忘分僭竊，不得已也。[②]

此譏“一貫”似禪學頓宗，一旦豁然大悟，似也。不知此“一旦”之前，有多少功夫，非容易一蹴可幾，故曰“真積

---

① 刊誤本此下尚有“佛經言阿難有‘大智慧’，多聞總持，解者謂聞此義即不忘持之，以綜攝諸義也。此即‘一貫’之確解矣，非安溪頭腦之謬説也。又”一段。

② 自“李安溪評明人張昺時文云”至此一大段，道光本所無。

力久”也。若不用功,固斷無有此“一旦”;[①]今舉世無一人能臻此境,而反疑曾子之臻此境者似禪。譬人有家居,寸步不曾出門,不辨東西南朔,不知長安在何處,卻疑昔人之親至長安而言長安者,恐其誤似親至洛陽而言洛陽者,因群聚訌爭,究之長安、洛陽兩處,彼皆懵然,何以異於是。又昔人亦有譏《補傳》者,謂此“一旦”究在何日,以朱子此語爲鶻突無下落,不知此“一旦”本不輕易得到。自曾子、子貢以後二千餘年,只程朱等數人,有此“一旦豁然貫通”之候耳。此境引而不發,固不靳人之到,亦不能必人人皆到,然苟用功,則隨其精粗大小,亦無不有此“一旦”,不可謾也。今不悟己之凡鄙,又不曾用功,而亦將幾倖有此“一旦”,及待之無期,則疑朱子爲謾,是亦終於無知而已,徒爲戲論譁語,不足與辯矣!

又《論語》、《孟子》仁説曰:“孔門所謂‘仁’也者,以此一人與彼一人,‘相人偶’,而盡其敬禮忠恕之謂也。凡‘仁’,必於身所行者驗之而始見,亦必有二人而仁乃見,若一人閉户齋居,瞑目靜坐,雖有德理在心,終不得指爲聖門所謂之‘仁’矣”。

又曰:“總之,聖人之仁,必偶於人,而始可見。故孔子之仁,必待老少,始見安懷。須知孔子“安懷”之志,平生未遂,將終不得爲仁乎?且“安懷”爲志,豈非在心?如心無所著,便可言仁,是老僧面壁,但有一片慈悲心,便可畢仁之事,有是道乎?”誠有

① 道光本此下尚有“若果用功,真積力久,有此‘一旦’之悟,雖禪亦不易幾矣”數句。

是道,但淺人不知耳! 又曰:"自博愛謂'仁'立説以來,歧中歧矣。"

按,《禮記·中庸》篇"仁者人也",鄭氏注:"讀如相人偶之人。"又《儀禮·公食大夫禮》"賓入三揖",鄭氏注云:"每曲揖,及當碑揖,相人偶。"考此語不詳所出,賈公彦亦不能疏,《朱子語録》及王厚齋《困學紀聞》,及近世諸家所説,皆未分曉。阮氏從《説文》"人二"之義,徐鼎臣説:"仁者兼愛,故從二人"。及《曾子·制言》"人非人不濟"語,以爲獨則無偶,偶則相親。人偶,猶言"人我相親愛之辭"云云。愚謂以"人偶"論"仁"之用,則可;以"人偶"論"仁"之體,則不可。《春秋元命苞》"仁者,情志好生愛人",韓子言"博愛謂仁",周子言"愛曰仁",程子言"愛非仁"。韓子、周子言其用,程子言其全體。要之,聖門論"仁",此兩義必兼備,倚於一偏則不盡,故朱子謂"程門弟子不善問,拘守'愛非仁'之説,當時若有人善問,必道言愛是'仁'之情,'仁'是愛之性,曷嘗判然離愛以言'仁'哉"! 愚謂程子曰"言'仁'離不得愛",而便以愛爲"仁",則不可;"仁者必愛",指愛爲"仁",則不可。此語甚明。朱子曰"仁者,心之德,愛之理",此六字,發明程子意最詳盡。蓋程子所謂"愛非仁",以"仁"之發而名"仁"者也,即朱子所謂"愛之理"也。今專以"兼愛"及"人偶"身所行者論"仁",不屬心德,不過泛應世故,將流於告子之"知覺運動",墨子之"兼愛",而非聖人全量之"仁"也。且既以人我相親愛解"人偶",指"人偶"爲"仁",又譏韓子"博愛"之語爲"歧中歧",何也?

按經文"仁者,人也",猶言人之所以爲人也,與《孟子》"仁,人心也",語勢正同。孟子加一"心"字,則所以釋夫此句者既明矣，即朱子所謂“天地以生物爲心”。而人物之生，又各得夫天地之心，以爲心者也。故語心之德，雖總攝貫通，無所不備，然一言以蔽之，則曰仁而已矣。《中庸》此句，蓋亦曰仁者，人之所以爲人也。有是仁，則爲人；失是仁，則不可爲人。故朱子以爲指人身而言。然仁之爲道，衆善之本，百行之原，莫不在是。而其爲人之用，莫大於“親親”。與下文“義”者，萬事之“宜”，而其爲“宜”之大，莫大於“尊賢”，語本相對。故殺無道，誅不肖，皆“義”之用，而不可以屬“尊賢”。亦猶孔子論“仁”，有曰“静”、曰“壽”、曰“樂山”、曰“能守”，而不可牽屬“親親”，言各有當而已。《中庸》語意，本甚明白，鄭氏注“相人偶”，是解下“人”字，非解上“仁”字。若曰此泛言“仁”者，人之所以爲人，猶今世俗所稱“相人偶”云爾。鄭意爲“親親”作引，故曰“以人意相存問”之言，語本無病，漢學者獲此三字異聞，喜心翻倒，不暇詳思，遽以“相人偶”講“仁”，是隔一層；又牽引雜説，以解“相人偶”者，屬之講“仁”，又隔一層；又以此處“親親”，目爲聖人一切論“仁”之全體，凡引數十百處，皆强以“人偶”解之，又隔一層。凡去“仁”三層，而强以爲此即“仁”之的解，而咎程朱以“仁”屬“心德”爲謬。語不知偏正，理不知倒邪，而魯莽著書，真所謂“詅癡符”也！

告子以“義”爲外，此更以“仁”爲外，不益爲異端邪説乎！夫子稱：“回也，其心三月不違仁。”豈顔子三月之後，忽不與人偶邪？又如由、求、赤、令尹子文、陳文子，皆終其身，絶不愛人，絶不與人偶邪？而凡天下群分類聚，鄉黨比鄰，相人偶皆得稱爲仁人，而聖人又何難之？既不以自居，又不輕以許人邪！夷叔、西山，其意不求人偶，而“求仁得仁”,又何解也?“仁”只是人偶相親愛意,則孔子曰“泛愛衆而親仁”,不幾語複而不辭乎? 他如“終食不違”、“静”、“壽”、“樂山”、“能守”、“志仁”、“當仁”,皆無“人偶”之意。而“巧言令色”,鮮矣與人爲偶,鮮矣“愛人”,益不可通矣。又如“殺身成仁”,豈必二人同殺,而後成其與人偶乎? 既“殺身”,而後成其爲“愛人”乎? 孔門之學,先求仁,若求得二人,便可爲仁,何難乎![1]

古人言各有當,漢學家每執一以解之。其意主於破宋儒之説,其辭務博辨廣徵,案往舊造説,欲以讋人而奪之,而遂不顧畔道離經矣。此等義理,睿思精辨,尚恐有差,何況蔓引泛稱,以駁雜淺妄之言,欲以易夫大儒之説哉! 其言曰:“孔子爲百世師,孔子之言,著於《論語》爲多。《論語》言五常之性詳矣,[2]惟論‘仁’爲尤詳。若於聖門最詳切之事,論之尚不得其傳而失其旨,又何暇别取《論語》所無之字,標而論之邪?”今吾亦曰:聖人爲百世師,其言皆切於學者,而惟論“仁”爲尤切。若於此一字失其旨,則大本全差,又何暇論其他? 願與天下後世學者,平心審之,孰是孰非,必有能辨之者也。

又曰:“顔子‘克己’,‘己’字即是‘自己’之‘己’,與下文‘爲仁由己’相同。若以‘克己’‘己’字解爲‘私欲’,則下文‘爲仁由己’之‘己’,斷不能再解爲‘私’,與上文辭氣不相屬矣。”

---

① 此段注文,道光本所無。
② “性”,阮元《揅經室一集》卷八《論語論仁論》作“事”。

按，此全祖述毛奇齡《四書改錯》。阮氏平日教學者，必先看《西河文集》，故其所撰，支離詩誕，亦皆與之相類。毛曰：馬融以“約身”爲“克己”，從來如此說。惟劉炫曰“克者，勝也”，此本揚子雲“勝己之私之謂克”語。然“己”不是“私”，必從“己”下添“之私”二字，原是不安。至程氏直以“己”爲“私”，稱曰“己私”。致《集注》謂“身之私欲”，别以“己”上添“身”字，而專以“己”字屬“私欲”。於是宋後字書，皆注“己”作“私”，引《論語》“克己復禮”爲證，則誣甚矣！毋論字義無此，即以本文言，現有“爲仁由己”，“己”字在下，而一作“身”解，一作“私”解，其可通乎？按，子雲在馬氏前，同爲漢人，馬説可從，揚説何不可從？若謂一字不應二訓，則“克伐怨欲”與此處所言“克”字，何以一欲其不行，一欲其從事？《詩·相鼠》“人而無止”，與《陟岵》“由來無止”異。[①] 折柳“瞿瞿”，毛傳“無守之貌”，《蟋蟀》傳曰“顧禮義也”。東坡云：“孔子言聞，則爲小人；詩人言聞，則爲君子。”吴師道曰“多摭彼書之見聞，不顧本字之當否”。[②] 宿松朱書云“毋意毋必”，與“誠意”“意”字不同；“動心忍性”“性也有命”，與“恒性”“性”字不同。見《與李顒辨陽明有善有惡意之動書》。可見古人言各有當，隨舉自明，何不可通？經典恒言，如此者甚衆。顧野王固言：“或字各而詁同，[③]或文均而釋異。”必執一以通之，則不通矣。若此處“己”字，不指“私欲”，則下文四目，何爲皆舉非禮言之？

① “陟岵”，原作“陟屺”，今據《詩經·魏風·陟岵》改。又下引《陟岵》詩“由來無止”，“由”《陟岵》作“猶”。

② 自“《詩·相鼠》”至此，道光本所無。

③ “詁”，顧野王《玉篇序》作“訓”。

“己”不是“私”，不應從“己”下添“之私”字，則“己”亦不是“欲”。《虞書》曷爲從“己”下添“之欲”字？不知“己”雖對人爲文，而古人言“舍己”、“虚己”，大舜“舍己從人”，“虚己”見《莊子》、《韓詩外傳》。苟非指己私意見言之，而將謂能舍能虚其形骸乎？若謂程朱不應直以“己”字爲“私”，致宋後字書誤訓，則古人説文解字，後起之義甚多，即亦何害？況此固聖人本意，而西漢儒者之説哉！

“且‘克己’不是勝己私也。‘克己復禮’，本是成語。《春秋》昭十二年，楚靈王聞《祈招》之詩，不能自克，以及於難。夫子聞之，歎曰：‘古也有志，克己復禮，仁也。楚靈王若能如是，豈其辱於乾谿！’夫子既引此語以論楚子，今又引以告顔子。按胡致堂論此，以爲左氏見《論語》有此文，譔爲此段之説。雖此間無解，而在《左傳》則明有“不能自克”，作“克己”對解。克者，約也，抑也；己者，自也。何嘗有己身私欲，重煩戰勝之説！

姑不暇與絜論，試問所抑者何也？約者何也？夫子所歎楚靈王不能抑者約者又何也？非謂其不能勝區區之私，自奮以改絃易轍乎？且此處明有“非禮勿視”四句作解，反謂之無解。《左傳》“不能自克”，政是不能自勝私溺確義。反謂作“人”、“己”對解，魯莽粗疏，語意晦昧已極。《吴志》張紘諫孫權曰：古有國有家者，其治多不馨香，非無賢佐闇於治體也；由不勝其情，弗能用耳。宜抑情損欲，以己割恩云云。① 此可與夫子歎楚靈王意相發。

① 按此節引自《三國志》卷五三《吴書・張紘傳》，“由不勝其情”原文作“由主不勝其情”，又“以己割恩”原文作“以義割恩”，語義較明。

“後漢元和五年,[①]平望侯劉毅上書云:‘克己引愆,顯揚仄陋。’謂能抑己以用人,即《北史》稱馮元興‘卑身約己,人無恨者’。唐韓愈《與馮宿書》:‘故至此以來,克己自下。’直作‘卑身’‘自下’解。若陳仲弓誨盜曰:‘觀君貌不似惡人,宜深剋己反善。’别以‘克’字作‘剋’字,正以掊剋損削,皆深自貶抑之義。故云則是約己自剋,不必戰勝,況可詁‘私’字也。”

按,此所引證‘克’字爲貶抑,似也。要知後人引書,不暇深惟本義,姑取口耳相習語成辭,古今若此,不可枚舉。且‘貶抑’豈非即强自勝私情之解乎?若只作外貌卑身自下意,則是世間一脅肩足恭之鄉原,皆得謂爲仁人。而王莽前半生,仁不可勝用矣!存理遏欲,自堯舜以來,修己立教之先務大防,未有或破之者也。諸妄庸訌其邪説,析言破道,非止文義不通小失而已也。[②]

又曰:“顔子請問其目,孔子答以‘四勿’,‘勿’即‘克之’之謂也。視聽言動,專就己身而言,若‘克己’而能非禮勿視

① 按“元和”爲“元初”之誤。《後漢書》卷一〇上《皇后紀》,“元初五年,平望侯劉毅以太后多德政,上書安帝曰”云云,則此爲“元初五年”之事。毛奇齡《四書改錯》誤引,阮元引毛氏語未改,方氏引阮氏文,亦沿誤而未正之也。

② 刊誤本此下尚有“又按,和熹權奸,怙位不復辟。劉毅以宗臣,而阿媚貢諛,即記注多不足信,況可摭其單言以説經邪?《兩漢書》中引‘克己’語甚多,如師丹言‘孝成帝克己,立陛下’。又曰‘願思先帝所以建立之意,且克己躬行’。王嘉言‘孝文帝欲起露臺,克己不作’。谷永言‘克己復禮,以防迫切之禍’。皆作‘勝己’私義解,皆不引,何也?想因見此紀有曲體‘僂身自卑’語,遂据爲的解,而謂顔子亦如鄧后之事陰皇后形狀耳,非惟牽合不類,亦且至陋也。陸德明解《左傳》‘大都耦國’云‘古人引言,但取大義,不必事之相同’(故董子曰‘詩無達詁’)”一段。

聽言動，斷無不愛人，斷無與人不相人偶者，人必與己並爲仁矣。俚言之曰：'若曰：我先自己好，自然要人好；我要人好，人自與我同作好人也。'孔子恐學者爲仁，專待人而後並爲之，此又與《仁説》"人二"爲"仁"解，自相矛盾。故收向内言。"

按，此説無論義理淺陋，亦不辭甚矣。漢學家摭鄭氏"相人偶"一語，既以之訓"仁"，又於此以訓"克己"爲"仁"，又誤認此"仁"字爲"愛人"之"仁"。一派妄説，粗謬已極！

凌廷堪曰："'爲仁由己，而由人乎哉？''人'、'己'對稱，正是鄭氏'相人偶'之説。"

按，此耳食剿襲，更不辭矣！借如所云，"人"、"己"對稱，"相人偶"爲"仁"，則聖人此二句成何文理？舉聖人極明白之言，而迂晦之，使不可通。漢學家著書，睥睨程朱，其謬妄乃如此邪！

焦循曰："劉光伯'嗜欲與禮義交戰'之言，意主楚靈王，因上文有'不能自克'語，望文生意耳，與《論語》何涉？邢叔明剽襲之，以釋《論語》，遂開《集注》訓'己'爲'私欲'之論。與全部《論語》'人'、'己'對舉之文，枘鑿不入矣。"

按，此又分毛氏、阮氏之説爲二段，放過《左傳》，獨攻《集注》。夫解經當詳本篇上下文義，《左傳》則有上文"不能自克"作解，《論語》則有下文"非禮勿動"四語正解。政使劉光伯、邢叔明、程子、朱子，皆望文生意，亦豈曰不確？且以存理遏欲爲説，亦何害於學者爲仁之旨乎？蓋嗜欲必得恣情便意，乃古今恒人通趣，幽潛性命不斷，所以自古聖人，皆兢兢戒謹防之，乃是大段第一難事。始而致知窮理，以辨其塗;既而省察克治,以專其力。以理與欲,不並立也,非至剛決者不能。夫子以顔子於理欲大分,不待今始致知,故直告以下手力行功夫,所謂單刀直入。其後顔子即以之"不遠復"、"不貳過",政其實力克之之勇,爲他賢所不及處。"不遠復",明也;"不貳過",勇也。合知勇以爲"仁",所以鄰於聖。流俗妄庸,何足以知之!程子言"難勝莫如己私,能克之,豈非大勇乎"?① 若孔子第爲是"卑身約己"没氣力之説,亦誰不能承擔,必待顔子而後能事斯語乎?且一日"卑身約己",天下歸仁,何以别色取行違者乎?此等説行,將聖賢切己爲學,喫緊爲人,垂教萬世之精義,變爲没氣力,模棱鶻突,徒便於鄉原庸俗僉壬所爲,害義傷教,莫此爲甚!馬季長語本無病,但語意渾涵,不如諸人妄説。《困學紀聞》曰:"古也有志:'克己復禮,仁也。'或謂'克己復禮',古人所傳,非出於仲尼。"致堂曰:夫子以克己復禮爲仁,非指克己復禮即仁也。蓋左氏粗聞闕里緒言,每每引用,而輒有改易。胥臣曰:"出門如賓,承事如祭,仁之則也。"穆姜於隨舉文言,亦此類。

① 道光本此下尚有"釋氏亦言'猛虎易伏,寸心難降'"注文。

卷中之下

桐城方東樹

錢氏大昕曰："研精漢儒傳注及《説文》諸書，由聲音、文字以求訓詁，由訓詁以求義理，實事求是，不主一家。"

按，此論甚正。但宗旨所偏重，則流爲詖邪害事，如以後諸説是也。其故在深嫉義理，而僞云求之，實非聖人之真也。

又曰："訓詁者，義理之所從出。非别有義理，出乎訓詁之外也。"又曰："訓詁之外，别有義理，非吾儒之學也。"戴氏曰："後世儒者，廢訓詁而談義理，則試詰以求義理於古經外乎？若猶在古經中也，則鑿空者得乎？經之至者，道也；所以明道者，詞也；所以成詞者，未有能外於小學文字者也。"

按，此是漢學一大宗旨，牢不可破之論矣。夫謂義理即存乎訓詁，是也。然訓詁多有不得真者，非義理何以審之？竊謂古今相傳，里巷話言，官牘文書，亦孰不由訓詁而能通其義者？豈况説經不可廢也，此不待張皇。若夫古今先師相傳，音有楚、夏，文有脱誤，出有先後，傳本各有專祖。不明乎此，而强執異本異文，以訓詁齊之，其可乎？又古人一字異訓，言各有當，漢學家説經，不顧當處上下文義，第執一以通之，乖違悖戾，而曰“義理本於訓詁”，其可信乎？言不問是非，人惟論時代，以爲去聖未遠，自有所受，不知漢儒所説，違誤害理者甚衆。如康成解《詩·草蟲》“覯止”爲“交媾”，此可謂求義理於古經中乎？《史記》引《書》“在治忽”爲“來始滑”，伏生今文作“采政忽”，此明爲音字相亂，今人猶曲爲解之，此可謂明道者詞乎？《堯典》“稽古”，鄭氏訓爲“同天”，解者以《説文》“稽”从禾，古兮切。“禾，木曲頭，止不能上。”極於天而止，是上同之義，此等訓詁，可謂成詞者，未有能外於小學文字乎？

漢學諸人，釋經解字，謂本之古義者，大率祖述漢儒之誤，傅會左驗，堅執穿鑿，以爲確不可易。如以“箕子”爲“荄滋”，“枯楊”爲“姑楊”，“蕃庶”爲“蕃遮”，數百千條，迂晦難通。何義門云：“但通其訓詁，而不辨義理。”漢儒之説《詩》，皆高子也。信乎朱子有言：解經“一在以其左證之異同而證之，一在以其義理之是非而衷之”。二者相須不可缺，庶幾得之。今漢學者，全舍義理，而求之左驗，以專門訓詁，爲盡得聖道之傳，所以蔽也。閻若璩謂治經不必拘理。見自駁舊用劉原父“十月之交辛卯朔日食”説。此專爲天文曆算言之則可，非一切經文可不拘理，而專求之訓詁也。周伯琦作《六書正譌》，主張小學，以帝治王猷，悉歸之六書，以張其門户，最爲可笑。與戴氏此説，以訓詁該義理，同一似是而非謬論。夫《易》結繩以書契，原以爲治百官，察萬民，然豈謂專究偏旁訓詁，遂足爲理乎？譬之國家設官分職，以爲治也，然不求得才良，以居位治事，但執一卷通籍姓氏，稽考爵秩，以爲此足爲治，有是理乎？又古者字少，多假借，古音四聲轉用；又先師傳本，各有不同，又加以蘭臺改字；又《説文》所訓，本有乖失，文字實有脱缺。漢學者推崇叔重，局囿錮蔽，或以《説文》所無，即指爲非字。凡此諸失，皆講訓詁小學者所據依，浮淺輕信，惟異是聞，務生新解，强牽舊記，專與宋儒爲難，悉歸之小學訓詁者也。

戴氏又曰："自昔儒者，其結髪從事，必先小學。小學者，六書之文是也。《周官》保氏掌之以教國子，司徒掌之以教萬民，而大行人所稱論書名聽聲音，又屬瞽史分職專司。故其時儒者，治經有法，不歧以異端。"

按，此是門面語，以嚇俗人耳。考實案形，全屬影響。夫保氏、司徒之教，六書僅屬一端；行人、瞽史之司，乃是同文之治。大行人"論書名"，鄭君注"名謂文字"；其注《論語》孔子曰"必也正名乎"，亦謂"正書字"，則非也。《經典釋文》引《論語》：夫子有言，"必也正名乎"，亦如康成解。竊謂《論語》"正名"，自作"名分"解，不謂"正書字"也。不可以《隋志・小學類》有《正名》曲説，附訂於此。既非教法之全在是，又不爲儒者治經之用。且不知是時，有何經可治？名何等爲儒者？將謂若後世之經生乎？陋妄無稽，最爲可笑。按周初無"經"之名。太宰九兩，儒以道得民。康成以爲，諸侯保氏，有六藝以教民者，六藝禮、樂、射、御、書、數也。是當時既無經可治，而儒者又非治經之職也。至於孔氏之門，教弟子孝弟、謹信、愛衆、親仁，餘力則以學文。今概删去，僅以六藝中"六書"一端，提倡宗旨，張皇門户，偏隘極矣！戴氏號漢學魁傑，諸人推之，以爲集大成者。而其論乃失實牴牾如此，則其餘可知矣。

錢氏曰:"昔唐虞典謨,首稱稽古;姬公爾雅,訓詁具備。孔子大聖,自謂好古,而深惡夫不知而作者,由是删定六經,歸於雅言,文也而道存焉。漢儒説經,遵守家法,訓詁經傳,不失先民之旨。"

按,此皆門面影響之談。漢儒偁《尚書》古文,讀應爾雅故。故,即訓詁也;雅,正也;爾,近也。言此詁近正也。古文近正,所以可貴。若孔子訂六經,則理道治亂之大,非徒訓詁文字已也。今漢學家牽就援引,以張其門户。謂訓詁之學,直接唐、虞、周、孔正傳,欲以黜程朱而代其統。以義理爲下,訓詁爲上,失其本而成爲異端邪説矣!且如所欲申之義,謂考小學之帝堯,好小學之孔子,不辭甚矣!所謂言乖典籍,詞理失所者也。《説文》:"詁,訓故言也。从言古聲。《詩》曰古訓。公户切。"惠氏曰:章懷引《説文》曰:詁,訓古言也。音古度反。是讀與故同。按《説文·攴部》,"故,故使爲之也"。周伯琦曰:故,故舊也。人死曰故。从久古聲。古義通用久,借作果五切,訓古今語也。俗作故,从攴。非。《古部》:"古,故也。从十口,識前言者也。"徐鉉曰:"十口所傳,是前言也。"然康成既訓古爲天,可知古字之義,古人亦無達詁。不得概執古今字,以《尚書》"稽古",孔子"好古",爲小學訓詁矣。"稽古"之訓,鄭氏以爲"同天",義既傷迫;賈、馬、王肅以爲"順考古道",高貴鄉公駁之,以爲"順考古道",非其至也。甚允!是皆不如以爲史臣之詞,爲足了學者。附訂之於此。

"自晉代尚清談,宋賢喜頓悟,此是金溪一派,豈可概斥宋賢。笑問學爲支離,棄注疏爲糟粕。"支離不解鄭康成",乃陽明語,非宋人。若朱子,固極推康成,力尊注疏。詳見末卷。今此牽混影射以誣之，所謂無實不詳。一在不考實仔細，輕易立言；一在欺世人皆無聞。談經之家，師心自用，乃以俚俗之言，詮説經典。如歐陽永叔，解‘吉士誘之’爲‘挑誘’，後儒遂有詆《召南》爲‘淫奔’，而欲删之者。”

按，此《詩序》以爲“惡無禮”，《集傳》改爲女子以禮自守，原是一義。吕東萊曰：貞女惡無禮而拒之，則所以釋夫《序》者已明矣。惟解“誘”字，从毛、鄭以“誘”爲“道”，爲欲吉士使媒人道成之，意少迂曲。此詩下有感帨、吠尨，則以爲貞女之拒挑誘，政爲化行俗美之效，於義亦何害？惠氏曰：“陳長發曰毛、鄭皆以‘誘’爲‘道’，《儀禮》有‘誘射’之文，謂‘以禮道之’，古字意本如此也。歐陽永叔解爲‘挑誘’，東萊駁之。嚴緝反從歐，何其誖哉！”按《儀禮·鄉射禮》“誘射”，鄭曰“教也”。今云“有女懷春，吉士教之”，可通乎？如惠、陳解，道以媒禮，可也。感帨、吠尨，果何云乎？吾謂漢學家，只是不顧上下文理也。[①] 至於以爲淫詩而欲删之，此自王柏之妄。王柏所删，非止此一篇，豈得全歸獄歐公？王柏定《二南》各十有一篇，兩兩相配，退《何彼襛矣》、《甘棠》歸之《王風》，削去《野有死麕》，黜鄭、衛淫奔之詩，删國風三十三篇；謂《大學·格致傳》未亡，還“知止”章於“聽訟”上；謂《中庸》古有二篇，“誠”、“明”可爲綱，不可爲目，定《中庸》“誠”、“明”各十有一章。《宋史》本傳稱其“卓識獨見”。按王柏受學於何基，基受學於黄勉齋，去朱子僅三傳，而妄誕紕悖至此。史臣稱其有識，可謂盲論矣！王厚齋云：“陳少南不取《魯頌》，然‘思無邪’一語，亦在所去乎？”樹謂退之有言“曾經聖人手，議論安敢到”。王、陳誠妄人也！若以“挑誘”非可云“吉士”，則不知古人語緩，如文姜曰“豈弟”，宣姜曰“邦媛”，則“吉士”之稱，亦若“梁上君子”之辭

---

① 自“按《儀禮·鄉射禮》”至此，道光本所無。

云爾。《説文·言部》誂字下，許氏曰"相呼誘也"。惠棟曰："《戰國策》曰：'楚人有兩妻者，人誂其長者。'《春秋後語》作'挑'，非。"按，晋孔衍《春秋後國語》十卷，陶宗儀《説郛》中刻之，止兩葉八條，未載此事。又《唐志》盧藏用《春秋後語》十卷。《四庫目》皆無之。不知惠氏所見何本。[①] 愚按，《漢書·司馬遷傳》"横挑强胡"，李奇曰"挑音誂"。是從言從手，偏旁雖異，而"挑誘"之爲義，周、秦、漢人實已有此訓。且《氓》"送子涉淇"，《鄭箋》云"民誘己，己乃送之淇上"。此是面誘，無媒禮。故下云"子無良媒"。錢氏胡不規鄭氏，而獨詆歐公乎？如歐此説以爲俚俗，而鄭解《草蟲》"亦既覯止"，爲男女媾精之媾，則反以爲當從。惠棟、陳啓源，分别詁訓，力主以爲確義。天下豈有作詩自言如此，况其爲女子之言，大夫之妻乎？門户之私，罔氣誖惑如此！按康成注《易》"匪冦婚媾"曰："媾，猶會也。"

又曰："《烝民》之詩，孔子歎爲'知道'，而其述'仲山甫之德'，本於'古訓是式'。古訓者，訓詁也。訓詁之不忘，乃能全乎民秉之彝。"

按，孟子引孔子之言，明指"有物有則"四句，今乃移指"古訓是式"句，以牽合之，舞文脱節，不顧本文上下如此。且是詩所稱《古訓》，政謂義理耳，如典謨大訓，丹書敬勝，先民傳恭之類，豈謂如經生所以訓詁傳注者哉？是時六經，未有籀史同朝，秦漢小學未有萌芽，不知仲山甫所講爲何等訓詁也！即使信爾，亦不過一保氏外史象胥之職，何

① 自"按晋孔衍"至此，道光本所無。

足爲中興名臣引重，而以補衮屬之哉？今文家爲一名卿作碑狀，於其德業大猷，悉舉而歸之能通訓詁小學，且人咸知其義狹而非禮，况三代雅材賢哲之徒，立言垂訓者乎？仲山甫之式古訓，即康叔之衣德言。式，則也，法也，屬行邊説，豈如錢氏云爾哉？錢氏於時，號稱通儒，而罔氣如此，固知漢學皆亂道，由其只顧力標宗旨，不顧是非，蔑義理而不求於心也。

惠氏曰："《爾雅·釋訓》、《釋詁》，周公所作。故《詩》稱'古訓是式'。辨見上。漢世謂之訓詁。訓詁者，雅言也。周之古訓，山甫式之；不辭之甚。若以詁訓爲小學，則童子固皆習之，豈獨山甫？若依余言屬行邊説，作傳恭敬勝法則德言解，則山甫之式古訓，於小學全没交涉。子之雅言，門人記之。劉氏台拱之説本此。劉著《論語駢枝》，謂"執禮"爲"詔相禮"事，孔子平日魯語，惟誦《詩》、讀《書》、詔相禮三者，必正言其音，所以重先王之訓典，謹末學之流失云。阮氏主之，遂以《詩》之《雅》發策，欲援孔子，以尊其訓詁小學，而不覺其陋也。則試詰以夫子平日讀《易》，與門弟子語，及見當時諸侯大夫，音皆不正乎？愚初疑人心錮蔽，何以至此？後讀《南史》，乃悟此必因史稱崔靈恩、程祥、蔣顯，皆北來人，音辭鄙拙。又曰：音革楚夏，學徒不至。而盧廣、沈峻等，皆言論清雅。遂疑孔子山東人，亦必音辭鄙拙，故造爲是説，以附合其小學訓詁宗旨云爾。殊不悟古帝王聖賢，皆在中土，是時南音不通中夏，謂之"鴃舌"。且魯周公之國，不應便倍大行人聲音之聽。孔子大聖，聲律身度，辭氣有恒，不應如後世鄙人，忽學打官話者。且古今音異，未必如今，劉氏何緣知魯語必不正乎？又《記》曰"秋學禮，執禮者詔之"。石林解"執禮"猶執射、執御，蓋古者謂執禮書以治人者，皆謂之執，非如劉氏以鳴贊宣唱音聲爲説也。《潛邱劄記》論"臨文不諱"，引盧植《注》"文，謂禮文也。禮執文行事，故言文也"。鄭曰"爲其失事正也"。

劉氏殆因此傳會爲此説，不知彼論諱，非正音也。①爾雅以觀於古，故又謂之《爾雅》。俗儒不信《爾雅》，而仲山甫之古訓，夫子之雅言，皆不存矣。”

按，惠氏此論，亦斥朱子。蓋朱子謂《爾雅》是取傳注以作，後人卻以《爾雅》證傳注。先儒謂《爾雅》“如切如磋”之文取《大學》，非《大學》取《爾雅》。如《山海經》、《淮南子》多是釋《楚辭》，今注者以爲楚詞本此二書者，皆陋也。如朱子言，是主張《爾雅》者皆倒也。要知山甫在前，《爾雅》在後。陳直齋曰：郭璞亦稱興於中古，隆於漢代。至陸氏《釋文》，始謂《釋詁》爲周公所作，其説蓋本於魏張揖所上《廣雅表》。今俗所傳三篇，或言仲尼所增，或言子夏所益，或言叔孫通所補。梁文所考，皆講家所説，先師口傳，疑莫能明也。《周禮·大宗伯》疏引鄭氏云：“《爾雅》者，孔子門人作，以釋六藝之文。”陸氏《釋文》曰：“《爾雅》之作，本釋五經。”又曰：“《爾雅》者，所以訓釋五經，《釋詁》一篇，蓋周公作。《釋言》以下，或言仲尼所增。”云云。邵氏晋涵謂陸德明誤會張揖之意。愚謂《爾雅》訓詁，釋《詩》、《書》爲多，周公之世，不應自作而自釋之，又不應豫釋後來所有詩書也。即如陸氏謂爲周公所作，亦止《釋詁》一篇。而此一篇，固在世間，何謂不信《爾雅》，使仲山甫之古訓、夫子之雅言不存乎？如以仲山甫之古訓，即是《釋詁》，則所以稱山甫者，亦狹矣。僅誦《釋詁》一篇，即可爲補衮名臣，何其立論淺陋至此！且朱子云云，亦非不信《爾雅》。況前乎朱子，後乎朱子，並未嘗廢《爾雅》，何謂仲山甫之古訓不存乎？至孔子之《詩》，傳於子夏；《書》僅傳有《序》，而僞不可信；孔

---

① 自“《潛邱劄記》”至此，道光本所無。

壁古文雖亡，然當時實不聞有夫子别爲《詩》、《書》音訓者。至於劉氏所解"執禮"爲"詔相禮"，欲解雅言爲音訓，而"執"字實不便於説，故杜撰擯相云云。則夫子止有夾谷一會，卻萊兵事甚陋，非夫子之美，前人駁之甚允，附訂如此。及《論語》君召使擯兩事。師師相承，不聞聖人有自訂儀注、音聲之書。則所謂"夫子之雅言"，果何指乎？若謂即在《爾雅·釋詁》、《釋言》、《釋訓》之中，則自漢以來至今，《爾雅》列在學官，人人誦習，何謂俗儒不信《爾雅》，致夫子之雅言不存乎？主張《詩》之古訓，《論語》雅言爲訓詁，已爲鄙陋，又誣謂不存，益無事實。漢學家立論矯誣，大率如此。新學小生，無識傅會，堅執併爲一談，牢不可破，弗思耳矣！惠氏爲漢學之祖，影響浮游若此，固知漢學不足信也！

戴氏曰："今人讀書，尚未識字，輒薄訓詁之學。夫文字之未能通，妄謂通其語言；語言之未能通，妄謂通其心志。此惑之大者也！論者又謂有漢儒之經學，有宋儒之經學；一主訓詁，一主義理。夫使義理可以舍經而求，將人人鑿空得之，奚取於經乎？惟空任胸臆之無當於義理，然後求之古經；而古今縣隔，遺文垂絶，然後求之訓詁。訓詁明，則古經明；古經明，而我心同然之義理，乃因之以明。即如所論，是訓詁爲筌蹄明矣，而何以厲禁義理，皆不求之乎？古聖賢之義理非他，存乎典章制度者是也。從此路歧去，認奴爲郎矣。所以謂之漢學，蓋其門面宗旨如此，故爲異端。味者乃歧訓詁、義理而二之，是訓詁非以明義理，而訓詁何爲？義理不存乎典章制度，勢必流入於異端曲説，而不自知矣。"

按，戴氏此論最近信，主張最有力，所以標宗旨，峻門户,固壁壘,示信學者,謂據其勝理,而不可奪矣。若以實求之,皆謬説也。古今學問,大抵二端:一小學,一大學。訓詁、名物、制度,只是小學内事。《大學》直從"明"、"新"説起,《中庸》從"性"、"道"説起。此程子之教所主,爲其已成就向上,非初學之比。如顔子問仁、問爲邦,此時自不待與之言小學事矣,子夏固謂草木有區別是也。漢學家昧於小學、大學之分,混小學於大學,以爲不當歧而二之,非也。故白首著書,畢生盡力,止以名物、訓詁、典章、制度小學之事,成名立身,用以當大人之學之究竟,絶不復求明、新、至善之止,痛斥義理性道之教,不知本末也! 明道"玩物喪志"之戒,久爲世口實,不知此止慮其志趣局止於是,即"致遠恐泥",君子不多之旨。古人言各有當,教亦多術,同歸於是而已。故當日特又記"讀史逐字看過"一條,以接引來學,可知非舍學問,空談義理也。若謂舍經空談義理,不事訓詁以求經,則古今無有是事,豈況程子! 漢學者不窮理析義,援引脱節,以濟其私,既誣前賢,又自迷誤,致從事差謬,又因以迷誤來學。一言三失,所以爲罪也! 以上辨主張訓詁,誤以小學當大學。

若謂義理即在古經訓詁,不當歧而爲二;本訓詁以求古經,古經明,而我心同然之義理以明。此確論也。然訓詁不得義理之真,致誤解古經,實多有之。若不以義理爲之主,則彼所謂訓詁者,安可恃以無差謬也! 諸儒釋經解字,紛紜百端。吾無論其他,即以鄭氏、許氏言之,其乖違失真者已多矣,而況其下焉者乎! 總而言之,主義理者,斷無有舍經廢訓詁之事;主訓詁者,實不能皆當於義理。何以明之? 蓋義理有時實有在語言文字之外者。故孟子曰:

"以意逆志,不以文害辭,辭害意也。"漢學家專泥訓詁,如高子説《詩》,所以多不可通。如惠氏《古義》,臧氏《雜記》,及近時諸家新説。故宋儒義理,原未歧訓詁爲二而廢之。有時廢之者,乃政是求義理之真,而去其謬妄穿鑿,迂曲不可信者耳。若其不可易者,古今師師相傳,碩學之徒,莫之或徙,宋儒何以能廢之也?如朱子《詩集傳》,訓詁多用毛、鄭。漢學之人,主張門户,專執《説文》、《廣雅》小學字書,穿鑿堅僻,不顧文義之安,正坐斥義理之學不窮理故也。故義理原出訓詁之外,[①]而必非漢學家所守之訓詁,能盡得義理之真也。如曰不然,試平心而論,漢儒、宋儒説經,誰得古聖人語言心志多乎?《中庸》説性命道教,豈假小學訓詁邪?王厚齋言孔子於"烝民"加四字,而意自明。於"緍蠻"曰"於止,知其所止,可以人而不如鳥乎?"此説詩之法。韓子引《詩》"老成人重於典刑",簡而當矣。愚謂子夏、子貢,皆得之於言外,孟子"以意逆志",程子只反覆吟咏上下。豈似今人穿鑿小學字詁邪?[②] 以上辨義理本於訓詁之不盡然。

若夫舍經廢訓詁,亦誠有之,但須區别。如陸子"以六經爲注脚",有似舍經者,朱子已深斥之。詳見後卷。若程子擺落傳注,所見實勝前儒,則其廢之者,固甚當也。至於朱子,極尊訓詁,詳見後卷。而亦有時廢之者,廢其失真不得聖意,而致貽誤來學者也。今深疾義理,欲伸漢學,恐不能勝,乃以疑似之迹,概誣宋儒爲舍經廢訓詁,空任胸臆言理云云。此欲欺天下,使耳食無聞者,謂爲信然,同以"莫

---

① 按道光本"原"下有"不"字。細讀上下文義,有"不"字爲勝也。倘無"不"字,則"而必非漢學家所守之訓詁"一句,爲費解多餘矣。當據道光本補。

② 自"《中庸》説性命道教"至此,道光本所無。

須有”之罪歸焉，欲以一手掩天下目也！以上辨程朱非舍經廢訓詁。

夫謂讀書尚未識字，輒薄訓詁。此自俗士妄人，其於學術大局，焉能爲有亡輕重，固不足論。若古今異文，《説文》所引壁經古文，多不與馬、鄭相應，無論後世。古今既遠，傳寫脱誤，或由先師衆説不一。如荀悦《申鑑》、朱國楨《湧幢小品》云云，則亦不足爲病，《申鑑》云：“文有磨滅，音有楚、夏，出有先後。或學者先意有所措定，後世相仿，彌以滋僞。”《湧幢小品》云：“古人、古事、古字，散見雜出，各不相同。見其一，不見其二，閧然糾駁，未免爲古人所笑。”但論其大體無失可也。如范升所云：“以年數少差，掇爲巨謬；遺脱纖微，指爲大尤。”則過矣！有一漢學之徒，痛詆歐《五代史・明宗紀》云：在位十年，於五代之君最爲長世。以爲不應自相牴牾至此。余曰：此“十”字當是“八”，字傳寫偶譌，五代惟唐末帝十一年，餘者多至六、七年而已，歐公此語，誠小失，然不以辭害意可也。若夫頗通於訓詁，而實不識字；詳於制度，而實昧於義理。如戴聖、馬融、揚雄，或不識“節義”字，及進退守身義理，又何説也？《困學紀聞》引李衡《識字説》云：孔光不識“進退”字，張禹不識“剛正”字，許敬宗不識“忠孝”字，柳宗元不識“節義”字。又劉念臺《人譜・類記》稱，方遜志先生謂門人曰：“汝讀書幾年，尚不識个‘是’乎！”蓋忠孝、信義、進退、取予、廉恥等字，不待讀《蒼》、《雅》、《説文》，而世無不明者。古今學人，或不識得，豈爲不曉訓詁之故與？以上辨不識字之人有分别。

至謂古聖賢義理，即存乎典章制度，則試詰以經典所載，曰“欽”、曰“明”、曰“安”、曰“恭”、曰“讓”、曰“慎”、曰“誠”、曰“忠”、曰“恕”、曰“仁”、曰“孝”、曰“義”、曰“信”、曰

"慈"、曰"儉"、曰"懲忿窒欲"、曰"遷善改過"、曰"賤利重義"、曰"殺身成仁";反而言之,曰"驕泰"、曰"奢肆"、曰"苟安"、曰"自欺"、曰"讒諂"、曰"貪鄙"。凡諸義理,皆關修、齊、治平之大,實不必存乎典章制度,豈皆爲異端邪説與?而如戴氏《七經小記·學禮篇》中所記冠弁諸制,將謂即以盡天下之義理與?震爲江永弟子,永之言曰:"經籍包羅三才,制度名物,特其間一支一節耳。"斯爲儒者持平之論,而震顧張皇若此,不亦謬乎!以上辨義理不必存乎典章制度。

阮氏曰:"聖人之道,譬若宫牆。文字訓詁,其門徑也。門逕苟誤,跬步皆歧,安能升堂入室乎!學人求道太高,卑視章句,譬猶天際之翔,出於豐屋之上,高則高矣,户奥之間,未嘗窺也。或者但求名物,不論聖道,又若終年寢饋於門廡之間,無復知有堂室矣。是故正衣尊視,惡難從易,但立宗旨,即居大名,此一蔽也;精校博考,經義確然,雖不踰閑,便於出入,此又一蔽也。"

按,此論乍觀之亦甚信,正欲以調停漢宋,爲兩邊救敝之辭,而其意指則甚淺,且亦仍偏重夫文字訓詁,只是小學事,入聖之階,端由知行,古今學術歧異,如楊墨、佛老,皆非由文字訓詁而致誤也。而如漢儒許、鄭諸君,及近人之講文字訓詁者,可謂門逕不誤矣,而升堂入室者誰乎?至卑視章句,其失不過空疏,與求名物而不論道粗淺者,亦不同倫。凡此皆所謂似是而非,最易惑亂粗學而識未真者,不可以不辨。

戴氏曰:"自漢以來,不明故訓、音聲之原,以致古籍傳寫遞訛,混淆莫辨。"

按,此説頗誠有之,而亦不盡然。蓋聲本於形,故訓本於音聲。音聲、故訓,其原合一。自篆文改隸,字失其形,因失其聲。失其形則傳寫遞訛,混淆莫辨,而音聲、故訓,隨之以失。江有誥曰:《説文》雖主訓形,然古人聲从形生,不遵《説文》點畫,無由知得聲之本。如"𡗗"从大聲,而隸从"泰";"萅"从屯聲,而隸从春;"卯"音卿,而借爲寅卯之卯;"草"爲染皁字,而借爲艸木之艸。諸如此類,不可勝數。此顧、江、段、孔諸家,所以必研求古韻,以復三代之音,而正漢、唐以來諸儒之失,欲使群經音訓得真。又創爲同聲、同部之説,江有誥曰:古人同聲之字,必是同部。取三代有韻之文,證之《説文》諧聲,大抵吻合。自陸法言聲與韻分,於是一"母"聲也,而"母"字入"厚","悔"字入"賄","敏"字入"軫","海"字入"海";一"者"聲也,而"者"字入"馬","瘏"字入"模","渚"字入"語";一"各"聲也,而"各"字入"鐸","路"字入"暮","客"字入"陌"。諸如此類,不可勝舉,古韻晦冥,職由此故。此段氏《諧聲表》所爲能補顧、江二君之未逮也。云云。① 又創爲《諧聲表》,又創爲《入聲表》,韻學之事,益精益密,江氏曰:段氏之十七部《諧聲表》,實從來講古韻者所未及,但某於其部分,既有更改,平入分配,間有異同,更爲《諧聲表》一卷。韻學家談及入聲尤難,有明章氏,著《韻學集成》,分配全誤;顧氏一正之,而得者半,失者半;江氏再正顧氏,而得者十之七,失者十之三。蓋不專以三代之經傳,許氏之諧聲爲據,而調停舊説,是以未能盡善。某更因立《入聲表》一卷。又曰:國朝深明古韻者五人。戴氏未有專書,大旨見《聲類表》;顧氏之書,經江、戴二家訂正;江氏之書,又經段、孔訂正。但段、孔之書,尚有誤處,不得不爲糾出。云云。段氏曰:余與顧氏、孔氏,皆一於考

---

① 此下道光本尚有"樹按,如'蕭'從肅得聲,'宵'從小得聲,萬不可通,段、孔所以復改顧氏部也"數語。

古;江氏、戴氏,則專以審音。而晋三於二者尤深造,據《詩經》以分二十一部,大抵述顧氏、江氏及余之説爲多。又曰:晋三專據《説文》之偏旁、諧聲,及周、秦人平入同用之章爲據,作《入聲表》一卷,尤爲精密。不惟陸氏分配之誤辨明,即江、戴異平同入之説,亦可不必,其真知確見有如此者。又曰:古韻分部,肇於鄭庠,分二百六部爲六類,其入聲三;顧氏更析爲十部,其入聲四;江氏析爲十三部,其入聲八。此余師東原戴氏所謂古音之學,漸以加詳者也。余讀《毛詩》,有見於支、脂、之之當分爲三,尤、侯、真、文之當分爲二,因定爲十七部,東原師善之。其作《入聲表》,取余説之分支、脂、之者,析脂、祭爲二,得十六部,其入聲九。曲阜孔氏作《詩聲類》,更析東、冬爲二,併真、文爲一;析屋、沃以分隸尤、侯,别出緝合九韻爲一,得十八部。戴氏所謂自漢以來不明者也。

愚按,古人無韻書,陸法言始分爲二百六部,雖未若後人之審,而實爲前此所未有。自吴才老始求古韻,而未有所改配。鄭庠則分爲六部。由是陳、顧、江、戴、段、孔諸家,遞有訂正,皆就陸氏之部而分焉。江氏有詰偁自周、沈四聲定而古音失,法言《切韻》作而古音之部分失。顧氏以來,始知離析《唐韻》以求合古韻,韻學至今日,幾於日麗中天。云云。此説確矣,但古人無韻書,安得有部分。如謂後人之求聲分部,較法言更精則可,不得謂法言失古人之部分也。觀顧、江、戴、段諸家之書,皆自立部,而强聲以就我,不無武斷。雖曰考之三代有韻之文多合,然已自不能畫一,且六書之義,諧聲只屬一事。許氏二百四十部之文,固不僅諧聲也。古人造字,必先有諧聲之文,而後有从聲之字。凡从某得聲者,从文生字也。故諧聲之説,只可施於音學審韻分部,而不可概論文字,而況可概以説經乎!

小學之事,其類有三:曰形,曰聲,曰義。訓詁經傳,則主於義理。雖義理、訓詁,有時不出形聲之外,然經傳既集字成辭,則文繁字廣,亦義逐辭成,固不僅用諧聲之文,从聲之字足成辭也。故諧聲之説,只可專據《詩》、《易》,及有韻之文,而不可概論一切經文,而況概以求全經之大義乎!六籍故訓,自漢、晋以來,已得八九。陸氏《釋文》每經注家之後,又特載爲音諸家,是漢魏、六朝以來,諸儒之於音義,亦大略得之。若夫宏綱鉅義,平心而論,宋儒所得實多。故凡以音韻、小學,糾説經之失,不過什一之於仟百,而不可概詆漢唐以來儒者,而況宋儒所發微文奥旨,昭炳光明者乎!

段氏於《説文》之學,可謂集大成矣。而其言曰:"經之所藴深也,韻其一端耳。"斯爲篤論矣。六經遭秦火之後,出有後先,音有楚、夏,師承不同,文字互異,又加以蘭臺漆書之改,鄉壁虚造之謬,如許慎、荀悦所論云云,實不盡關訓詁、音聲不明之故。自叔重作《説文》,伯喈定石經,而文字形聲,既已一正矣。江氏有誥論段氏《諧聲表》曰:"今人通音學已鮮,再作《説文》字體,愈令人難讀,故不得不从隸。惟《諧聲表》既專就《説文》論文,則不得不遵《説文》點畫。"然則諸家之講形聲、音韻雖精,固不能出叔重之範圍,而叔重非漢人乎?何以謂之自漢以來,不明故訓、音聲之原也?漢儒説經,往往膠執故訓,而乖義理,不可勝舉,其失不止不明音聲。而漢學諸人,輒矜其音學一得,欲張其門户,言之愈精,愈不可奪。世俗學者茫昧,鮮明其説,則聽其高談,震讋而不敢出聲。若窮極本末,辨析由來,則知聲韻一事,只屬偏端單義,而非全經閎旨得失所繫,盡在於此學也。但就音學而論,則近世諸家所得,實爲先儒所未逮。故今撮録諸家要論於左方，俾學者略明其端緒，因是而求五家之書之全，固談經者所不可闕之功也。

顧亭林《音學五書》敘："《記》曰：'聲成文謂之音。'夫有文斯有音，比音而爲詩，詩成然後被之樂，此音出於天，[1]而非人之所能爲也。三代之時，其文皆本於六書，其人皆出於族黨庠序，其性皆馴化於中和，而發之爲音，無不協於正。然而《周禮·大行人之職》：'九歲，屬瞽史，諭書名，聽聲音。'所以一道德而同風俗者，又不敢略也。是以《詩》三百五篇，上自《商頌》下逮陳靈，以十五國之遠，千數百年之久，而其音未嘗有異。帝舜之歌，皋陶之賡，箕子之陳，文王周公之繫，無弗同者。故三百五篇，古人之音書也。魏晋以下，去古日遠，辭賦日繁，而後名之曰韻。至宋周彦倫、梁沈約而四聲之《譜》作。[2] 然自秦漢之文，其音已漸戾於古，至東京益甚。而休文作《譜》，乃不能上據《雅》、《南》，旁摭《騷》、子，以成不刊之典，而僅按班、張以上諸人之賦，[3]曹、劉以下諸人之詩，所用之音，撰爲定本。於是今音行而古音亡，爲音學之一變。下及唐時，以詩賦取士，其書一以陸法言《切韻》爲準，[4]雖有'獨用'、'同用'之注，而其分部未嘗改也。至宋景祐之際，微有更定。理宗末年，平水劉淵，始併二百六韻爲一百七韻。元黄公紹作《韻會》因之，以迄於今。按二百六韻，金韓道昭改爲一百六十，劉淵併爲一百七，'豏'、'檻'兩韻始併爲一也。元陰時夫又併

① "音"，顧炎武《亭林文集》卷二《音學五書序》作"皆"。

② "彦倫"，顧炎武《亭林文集》卷二《音學五書序》作"顒"。方氏避清嘉慶帝諱而改之。

③ "上"，顧炎武《亭林文集》卷二《音學五書序》作"下"。

④ "書"，顧炎武《亭林文集》卷二《音學五書序》作"韻"。

'迴'於'拯',爲一百六韻,則今通行之韻也。於是宋韻行,而唐韻亡,爲音學之再變。世日遠而傳日訛,此道之亡,蓋二千有餘歲矣。炎武潛心有年,既得《廣韻》之書,乃始發寤於中,而旁通其説,於是據唐人以正宋人之失,據古經以正沈氏、唐人之失,而三代以上之音部分秩如,至賾而不可亂。"乃綜古今音之變,而究考辨正,爲《音學五書》。

錢氏大昕叙段氏《六書音均表》曰:"三代以前,無聲韻之書。然三百篇具在,參以經傳子《騷》,引而伸之,古音可分也。文字終古不改,音聲有時而變。五方言語,且不相通,況數千年之久乎!而昧者乃執隋唐之韻以讀古經,有所不合,謂之叶韻,謬矣。按,此譏朱子用吴棫《韻補》之謬也。蓋自沈約以來,古韻寖失。吴棫作《韻補》,始求古韻。朱子釋《詩》注《騷》,盡从其説。吴氏古韻有二例:曰通、曰叶。通者如東、冬、江相通,支、微、齊、皆、灰相通之類是也,叶則音韻俱非,而切響以通之。不知古今音異,經子所用皆本音,無所謂叶也。顧氏所以作《音論》,列古今音之變,而究其所以不同,考正三代以上之音,注《易本音》、《詩本音》。① 然考《四庫提要·韻補》下稱:棫作《毛詩補音》、《楚辭釋音》、《韻補》凡五種,今《毛詩補音》已亡,惟此書存。"自陳振孫謂朱子注《詩》用棫之説,朱彝尊作《經義考》,未究此書僅五卷,於《補音》十卷條下誤注'存'字,世遂謂朱子所據即此書。蓋棫音《詩》音《楚詞》,皆據其本文,推求古讀,尚能互相比較,粗得大凡,故朱子有取焉。此書則泛取旁搜,無所持擇,顛倒錯亂,皆亘古未有之臆説。世儒不察,乃執此書以誣朱子。"又曰:"棫書雖牴牾百端,而後來言古音者,皆從此而推益加密。"云云。明三山陳氏,始知考《毛詩》、屈、宋賦,以求古音,近顧氏、江氏考之尤審。今段

① 按顧氏《音學五書序》原作"注三百五篇,爲《詩本音》十卷;注《易》,爲《易音》三卷"云云,方氏節引太過,成"注《易本音》",遂至文義不貫耳。

氏復因顧、江兩家之説，證其違，補其未逮，定古音爲十七部云云。按，宋鄭庠分《廣韻》二百六部爲六部，韻略合於漢魏、杜韓所用，而於周、秦未合；顧氏考經、《騷》，分二百六部爲十部，作《古音表》，較鄭氏爲密；江氏訂其於三百篇所用有未合者，分二百六部爲十三部，作《古韻標準》，較顧氏益密，而於三百篇仍有未合；段氏分二百六部爲十七部，作《六書音均表》。以上言古韻者之大凡，至於世所通行陰氏一百六韻之今韻，以沈、陸之書，及唐、宋功令爲準，固爲俗書。而邵子湘作《古今韻略》，以今韻本求古音，止標漢魏、杜韓詩爲準，猶之沈約、鄭庠之失也。

戴氏《六書論序》曰：[1]“大致造字之始，無所馮依。宇宙間，‘事’與‘形’兩大端而已。指其事之實曰指事，一、二、上、下是也；象其形之大體曰象形，日、月、水、火是也。文字既立，則聲寄於字，而字有可調之聲；意寄於字，而字有可通之意，是又文字兩大端也。因而博衍之：取乎聲諧曰諧聲；[2]聲不諧而會合其意曰會意。四者，書之體止此矣。由是之於用：數字共一用者，如初、哉、首、基之皆爲始，卬、吾、台、予之皆爲我，其義轉相爲注曰轉注；一字具數用者，依於義以引伸，依於聲而旁寄，假此以施於彼曰假借。所以用文字者，斯其兩大端也。六者之次第，出於自然。”

錢氏曰：“大凡音有天地之元音，有古今之異音。天地元音者，雙聲、疊韻也；古今異音者，輕重、緩急、斂侈也。古斂今侈，亦有古侈今斂。元音皆始於喉，達於舌，經於齒，出於唇，古人皆重唇，後人轉爲輕唇，即神珙五音、九弄、反紐，亦無輕唇。天下之口相同也，古今之口亦相同也；輕重、緩急、斂侈，天下之口

---

① 按此段引文出戴震《戴東原集》卷三《與江慎修先生論小學》，非出自《六書論》也，方氏偶誤。

② “聲諧”之“諧”字原缺，據戴震《與江慎修先生論小學》原文補，方氏引文誤脱，此“諧”字非可有可無也。

異，古今之口亦異也。即喉、舌、齒、唇之分，而聯之以雙聲，緯之以疊韻，而翻切之學興焉。有雙聲、疊韻，後人因有反切；有反切，則有韻書；有輕重、緩急、斂侈，後人因有四聲；有韻書、四聲，於是古今之音有異讀；以今韻求古音不得，於是有叶韻、協句；以叶、協爲非，於是始求古音及本音；求古音、本音，必本元音，於是有等韻、字母；有等韻、字母，於是有華、梵之爭。錢氏謂雙聲、疊韻等學，非梵學。即三十六母，亦華音，非梵音。特以其爲唐末沙門所傳，又襲彼字母之名，鄭夾漈不加詳考，遂誤認爲天竺之學。雙聲昉於魏晋以後，古人未知，其實《易》、《書》已肇其端，至三百篇而斯秘大啓；至司馬相如、揚子雲作賦，益暢其旨。於是孫叔然制爲反切，以雙聲、疊韻、紐弄而成音，遂大顯於世。後人又以雙聲類之，而成字母之學。雙聲在前，字母在後，學者反謂七音之辨始於西域，豈古聖賢之智，乃出梵僧下耶！四聲始於周、沈，其實古人輕重、緩急，即四聲。緩與輕者，平上也；重而急者，去與入也。漢代詞賦家，好用雙聲疊韻太多，讀者聱牙。周、沈矯其失，欲令一句之中相間耳。漢人翻切、讀若，已是古今輕重、緩急不同，故有此通。再轉而爲《切韻》，再轉而爲四聲，再轉而爲唐韻，再轉而爲宋韻。曰轉音，曰協句，曰叶韻。求之不通者也，顧氏所以有本音之求，曰等韻，曰字母，求之於通者也。而守温、温公等，①所以有圖也。一字兩音，平側異讀，出於轉音，如觀、冠、好、惡等。此魏晋經師，强生分别，千餘年遵守不易。惟魏華父著論非之，以爲未有四聲、反切之前，安知不皆爲平聲。大抵後人講六書之音，有從偏旁得聲，有正音，有轉音，有叶音。元音則不然，喉、舌、齒、唇，辨之甚細，所以

① 按“守温”，道光本本不誤，底本及全集本皆改爲“邵伯温”，大誤。今據道光本改回。

有併部、分部也。由平聲遂求入聲，此又言古韻者之所以益精也。”

江氏有誥《音學十書序例》曰：[1]“自周、沈四聲定，而古音失；陸法言《切韻》作，而古音之部分失。宋吴才老首復古韻，特未免隨文遷就，於古之正音、古之部分，蓋茫乎未之知也。鄭氏庠作《古音辨》，始分六部，雖分部至少，而仍有出韻，蓋專就唐韻求其合，不能析唐韻求其分，宜無當也。明陳季立始知叶音即古本音，誠爲篤論，然於古韻部分，亦未之知也。國朝崑山顧氏，始能析唐韻以求古韻，故得十部，然猶牽於漢以後音也。婺源江氏，始專就三百篇以求古韻，故得十三部，然猶惑於今人近似之音也。金壇段氏，始知古音之絶不同今音，故得十七部。古韻一事，至今日幾於日麗中天矣。取而譬之，吴才老，古音之先導也；陳季立，得其門而入也；顧氏、江氏，則升堂矣；段氏，則入室矣。”

又曰：“古有正韻，有合韻，有通韻。最近之部爲通韻，隔一部爲合韻。《詩經》用正韻者十之九，用通韻者百中之五六，用合韻者百中之一二，計三百五篇，除《周頌》不論，《風》、《雅》、《商》、《魯頌》，共詩一千百十有二章，通韻六十見，合韻十餘見，不得其韻者數句而已。知其合，乃愈知其分。即其合用之故，而因以知古部之次第，並可知《唐韻》誤合之由。”又曰：“古韻無四聲，明陳氏已發其端，江氏申明其説者，不一而足。然《標準》仍分平、上、去、入四部，則自亂其例矣。想脊齋於去入不能配合，故聽其各見耳。”又曰：“古無四聲，確

① 按方氏此處所引，乃江有誥《古韻廿一部》之《凡例》諸條，見江氏《詩經韻讀》卷首，非《音學十書序例》也。

不可易矣！然以今音讀之，則聱牙而不協。吴氏有以少从多之例，施於叶韻，未免支離牽就；①施於四聲，自可諧於今，無背於古。如一章之中，平多上少，則改上以从平；上多平少，則改平以从上。去、入同此例。”又曰：“顧氏謂古人一字，止有一音。四聲互用，不在此例。嘉定錢氏，譏其固滯。然兩漢、魏、晋，固有一字數音者，若三代之文，則無此也。至通韻、合韻，不得不遷就其音，故以叶别之，然亦不過百中一二而已。”又曰：“吴氏《韻補》，顧氏《詩本音》，从本音轉紐爲多，亦間有不用本音者。如角字音禄，羹字音郎。以一隅之方音，改易本音，實爲未妥。”又曰：“陳氏《毛詩古音考》，率用直音。於無可音之字，多借相近者音之，脊齋譏其謬誤。”又曰：“《詩集傳》之誤，顧氏辨之詳矣。但《詩本音》之誤，亦復不少。蓋顧氏只知古有十部，而不知古有二十一部。按此亦勇於自信。故往往以不入韻爲韻，又泥於《唐韻》次第，不明古部次第通用之理。按古部次第，究屬强爲。孔氏《詩聲類》，雖有補正三家之處，乃臆爲陰陽九聲之説，穿鑿武斷，功過相參。”又曰：“唐、宋人不知古韻，杜、韓、蘇詩歌雜文，能遵古體，而未達古音。吴才老雖云復古，無論其部分茫如，即所注之音亦多錯誤，良由七音未細，聲紐未精。顧氏《詩本音》臚列《唐韻》，使學者即《唐韻》以求古部分。然不注明音切，淺者視之，仍茫如也。”又曰：“戴氏十六部次第，以‘歌’爲首，‘談’爲終；段氏十七部次第，以‘之’爲首，‘歌’爲終；孔氏十八部次第，以‘元’爲首，‘緝’爲終。以鄙見論之，當以‘之’第一，‘幽’第二，‘宵’第三。”云云。按歙江氏之分部，仿小徐之作《説文序

① “牽”，江有誥《凡例》作“遷”。

篇》，至有意義，又其獨絶前人者，尤在《入聲表》。學者求六家全書讀之，音學之大旨盡於是矣。

錢氏大昭曰："讀書以通經爲本，通經以識字爲先。經學必資於小學，故鄭司農深通六經，而先明訓詁；小學必資於經學，故許祭酒專精六書，而並研經義。"

按，此等論議，只是門面弔場語，其實無謂。凡先儒解經，誰不用訓詁，匪獨康成也；凡治訓詁、小學者，誰不本之經義，匪獨叔重也。昔程子言："貧子説金，只説堅、説硬、説黄色，道他不是不得，只是好笑！"此類是也。

宋鑑《説文解字疏序》曰："經學不明，小學不講也；小學不講，則形聲莫辨，訓詁無據。《説文》者，小學之祖也。"

今世學者，奉此爲寶訓，海内治《説文》者，專門異派，紛然並作，無慮數十家。所以標宗旨，峻門户，示信學者，上援通儒，下震流俗，無過此學矣。夫謂治經，不可不先通小學，及《説文》之有功於小學，誠不易之論。顧訓詁未明，①當求之小學是也。若大義未明，則實非小學所能盡。今漢學宗旨，必謂經義不外於小學，第當專治小學，不當空言義理。以此欲驀過宋儒而蔑之，超接道統，故謂由考核

① 道光本"顧"字下尚有"吾獨疑小學之書，盛於秦漢之際，傳注先師亦在是時，故稱漢儒於名物訓詁最得。則是時無不明之小學，即無不明之經義。經義、小學既明矣，又待於後來之許叔重，何也？借謂西京諸儒皆不能明，則《説文》既作，魏晋以下六朝南北諸儒所得，應無不精詳，唐人悉取而訂爲義疏矣，而經義至今猶有未明者，何也？謂今學者須講明小學，以求通經義，則是漢魏以來諸儒於小學經義，均尚未明也；漢儒於訓詁既尚未明，則何以又謂之漢儒訓詁、名物、制度，盡得聖道之傳也？反復詳究，進退無據"一大段。

以通乎性與天道，由訓詁以接夫唐、虞、周、孔正傳。此最異端邪説，然亦最淺陋，又多矛盾也！漢、魏諸儒，無不通小學。而其釋經猶多乖違者，非小學未深，政以大義未明故也。故自宋以來及近世漢學家，皆各爲書以相駁異。但宋儒所異，異其義理；漢學家所異，異其訓詁、形聲。而漢學之徒，其旨則以漢儒縱有謬誤，所説亦有本；宋儒所説大義義理，皆爲鑿空，故深以爲之罪。而思所以易宋儒之説者，舍小學、《説文》又別無具，故其爲説如是云云也。考許君《自序》，緣秦初作隸書，而古文絶。漢初，猶試諷籀書，試八體。其後尉律不課，小學不修，莫達其説。宣、平以後，張敞、杜業、揚雄諸儒通其學，著《訓纂篇》等書，始稍稍略復存之。及新莽居攝，甄豐頗改定古文。一亂。而壁書及張蒼所獻《左氏春秋傳》，及郡國所得山川古文，時人不識，共相非訾，詭更正文，鄉壁虚造，變亂常行，不合孔氏古文，謬於篆籀。再亂。故博采通人，考之賈逵，作《説文》，以理群類，解謬誤，曉學者，達神旨。其書以秦篆爲本，合以史籀、大篆及古文。古文者，《易》、孟氏，《書》、孔氏，《詩》、毛氏，《禮》、《周官》，《春秋》、《左氏》，《論語》，《孝經》，及山川奇字。據此云云，是許君作《説文》，政本之西京諸儒及經古文。書中所引是也。

今漢學考證家，謂西京諸儒，以未有《説文》，得壁經而不能讀，致使經義不明。是倒亂也。其謬一。

許君本以經古文解説文字，因即以文字訓詁經義，但經義實非形聲訓詁所能盡明者，今謂經義不明，由於不講小學形聲訓詁,亦偏蔽也。[①] 其謬二。

許君所訓詁、形聲,及引經古文諸儒之説,其已著者既明矣,其所未著,是許君原無此説;今謂經義不能明,當求之《説文》,雖推廣旁求,亦間得通貫妙證。然固非全經大義,盡乎此學也。其謬三。

許君所引經文,多有一字殊見,如《易》既引"以往吝",又引"以往遴";《書》既引"旁逑孱功",又引"旁救僝功"、"方鳩僝功";《詩》既引"褻袢",又引"紲袢";《論語》既引"色孛如也",又引"色艴如也"。此類甚多。當由經師各承一家之學,各以所見爲定本,是以不合,而許君亦不能定之。今於許君所不能定,而欲求之《説文》以定之,益以惑矣。其謬四。

《説文》既作,復作《五經異義》,則許氏未嘗以專用《説文》足證經矣。其謬五。

鄭氏爲注經之宗,然不本之《説文》,偶有所引,甚少。臧玉林云:鄭於《周官·考工》引《説文》,證"戈胡勾倨"一條。陳壽祺云:鄭君注《儀禮·既夕記》、《小戴禮·雜記》、《周禮·考工記》,嘗三稱之。則於鄭學之不能通者,不可求之《説文》矣。故鄭注《三禮》,賈《疏》多不能通。賈非不見《説文》者也。其謬六。

《説文》於小學,誠精且博矣。然其間穿鑿者甚多,有不異於後來王氏《字説》者,顧氏所摘數十條,按,史籀始變古文,著《大篆》十五篇,王莽時亡失。建武中,獲九篇。章帝時,王育爲作解説,所不通者,十有二三。王厚齋云"《説文》多引王育説"。何義

---

① 此段道光本原作:"許君本以經古文解説文字,非以文字訓詁經義;今謂經義不明,由於不講小學、形聲、訓詁。亦倒亂也。"

門曰“育之言大抵多不經”。朱氏筠猶袒護之。因是新學之士，於其解説乖違顯然可笑者，亦必曲爲諂附，殆於誕而愚也。其謬七。

《説文》所引異字，即今經文“讀某”之字。洪容齋及近錢大昕氏，嘗録出凡數百字，今經文皆不復見，不適於用，不與馬、鄭相應。是後人尚不能通其所異之字，又何由能以之定經義之説乎？其謬八。

許君本以六書之義，解説文字，謂聖人不虚作，必有依據。所謂依據者能，指六義也。凡以明聖人作此字之義，有一定依據也。若夫經義則不然，有一字作一義用，有一字作數義用。今執《説文》以一字考經，所以致以文害詞，以詞害意，穿鑿而不可通也。蘇子瞻曰：“字同義異，必欲一之；雕刻彩繪，以成其説。是以六經不勝異説，而學者疑焉。如孔子言聞，則爲小人；詩人言聞，則爲君子。‘喪欲速貧，死欲速朽’，八字成文，猶不可一。曰言各有當而已，而況欲以一字一之邪！”其謬九。

今以小學説經者，既多執一訓以通之，如訓“一貫”爲“事”之類。又假借、轉注以通之，又以偏旁“从某得聲”通之，[①]又以古今音緩、音急之異通之，《通考》吴棫《韻補》下引陳氏《書録解題》一條，稱陸德明之説甚明。又推廣鄭氏三例通之，曰“讀如”，比擬其音也；曰“讀爲”，就其音以易其字也；曰“當爲”，定其字之誤也。或謂“讀爲”，爲就其音以易其字，非。蓋“讀如”乃音同，“讀爲”乃義同，義同則不得爲易字，如“仁”讀爲“相人偶”之“人”；“上帝甚蹈”，《傳》曰“動也”，《箋》曰“讀曰悼”，此皆義近，非易字。惟

---

① “从”，原作“從”。按此謂《説文》“从某”之例，字當爲“从”，不當爲“從”，今據改。下文同，不再出校。

音義皆異，始爲易字。此皆枝詞謬説。又以古音同部通之，《廣韻》二百六部，自鄭庠始分爲六部。其後顧氏、江氏，遞有所分。段氏作《六書音均表》，又分江氏十三部爲十七部，學者頗病其强古人以就我，不免武斷。其同部之通，今舉阮氏《釋彖》一條，以見其例，其説曰："彖者，材也。此乃古音訓相兼，是彖音必與材音同部。材字之才與彖字，皆在段氏古音第一部，由之、咍、止、海、志、代，轉而爲十五部之脂、微、齊、皆、灰，又轉爲十六部之支、佳、衹、蟹、卦、麥、昔、錫。若讀今音通貫切，如劉瓛之訓斷，則在十四部，與材字迥不同部。孔子何爲以材字訓之哉"。云云。樹按，古才、財、裁字同用。彖，斷也；裁有決斷之義，孔子以義釋之，故曰"彖者，才也"。非必音韻同也。今以後人分部，强釋爲同音，則上文"易者象也"，易與象亦同部同韻乎？又以隸變通之，又以師師相傳舊解通之，如戴氏、王氏説"光被四表"。又以後人妄增删改致誤通之。按，《李巡傳》偁，巡以爲諸博士，試甲乙科，爭第高下，至有行賂，定蘭臺漆書經字，以合其私文者，乃白帝，與諸儒共刻五經文字於石，於是詔蔡邕等正其文字，自後五經一定，爭者用息。然則五經文字，經蔡邕定後，固已無失，自唐人定本後，又有張參、唐玄度等字書，則文字之誤，不過什一之於仟百，無容張皇也。按《後漢書·儒林傳》，《熹平石經》爲三體書，與《隋志》不同。前儒所説不一，其實《漢石經》實一字也。附訂之於此。顛倒減省，離析合併，展轉百變，任意穿鑿，支離轇轕，不顧義理之安，於是舉凡古今滯難不可通之義，而無不可通之。就其合處所得，誠亦有功；但求之太鑿，其傅會僻違，歧惑學者，失亦不少。其謬十。

顧氏亭林曰："六經之文，左、公、穀、毛萇、孔安國、鄭衆、馬融諸儒之説，[1]未必盡合。况叔重生於東京之中世，

---

① 顧炎武《日知録》卷二〇"説文"條，此句原文爲"左氏、公羊、穀梁之傳，毛萇、孔安國、鄭衆、馬融諸儒之訓"。

所本者不過劉歆、賈逵、杜林、徐巡等十餘人之説，而以爲盡得古人之意，然與否與？實不止此數人，《日知録》已補録，分注本條下矣。五經未遇蔡邕等正定之先，傳寫人人各異，今其書所收率多異字。而以今經校，則《説文》爲短。又一書之中有兩引，而其文各異者，後之讀者將何所從？且其書流傳既久，豈無脱漏？即徐鉉亦謂篆書湮替日久，錯亂遺脱，不可悉究。"又序《韻譜》曰："今承詔定《説文》，更與諸儒精加研覆，又得李舟所著《切韻》，殊有補益。其間有《説文》不載，而見於序例注義者，必爲脱漏，並存編録。"可知《説文》本有脱漏，今漢學諸人，堅謂此書所闕者，必古人所無，或見他書所有而疑之，或别指一字以當之。如《説文》無"笑"字，而《唐韻》引《説文》有之；《説文》無"由"字，後人以"甹"字當之；無"免"字，後人以"絻"字當之；無"劉"字，後人以"鐂"字當之，按《水部》有"瀏"字。惠氏校曰：似後人亂之。此皆蔽也。楚金《繫傳·疑義篇》著劉、志、騂、希、免、由七字，云據偏旁有之，而諸部不見，蓋相承脱誤，非著書之時本無。又云：按《説文》有藰、瀏等字，而無此字，疑脱漏。《爾雅》"劉，殺也"，《尚書》曰"重我民無盡劉"，《左傳》"虔劉我邊垂"。當云从刀、金，卯聲；或曰从刀，鐂聲。刀字屈曲，傳寫誤作田耳。按丣、丣形同，丣象開門，丣象閉門，又象酉之形。劉字上當从丣，丣爲秋門，故訓殺。若丣，爲二月天門，安得訓殺？《王莽傳》"劉之爲字，卯金刀也。因禁正月剛卯金刀之利，皆不得行"。此莽不識字而妄作也。亦可見此字非本無，叔重漢人，豈得蔑國姓而不著哉！改經文以就《説文》，支離回護。其謬十一。

又《説文》不但文字有脱漏，即許氏説解亦多脱。如《人部》伻、偓、伋、佺，皆注人名、姓名。夫人姓、人名，豈可説六書哉？《一切經音義》引《説文》"伋，急行也"。《段氏説文注訂》，於偓、佺下無駁證，伋字云："以此爲解，亦非例也。古人名、字相應，孔伋，字子思;仲尼弟子燕伋,字子思。然則伋字非無義矣,人名二字,非許書之舊也。"云云。臧氏玉琳引《玉篇·艸部》"藥"字,注引《説文》云"治疾病之艸總名",今《説文》云"治病艸"。又"艿"字注引《説文》"舊艸不芟,新艸又生曰艿",今本云"艿,艸也"。凡如此類甚多。今專據世所傳本《説文》,謂概以足證經義,恐不能備。其謬十二。

今之爲《説文》學者,曰部分,徐氏《韻譜》,移叔重偏旁從《切韻》,鼎臣序之曰:"秉筆操觚,要資簡閲。① 而偏旁奥密,不可意知。尋求一字,往往終卷。力省功倍,思得其宜。舍弟鍇,特善小學,因命取叔重所記,以《切韻》次之,聲韻區分,開卷可觀。"此書止欲便於檢討,無恤其他。李氏《韻譜》,偏旁不改,但移其次。仁甫自序曰:"叔重部敘舊次,世固未有能通其説者,楚金實始通之。某初作《五音譜》,不敢紊叔重部敘舊次,其偏旁皆按堵如故。後從虞仲房之言,每部又從四聲改移之。"按,自李氏書出,而徐氏《韻譜》微,世少見之。曰字體,朱氏筠曰:"自顧野王雜以隸書,李陽冰改其筆迹,於是有本異文而今同一首者,有本同文而今異所從者,有本从某得聲而今改而之他者,有全失其體而訛者,有因一字以訛數字者,有併二字以訛一字者。"曰音均,徐鉉曰:"《説文》之時,未有反切,後人附益,互有異同。孫愐《唐韻》,行之已久,今並以孫愐音切爲定。"徐鍇《繫傳·通釋》"朱,翺反切"。然二徐所音,多不合漢人音讀。故近日段氏作《六書音均表》,以十七部古音繩之,於其不合,輒删聲字。而鈕氏復作《段氏説文注訂》以駁之也。陳季立云,《説文》之中多與《毛詩》合,徐鉉概依孫愐之《切韻》。是以唐音而反律古音,厥後諸韻書,引古詩如晨星,而於唐宋百家之辭每數數,無亦譜子孫而忘其宗祖乎?② 曰訓詁,徐氏曰:"許氏注解,詞簡意奥,不可周知。陽冰之後,諸儒箋述有可取者,亦從附益。猶有未盡,則臣等粗爲訓釋,以成一家之書。"巽

① "簡",徐鉉《説文解字篆韻譜序》作"檢"。
② 自"陳季立云"至此,道光本所無。

巖李氏亦曰："小學放絶久矣，欲崇起之，必以許氏爲宗，而二徐兄弟最其親近者；如陽冰、林罕、郭忠恕等，俱當收拾采掇，聚爲一書，顧力有未及耳。"按，近人段氏爲《説文注》，蓋本此旨，采他書以證許義，亦多可取。獨恨求之太鑿，所失亦多耳。曰增收，李氏曰："吕忱作《字林》五卷，以補叔重所遺闕。按唐人多誤引《字林》以爲《説文》，顧野王作《玉篇》，其文又增多於叔重。唐上元處士孫强，復修《玉篇》，愈增多其文，今行於俗間者，强所修本也。"曰新附，按，世人多議新附，或謂此宋祖之意，非鼎臣之過，近鈕氏著《新附考》專論之。愚謂蒼頡初作，字能有幾？自《史籀》以來，多爲後起滋生之事矣。古今事變，不可究詰，必執古之所無，不當爲今之所有，則誣而難行。新附之字，今皆施用，固不能斥之矣。新學小生，開口曰後起字非古，此强作解事也。至於《説文》所有之字，爲今世所不施用，即不宜用。學者識古書奇字，但當用以辨讀古書則可，不當施於今時文書中也。張有書《魏國夫人碑》，"魏"字从山，以爲掩可斷，字不可改。近人江聲，生平不肯作隸楷，雖尺牘家書計帳，皆依《説文》，雖曰好古，性亦蔽矣。顔元孫曰："自改篆隸行，漸失其真，若總據《説文》，則下筆多礙，當去泰去甚，使輕重合宜。"徐鼎臣表亦曰："高文大册，宜以篆籀著之金石，至於常行簡牘，隸草足矣。"二公皆精小學，而持論如是。《四庫提要·凡例》曰："黄諫之流，欲使天下筆札，皆改篆體；顧炎武之流，欲使天下言語，皆作古音。迂謬已極。"按，魏國夫人，林攄母也。《齊東野語》：宣政間，攄奉使契丹，以"口耳王"對"白玉石"，为契丹使所誚，降黜。後以其罵虜，用至中書侍郎。① 附訂之於此。曰徐氏兄弟異同得失，二徐各執所見。楚金有《繫傳》。鼎臣增新附及新修十九文，以俗字作篆體，又不知轉聲，即加刊落。段氏曰"此非專書不能明也"。愚按，徐氏兄弟之於《説文》，誠可謂許氏功臣。先民宋宣憲、李巽巖以來，莫不推服，實古今獨步。李陽冰精通小學，自謂斯翁而後，

① 自"《齊東野語》"至此，道光本所無。

直至小生。楚金作《繫傳·祛妄篇》斥之,使陽冰復生,亦當頫首。又擬孔子《序卦》,作《序篇》,以明五百四十部之次。李仁甫言,許氏部序奥密,世未有知之者,實至徐氏而始能明之。愚謂《説文》實有脱字,則徐之此序,不免穿鑿。此自其小短,不得一概推之也。曰古本。段氏《汲古閣説文訂序》曰:"《説文解字》一書,自南宋而後有二本:一爲徐氏鉉奉敕校訂許氏,'始一終亥'原本也;一爲李氏燾《五音韻譜》,仍許氏五百四十部之目,以《廣韻》、《集韻》'始東終甲'次之。每部中之字,又以'始東終甲'爲之先後,勝於徐氏《篆韻譜》遠矣。自李氏而前有二本:一即鉉校定三十卷,一爲南唐徐鍇《繫傳》四十卷。自鉉書出而鍇書微,自李氏《韻譜》出而鉉書又微。前明一代,多有刻李氏《韻譜》,而刻鉉書者絶無。好古如顧亭林,乃云'《説文》原本次第不可見,今以四聲列者徐鉉等所定也'。誤矣。明毛晋及子扆,得宋'始一終亥'小字本,以大字開雕,是亭林時非無鉉本也。毛氏所刊版入祁門馬氏,在揚州者近又歸於蘇州書賈錢氏。《繫傳》僅有傳鈔本,至難得,近杭州汪啓淑,雕版盛行。'始一終亥'本,王昶有宋刊本,元和周錫瓚有二本,一曰宋刻本,一曰明葉石君萬影抄本。以上三本,①皆小字,每葉二十行,小字夾行則四十行。一曰明趙靈均抄大字本,即汲古所仿刻之本,一曰宋刊大字《五音韻譜》。三小字本不出一槧,故大略相似,趙鈔本異處較多,稍遜於小字本。若宋刻《五音韻譜》本,則略同趙鈔本,而尚勝於明刊者。周瓚又出汲古初印本,斧季親署云:'順治癸巳,汲古閣校改第五次本。'卷中旁書朱字,復以藍筆圈者,一一刓改。四次以前,微加校改;五次則所改特多,往往取諸小徐《繫傳》,亦間用他書。"以上段氏所訂諸本同異如此。余按,周亮工《書影》言:"毛氏得宋大字本,周考證疏,傳聞未審也。"嘉慶間,孫星衍刊宋小字本,其序言:"朱學士筠視學安徽,刊舊本《説文》,按其本

① "三",段氏《經韻樓文集補編》卷二《汲古閣説文訂序》作"二"。此"二"指周錫瓚所藏宋刊本與明葉萬鈔宋本,方氏蓋連及王昶藏宋刊本,而改爲"三",與段氏原意不符。

亦同毛氏。”又言:“徐鍇《韻譜》,僅有明刻舊本。”又有滿洲額勒布刻宋大字本,云新安鮑氏所藏本。然此刻不如孫氏遠甚,一序尤陋。明刻李氏《韻譜》,世稱萬曆本。又有一大字本,與萬曆本異。或言是明永樂本,未有確據,疑明人翻宋大字本耳。又按汲古刊李氏《韻譜》,前仍鉉校本許氏原序,非也,此本當刊李氏序於卷首。又按徐鍇《説文韻譜》,用李舟《切韻譜》,其四聲實爲李氏《五音韻譜》所本。鉉爲鍇篆名曰《説文韻譜》。明李顯刻本,妄增篆字曰《篆韻譜》。若然,豈李氏《五音韻譜》非篆文乎？此書流傳甚少。李顯刻未知於萬曆時宮氏所刻李氏《五音譜》,孰先孰後。顧亭林既未見“始一終亥”原本,又未見徐氏《韻譜》,而誤以李氏本當徐氏本耳。而錢曾《讀書敏求記》云:“宋人檮昧,欲便於檢閲,妄以一東、二冬依韻分之,大失許氏本旨,其厄更甚於秦坑焚燎。”云云。按雍熙年,徐鉉校本用孫愐音,即今毛晋汲古所刻“始一終亥”本。明萬曆中,宮氏刻李燾《五音韻譜》“始東終甲”本。陳大科叙之,誤以即徐氏本。陳啓源、顧炎武並沿其誤。按此説小誤,陳、顧兩家,蓋誤以汲古所刻李氏《五音譜》當徐鍇譜耳,非誤認爲鉉“始一終亥”本也。汲古刻李譜不載燾《序》,乃由陳大科誤之耳。又按鍇《繫傳》用朱翺《切韻譜》、用李舟音切。李舟,獨孤及門人。《昆陵集》首有虔州刺史李舟《序》,此即杜子美所贈詩之人也。《九域志·唐明州刺史王密碑》,李舟文,顔真卿書。《唐志》有李舟《切韻》十卷,《宋志》五卷。錢曾不知“始東終甲”《韻譜》始於徐鍇,又未見《文獻通考》所載鉉作《韻譜序》,但見汲古刻李氏書,因妄詈宋人檮昧云云,此爲無知而强解事也。聞竹垞初得《敏求記》,以爲奇寶。以余觀之,其中叙釋,殊爲淺陋,其於晁、陳、馬、竹村,殆不可同年而語。《敏求記》又云:《繫傳》流傳絶少,世罕有覯之者。當李巽巖時,搜訪歲久,僅得七八闕卷,誤字無所是正,況後之人乎?① 凡如此類,皆許氏之功臣,而非全爲經義。獨惠氏校《説文》,多

① 自“按雍熙年”至此,道光本原作:“是未見鉉此書及序,並未見《文獻通考》,而但以爲出於李燾也。附訂之於此。”

以證明經義，而説者又以惠氏不過兼學，非專門深於《説文》者。然則爲《説文》之學者，又不必爲明經義也。其謬十三。

六經孔子所手訂，而子夏、子貢，又孔子所親許爲善説《詩》者。趙岐稱孟子通五經，尤長於《詩》、《書》。今觀孔孟諸賢，所以引經文，發明大義，其説不過如彼。初不待穿鑿訓詁小學，然後爲得也。其謬十四。

上古制字，以鳥迹爲始。自黄帝、三代，其文不改，孔壁古文是也。《史籀》大篆，與古文或異。況考《説文》所重千一百六十三字，於籀文已寥寥。今欲以《説文》秦篆六書之義，推尋古文經義，固難通矣。其謬十五。

竊謂經義在今日，大義及訓詁，兩者略已備矣。蓋不患不明，第患不行耳。若其猶有疑滯，亦什一之於千百，或前儒所互考聚訟而未決，或破碎迂僻，非義之要。此等得之固佳，即未遽明，亦無損大體，無關閎旨。且取其明白無疑者，潛玩而服行之於身心家國之際，其用已宏矣。而何必别立宗旨，驚天動地，忽近而圖遠，務小而遺大。舍本訌末，斷截小文，媟黷微辭，謂宋儒廢訓詁而談義理，使二千餘年經義沉淪，儒林不振云云。騰謗釀嘲，揜其閎美，豈非所謂小辨破言，小言破道乎！且既謂之小學，則固不得以比於大學矣。今諸人堅斥大學非聖門授受入德之要，痛詆窮理，主張訓詁，而託之唐、虞、周、孔正傳止於小學。巧眩移目，新聲悦耳，新學小生，胸未有知，承竅附和，遺誤狂惑，其爲學術人心之害，豈細故與！

《四庫提要》論惠氏《九經古義》曰："古者漆書竹簡，傳寫爲艱。師弟相傳，多由口授。往往同音異字，輾轉多歧。

又六體孳生，形聲漸備。毫釐辨别，後世乃詳。古人字數無多，多相假借。沿流承襲，遂開通用之門。談經者不考其源，每以近代之形聲，究古書之義旨。穿鑿附會，多起於斯。”云云。① 故謂説經者，不可不治《説文》，此同然之論也。揭《説文》以爲標幟，攘袂掉臂，以爲説經之宗，則淺陋卑狹甚矣！昔顔黄門雖信《説文》，然又曰“其所援引經傳，與今乖者，未之敢從”。因論《説文》解“䆃”是禾名，引《封禪書》“䆃一莖六穗於庖”犧爲證，②以爲不達文章之體。③

孙氏星衍曰：“唐、虞、三代五經文字，毁於暴秦，而存於《説文》。《説文》不作，幾於不知六義；六義不通，唐、虞、三代古文不可復識，五經不得其本解。《説文》未作以前，西漢諸儒得壁中古文《書》，不能讀，謂之‘逸十六篇’。《禮記》，七十子之徒所作，其釋《孔悝鼎銘》‘興舊耆欲’，及‘對揚以辟之勤大命’，或多不辭，此其證也。”

---

① 此下道光本尚有“按以此義求之近人説經，無過高郵王氏《經義述聞》，實足令鄭、朱俯首，自漢唐以來，未有其比也。然王氏所以援據衆説，得真得正確不可易者，不專恃《説文》一書也”一段，底本删去。

② 按此引文出《史記》卷一一七《司馬相如列傳》，非出自《封禪書》，方氏誤。又原文爲“䆃一莖六穗於庖，犧雙觡共抵之獸。”方氏誤以“庖犧”爲人名，至破句讀之。又後一“䆃”字，方氏誤爲“導”，今據改。

③ 自“昔顔黄門”至此，道光本原文作：“李仁甫曰：學無小，而古則謂字書之學爲小，何哉？亦志乎學當由此始爾。凡物雖微，必有理存，何況斯文。幼而講習，磨礲浸灌之久。逮其長也，於窮理乎何有？不則躐等陵節，君子不貴也。今學者以利禄之路初不假此，遂一切棄捐。不省喜字書者，求其心畫端方，已絶不可得，但肆筆趁姿媚耳。偏旁横竪，且昏不知，矧其文之理邪？先儒解經，固未始不用此，匪獨王安石也。安石初是《説文》，覃思頗有所悟，故其解經，合處亦不爲少，獨恨求之太鑿，所失更多。不幸驟貴，附和者益衆，而鑿愈甚。蓋字有六義，而彼乃一之，雖欲不鑿，得乎云云。是則通人之論也已。”

按,此等議論,乍看似甚淵雅,義據通深。故宿士新學,皆爲所眩,信之以爲極論。若以實考之,乃不根之談也。許沖上表言“今五經之道,昭炳光明。而文字者,其本所由生”云云。語意分明,蓋謂經義本解已著,此特引證,用以説解文字耳。今謂《説文》未作,“五經不得本解”,殊爲傎誤。至壁經自是古文,許君所説,自是秦篆。《説文》所重籀古,僅千一百六十三字。徐鍇曰:按蕭子良云,籀書即大篆,新臣甄豐謂之奇字,史籀增古文爲之,故與古文異也。則謂唐、虞、三代古文,存於《説文》者,雖頗有之,而世或不辨,疑莫能明也。嘗試考之,《説文》於籀古外,所引七經,曰皆古文者,謂孔壁字形本如此,别於山川奇字,及籀、斯所改大、小篆也。籀改古文,與古文或同或異,度斯改籀文亦然。皆頗有省改,而非盡變其迹。如“系”字,籀文从爪从絲,小篆既省爪爲丿,又省雙“系”爲單“系”,是也。其形與古文雖頗有異同,而大體相類,徐鍇曰:籀文字體繁複,與古文並行,故孔子時經復行古文也。秦政嚴急,務趨約易,李斯頗删籀文,謂之小篆,《會稽山銘》及今之小篆是也;苛暴尤甚,篆復不足以給,故程邈作古隸以自贖,字畫曲折,點綴易成,即今之隸文,但無八法而已。李斯小篆,隨筆增減。所謂秦文隸字,體或與小篆爲異,其中亦多云此籀文、此古文也。謂之“科斗書”,蓋時人不識,象其形而爲之名。《史記·儒林傳》、《漢書·藝文志》及許氏《説文》,皆云古文,不云科斗。云科斗者,僞《孔序》及鄭氏之言耳。《序》云:“百篇之義,世莫得聞。魯共王壞孔子宅,於壁中得古文書及《左傳》、《論語》、《孝經》,皆科斗文字。”又曰:“科斗書廢已久,時人無能知者,以所聞伏生之《書》,考論文義,定其可知者,以隸古定,以汗簡寫之,增多伏生二十五篇,其餘錯亂磨滅弗可知。悉上送官,藏之書府,以待能者。”云云。鄭氏曰:“《書》初出屋壁,皆周時象形文字,以形言之爲科斗。指體,即周之古文。”徐鍇《説文繫傳》曰："古者以鳥迹爲始，即古文也。書有工拙，或引筆爲畫，頭重而尾纖，取類賦名，謂之科斗，孔子壁書滕公墓是也。"又曰："許氏《序》前言自秦興隸書，古文從此絶矣。魯共王所得，世間無之。鄭、徐二説，皆釋科斗名義，及古文復出之迹，非謂世無識其音讀者。衛恒《四體書勢》序古文曰：'自秦用篆書，焚燒先典，古文絶矣。漢武帝時，魯共王壞孔子宅，得《尚書》、《春秋》、《論語》、《孝經》，時人已不復知有古文，謂之科斗書。漢氏秘藏，稀得見之。'據恒意，特時人不知此爲古文，因名之爲科斗書耳。"閻若璩云："科斗書，漢時盛行，且著之功令。見《藝文志》蕭何《草律》。"云云。按，《志》所叙六體，止曰古文，不曰科斗。閻意蓋指古文即是科斗，語雖小差，旨自不誤。徐鍇《序》五體正文，一曰古文，二曰科斗。亦謂即古文而稍異者耳，皆不云世無識讀者。杜預《左傳後序》記《汲冢書》云："皆簡編科斗文字。"又云："科斗文久廢，推行不能盡通。始者藏在秘府，予晚得見之。"孔《正義》曰："科斗文者，周時古文也。其字頭麤尾細，似科斗之形。"又云："詔荀勗、和嶠以隸字寫之，勗等於時已不能盡識。"云云。據此自説汲冢，非謂孔壁古文，①今《説文》中所載是也。許氏明云孔子書六經，皆以古文，厥意可得而説，非不識也。和嶠、杜預之世，隸楷已行，故人不識古文。若安國時，古文在六體試學者之首，何爲不識？總之，安國《古文尚書》但未列學官耳，非不識其字，一也；兩漢儒者，非不見古文，古文並未亡，二也；其古文即今所載於《説文》者，非正始後僞造頭麤尾細之俗體，三也。鄭以前但謂之古文，無科斗之名，許慎父子及孟堅《藝文志》，皆稱"古文"、"古字"，不云有"科斗"之名也。馬貴與、顧亭林所説，似皆失之。② 衛恒曰："魏初傳古文者，出於邯鄲淳。正始中立《三體石經》，③轉失淳法，因科斗之名，遂效其

① 刊誤本"古"字前尚有"若孔壁"三字。

② 自"杜預《左傳後序》"至此，道光本原文作："杜預曰：科斗書久廢，推尋不能盡通。殆沿《孔序》之謬，而又惑於正始僞體而然與？"

③ "體"，衛恒《四體書勢序》作"字"。

形。"云云。據此則後世所傳科斗書形，所以與《説文》不類者由此，而章懷太子又誤以爲蔡邕石經也。徐鍇《説文繫傳》曰："古文、科斗、大、小篆、隸書，此五體皆正文也；而鳥蟲書、刻符、殳書之類，隨事立制，同於圖畫，非文字之常也。又《穆天子傳》、《山海經》、諸子所有異字，本皆篆體相承，隸書乖紕貤謬，未始有極，《古文尚書》足以證矣。五體之外，漢魏以來，懸鍼倒薤，偃波垂露之類，皆字體之外，飾造者可述。而齊蕭子良、王融、韋仲將、庾元威之徒，隨意增益，妄施小巧。至於宋景之史、秋胡之妻，皆令撰書，厚誣前人，以成己學。是以王融作七國時書，皆成隸字，其爲虚誕，不言可明。是以一百二十文體，臣所不敢言也。"云云。又如晋太康《汲冢古文》，齊文惠太子所得雍州科斗文，皆在許氏之後，不可以據難《説文》，不復論也。又按，杜陵秋胡，善爲古隸，非魯人挑妻者也。事見《西京雜記》。此云"秋胡之妻"，"之妻"二字羨文，《繫傳》誤也。① 若考其實，不過古文之稍異者耳。如《説文》見存七經之字皆是，非必不能識讀。《藝文志》偁劉向校三家經文，字異者七百有餘；《孝經》異者，四百餘字。借使逸十六篇，人不能讀，則當日所偁"以隸古定"者，果何謂也？《史記索隱》曰："以今文讐古篆隸、推科斗，以定五十餘篇。"語雖拙昧，知逸篇亦以隸定之也。《藝文志》劉向以中古文校三家經文，偁古文讀應《爾雅》，故解古今語而可知也。劉、班事言如此，古文非不能讀明矣。而《禮記》、《春秋》、《論語》、《孝經》，皆爲古文，叔重安得傳其讀以説而解之哉？叔重序壁經古文，及張蒼所獻郡國所得前代古文，明曰"皆自相似，雖叵，復見遠流，其詳可得略説"，不云人不識讀也。許《序》曰"今序篆文，合以古籀"，籀不待言也。所謂古文有二：一爲山川奇字，王莽時，六書所謂奇字者，此與籀文皆在所重千一百六十三字之中；一爲孔子

① 自"又按杜陵秋胡"至此，道光本所無。

壁經，康成所謂周代之古文，王莽時六書所謂一曰古文，孔子壁中書是也。凡今《説文》所存七經之字皆是，故曰皆古文也。其字形與小篆大體相似，但所从偏旁、點畫、結作異耳。如無有作"𢻻芎善射"之類，抑或竟與小篆不異，如《詩》爲"絇"，《書》作"繪"之類是也。顧亭林氏曰："孔安國《書序》所謂爲隸古定，《正義》曰就從隸定之，故曰隸古，言雖隸而猶古。是西京之世所云古文者，不過隸書之近古者而已。而共王所得科斗文字，久已不傳。唐玄宗所云六體奇文，蓋正始之書法也。"董彦遠《古文集類序》云："孔安國以隸古易科斗，故漢人不識古字；開元又廢漢隸，故唐人不識隸古。"王厚齋駁之曰："今案《書序》爲隸古定，《正義》謂就古文體，而從隸以定之，雖隸而猶古。蓋从古則可愛，爲隸則可識，非謂隸書爲隸古也。"按，如厚齋意，猶後人法帖釋文耳。鄭樵云："《古文尚書》，唐明皇更隸以今文。"鄉先輩姚薑塢先生曰："穎達作疏時，必已作楷書，不待開元始改。馬貴與云：漢之所謂古文者，科斗文；今文者，隸書也。唐之所謂古文者，隸書；今文者，世所通用之俗字也。隸書秦漢間通行，至唐則久變爲俗書矣，何《尚書》猶存古文乎？蓋安國書至隋唐間方顯，往往人猶以僻書奥傳視之。繕寫傳授者少，故所存者皆古物，尚是安國所定之隸書，未嘗改以從俗字。猶今士大夫家，有奇異之書，世所罕見者，必是舊本，且多古字是也。馬氏此説亦非。作序者自云：以竹簡寫之，此書梁、隋間，蔡巢、費顧，相承作疏，豈猶竹簡乎？此猶漢人偁《古文尚書》，以别夏侯、歐陽耳，不聞仍作科斗書也。"又曰："如果當時有隸古定之書，藏之書府，漢世言小學者，何不一及之？但言孔氏古文而已。是古文非人所不見，而安國之隸古定，實無有也。陸氏《釋文序》云：《尚書》之字，本爲隸古，既是隸寫古文，則不全爲古字。今宋、齊舊本，及徐、李等音，所有古字，蓋亦無幾。穿鑿之徒，務欲立異，依旁字部，改變經文，疑惑後生，不可承用。"阮氏元曰：是所謂古文，不過如《周禮》、《漢書》，略有古體，及假借、通用之字而已。晁氏《讀書志》云：陸德明獨存一二於《釋文》，正與古字無幾相合，若是連篇累牘，悉是奇字，陸氏豈得或釋或不釋哉？徐鍇曰：王僧虔云，秦獄吏程邈，善大篆。得罪囚於雲陽，乃增減大篆體，去其繁複，始皇善之，名其書曰隸書。班固云：謂施之於徒隸也。即今之隸書，而無點畫俯仰之勢，故曰古隸。杜陵秋胡善古隸是也。據以上諸説，所爭隸古定，訖無定論然。余按，徐鍇曰：叔重所解，解其義也。點畫多少，悉按程式。據此則《説文》見存古文，所謂書孔氏者，必是壁書本來字體如此。知者叔重，斷不以秦隸，徑稱之爲孔壁古文也。則董氏所云漢人不識古字者，固不經；而亭林所謂近古者，亦影響也。不如阮氏説最優。

世人未細玩《説文》，既不辨所引七經古文與秦篆何别，又未詳讀《許序》，只知以所重古文爲古文，而不辨所存七經古文爲何形也；又惑於後世所傳科斗僞體，與《説文》字形不類；又惑於僞《序》及杜預等，偁科斗書久廢，時人無能知。故妄謂西京諸儒，得壁經不能讀。又見世儒爭孔氏《古文尚書》亡絶晦顯異同，茫如墮烟霧，求其説而不得，故妄意壁《書》之亡，由於不識科斗所致。夫許君明曰："王莽時有六書，其詳可得略説，後經世人詭更變亂，鄉壁虚造，不合孔氏古文，謬於史籀，乃博考通人，遵修舊文，作《説文解字》，所引七經，皆古文也。"其《自序》明白如此，是西漢古文未絶，無緣人不能知不能讀也。

故凡先儒偁孔氏古文亡絶者，其事有二，學者茫昧，率多牽混。不知陸、孔所謂孔氏古文絶者，安國《古文尚書》也；許氏所謂古文絶者，小學字體也。謂秦初興篆隸時事，其實漢興，古文已復行矣。小學之事，西京爲盛，無緣待許叔重而後識古文也。《漢書·藝文志》，蕭何草律著法，"太史試學童，能諷書九千字以上，乃得爲史。又以六體試之，課最者，以爲尚書御史史書令史"。又曰："漢興，閭里書師合《蒼頡》、《爰歷》、《博學》三篇，爲《蒼頡篇》；武帝時，司馬相如作《凡將篇》；元帝時，史游作《急就篇》;成帝時,李常作《元尚篇》;[1]元始中,徵天下通小學者以百數,揚雄作《訓纂篇》,臣復繼作十有三章。六藝群書,於兹略備矣。"又《儒林傳》:"司馬遷亦從安國問故,遷書載《堯典》、《禹貢》、《洪範》、《微子》、《金縢》諸篇,多古文家説。"徐鍇曰:"按《漢書》李斯《蒼頡篇》中多古字,俗師失其讀。宣帝時,徵齊人能正讀者,張敞受之,傳之外孫之子杜林,爲作訓也。又叔重《序》稱杜業、爰禮、秦近能説文字。《後漢書·盧植傳》稱古文、科斗,近於爲實,而抑之流俗,降在小學。中興以來,通儒達士班固、賈逵、鄭興父子,並敦説之。"則謂《説文》未作,西漢諸儒得古文《書》不能讀,謂之"逸十六篇",斷斷乎其不然也！且謂之"逸十六篇"云者,其名與事與義各不同。《史記·儒林傳》、《漢書·藝文志》、孔安國《書序》、陸氏《釋文》,或云"十餘篇",或云"十六篇",或云"二十五篇";云"得"、云"多"、云"增多",别於伏生今文二十九篇。而言其以"逸"爲"亡逸"。安國既獻後,遭巫蠱事,未列於學官,所上古文真本逸,其副本藏家,孔霸、孔煜、孔僖,世傳古文。授都尉朝,實未逸。《安國傳》云"起其家逸書",此"逸書"是指《書》名,即指孔壁古文,故漢儒與《逸禮》、《逸易》並稱,後人以被之安國獻後之亡,遂謂亡逸,況本未亡乎?馬融云《逸書》十六篇,絶無傳説,謂安國未嘗作《傳》,明白如此。《范史·張楷傳》"通《古文尚書》",《劉陶傳》陶明《尚書》,"爲之訓詁,推三家大、小夏侯與歐陽和伯也。及《古文》,是正文字三百餘事,[2]名曰《中文尚書》"。又《晋書·伏湛傳》,[3]永和元年,詔伏無忌"校定中書經"。歷考史

① "常",《漢志》作"長"。

② "三",《後漢書》卷五七《劉陶傳》作"七"。

③ 按方氏所引文,見《後漢書》卷二六《伏湛傳》,方氏稱"晋書"者,記憶偶誤耳。又下文"中書經"《伏湛傳》作"中書五經"。

文,安國《古文》未嘗亡,亦無傳。唐孔氏以晋世所出僞《古文》爲真《古文》,爲漢儒所不見,一謬也;又以馬、鄭所注爲張霸書,二謬也。陸德明以馬、鄭所注爲伏生《今文》,閻百詩以馬、鄭所注爲杜林漆書《古文》,是二説未敢定之。但馬、鄭所注縱非《古文》,而劉歆所云成帝陳發秘藏,則安國所獻原本,西京之世同在中秘,未嘗亡也。[①]《逸書》之説多不一。《史記·儒林傳》:"安國以今文讀之,因以起其家《逸書》,得十餘篇。"此自指壁中古文。故《楚元王傳》劉歆同《逸禮》並偁之,《論衡》同《逸易》並偁之。馬融《書序》所謂逸十六篇,康成注《書序》曰亡、曰逸,皆即謂此所增多十六篇,别於伏生今文所有二十九篇者而言。《藝文志》曰:"以考二十九篇,得多十六篇。"師古曰:"見行二十九篇之外,更得十六篇。"《疏》謂:"十六篇即二十五篇,以《序》附近各冠篇首,故謂之二十四篇。"鄭注《書序》:《舜典》一,《汨作》二,《九共》九篇十一,《大禹謨》十二,《益稷》十三,《五子之歌》十四,《胤征》十五,《湯誥》十六,《咸有一德》十七,《典寶》十八,《伊訓》十九,《肆命》二十,《原命》二十一,《武成》二十二,《旅獒》二十三,《冏命》二十四。疏又云:孔於伏生二十九篇内,無古文《泰誓》,除《序》尚二十八篇,分出《舜典》、《益稷》、《盤庚》二篇、《康王之誥》,爲三十三,增二十五篇,爲五十八篇。鄭則於伏生二十九篇内,分出《盤庚》二篇、《康王之誥》一篇、又《泰誓》三篇,爲三十四,更增僞書二十四篇爲五十八。又云:以此二十四篇,爲十六卷,以《九共》九篇共卷,除八篇,故爲十六篇,合於劉向《别録》、《藝文志》之數。又云:孔《書》古文,多十六篇,篇即卷也。即此僞《書》二十四篇。又云:遂有張霸之徒,僞作此二十四篇十六卷,附以求合於孔氏之五十八篇四十六卷之數。劉向、班固、劉歆、賈逵、馬、鄭之徒,皆不見真古文,而誤以此爲真古文之書。服虔、杜預亦不之見,至王肅似竊見之。《正義》序曰:古文則兩漢亦有所不

① 自"《安國傳》云"至此正文及注文,皆道光本所無。

行。安國注之,實遭巫蠱,遂寢而不用。歷及魏晋,方始稍興。故馬、鄭諸儒,皆莫覩其學,所注經傳,時或異同。晋皇甫謐,獨得其書。疏又引《晋書》梁柳、鄭沖、梅賾傳授奏上施行之事。姚先生曰:考其年歲,安國先卒,實不及見巫蠱之起。班氏特序其未立學官之故,非必即獻書之時也。又曰:沖遠尊信《僞書》,既誤以張霸之《書》爲馬、鄭之古文,復以馬、鄭所傳真古文爲《僞書》。惟以十六篇,即十六卷,即鄭所開二十四篇,此説可據。按,疏偁劉向、班固、劉歆、馬融、服虔、鄭玄、杜預,皆不見古文。是以"逸"爲"亡逸"之"逸"。故曰古文有《仲虺之誥》、《太甲》、《説命》等見在。而鄭注曰"亡",其《汩作》等十三篇見亡,而注曰"逸",是不見古文也。又偁《孔傳》增多二十五篇,與鄭注曰"逸"者,篇目不同,據《僞孔書》也。姚先生曰:按"亡逸"二字,不知若爲分別。亡者,疑其書已亡;逸者,疑其散逸零亂,不能爲傳注也。梁劉顯對任昉,以爲見其一二語,則云"逸";並一二語亦不見,則云"亡"。近世毛奇齡云:當時注曰"逸"者,以不列於學官。閻若璩曰:康成注《書序》,曰"亡"曰"逸"。逸者,孔壁《書》也。又曰:孔《書》原未有《大序》與《傳》,馬、鄭《書序》所謂逸十六篇,絶無師説。及漢室中興,衛宏著《訓旨》於前,賈逵撰《同異》於後,馬融作《傳》,鄭玄作注,孔氏一家之學,粲然矣!不意鄭氏而後,寖以微滅云云。是閻意以馬、鄭所注爲真古文,但後又亡耳。而《釋文》云:馬、鄭所注,並伏生今文,非古文也。孔氏之本絶,是以馬、鄭、杜預之徒,皆謂之《逸書》,是陸意謂孔氏五十九篇皆絶也。《隋志》亦云:杜林、賈逵所傳,馬、鄭所注,惟二十九篇,又雜以今文,非孔舊本,自餘絶無師説。疏謂庸生、賈、馬所傳孔學經文,止三十三篇。古經無五十八篇及傳説,良由孔注散逸。今按鄭注曰:逸除《汩作》等十三篇,其餘篇目,馬、鄭所注,尚存釋文。故凡漢儒所謂"逸",皆非謂"亡逸",以此十六篇出於屋壁,號之曰《逸書》云爾,亦非因不立於學官謂"逸",未列學官,合四十六卷,不當僅十六篇也。但孔實未有傳注,故馬融謂"絶無師説"。唐陸氏、孔氏,誤信僞《序》,謂孔有《傳》而疑馬、鄭,故致紛紜百端。愚竊斷以孔壁原本未亡,馬、鄭所傳難定,而孔本實至晋唐乃寢息耳。① 又《序》偁五十九篇外，其餘錯亂摩滅，弗可復知，悉上送官。故《疏》云：以待能整理讀之者。其可知者，固云以竹簡寫之，非不能讀也。孫氏誤會疏語，謂十六篇亦不能讀耳。《史記索隱》孔臧云：臧聞《尚書》二十八篇，取象二十八宿。何圖乃有百篇邪？劉歆移書太常博士，欲建立《古文尚書》，云學士因陋就寡，以《尚書》爲備。臣瓚曰：當時學者，謂《尚書》唯有二十八篇，不知本有百篇也。此與孔臧語同意。據歆既責短世俗，止知以二十八篇爲備，而欲建立古文，可知古文十六篇見在。又云：藏於秘府，伏而未發。孝成皇帝，閔學殘文闕，乃陳發秘藏，校理舊文。民間有膠東庸生，學與此同。《藝文志》著《尚書》古經四十六卷，偁向以中古文校三家經文，又偁古文讀應《爾雅》。故《儒林傳》言以中書校張霸百兩，非是後黜。諸言古文《書》及古文，明白如此，不知後儒何猶紛紛妄偁劉、班不見古文，科斗久廢，時人不識也。

今謂《説文》未作，西漢諸儒得《古文書》不能讀，謂之“逸”，真影響也！且賈逵傳杜林《古文尚書》，撰《古文同異》，爲之作訓，而許君親受古文於逵。謂逵所傳，即安國古文乎？是安國讀已得之，何謂十六篇不能讀也！許君自序曰“《書》孔氏”。謂杜林、賈逵所傳，非孔氏古文乎？則《説文》本賈逵而作，賈且非是，許君安得是乎？至於《禮記》，經二戴删定，康成依盧植、馬融本作注，後以古文校之，取其義長者順者，爲鄭氏學。則《孔悝鼎銘》，鄭氏讀已得之。借使誤“興舊”爲“興舊”，其義亦難遽定。鄭君於許君，同世而差後，其注經也，嘗三引《説文》，又駁《五經異義》，則不用“舊”以爲説者，非不見古文也。借使古文《禮記》“興舊”果作“興舊”，鄭君於“舊”字下，何得不引《説文》以解之乎？

---

① 自“愚竊斷以”至此，道光本原作：“愚竊斷以孔壁原本真亡，馬、鄭所傳，蓋安國家副本。至晋、唐乃寖息耳。”

此至明之徵也。考衛正叔《集説》，凡引一百四十家，自鄭注孔疏而外，原書今無一存者。所載釋《鼎銘》者，鄭、孔而外，方氏、馬氏、陳氏、應氏、陸氏數家，多唐、宋以下人。若西漢諸儒誤讀之處，今無由知之，而曰“此其證也”，證安在乎？嘗試博考之，惠氏棟校《禮記》有云：後人作《禮記》注，排觝先儒不識句讀，以“辟之勤大命”爲句，不辭甚矣！此余得惠氏傳校本見之，惠氏書刊行本，及《古義》中皆無之。惠氏所譏，自宗鄭讀，鄭讀“對揚以辟之”爲句。對，遂也；辟，明也。言遂揚君命以明先祖之德也。而短方氏、馬氏，方解“辟”，蓋辭遜之也。對揚吾君之休命，而不敢自當焉，故避之也。馬解銘於太常，祭於大烝，鼎乃王之鼎。朱子曰：方、馬二解，儘有好處。如以“辟之勤大命”，施於烝彝鼎爲句，極是。辟，乃君也。以君之命銘彝鼎也。其意亦譏朱子。今孫氏乃牽混以被之西漢諸儒，移形换響，以欺未學之人而已。是並惠氏之言，尚未能解也！

惠氏曰：《通俗文》惜不傳。蓋因南宋俗儒，空談道學，凡有用之書，至南宋而皆亡矣。

此惠氏校《毛詩・小雅・都人士》釋文，引《通俗文》“長尾爲蠆”之語。按，李虔《通俗文》，不過小學之支流餘裔，《通俗文》不知誰制？顔《家訓》、阮《七録》，及隋、唐二《志》，説各不定。即以爲有用亦可。至南宋諸儒所得，豈止於此？斥之爲俗儒，則失是非之心矣。《一切經音義》引《通俗文》如“兩複爲帊”、“瘡瘢曰痕”、“段具曰鉆”、“出脬爲屎”、“疏門曰樞”、“欲燥曰曬”、“樹鋒曰杪”、“捫摸曰揗”、“縣鎮曰縋”、“垮土曰坌”、“入口曰呏”、“侏儒曰矬”、“咀齧曰嚼”、“沉取曰撈”、“去汁曰潷”、“物傷濕曰黴”、“小兒戲謂之狡獪”，凡如此等，皆於經義爲用甚鮮。蘇子由有言：小學之事，有《集韻》、《類篇》二書，大體已備，況《説文》、《玉篇》、《干禄字書》、《九經字樣》等現存，其他唐、宋人所著小學書甚衆，政無用張皇也。

莊氏炘曰：“古書亡於南宋，隋唐書目所有，十不存一，當由空談性命之過。小學書自《方言》、《説文》、《廣雅》而外，僅存《玉篇》，已爲孫强所亂。後學鑽仰，惟陸德明《經典釋文》、李善《文選注》，最稱博贍，引書數十百種。”云云。

此莊氏炘《一切經音義序》之言。按此序前云：“此書自唐以來，傳注類書皆未及引，通人碩儒亦未及覽。閲千餘年，而吾友任禮部大椿、孫明經星衍，始見此書。”其言既已明矣，而此下忽云“亡於南宋，由空談性命之故”云云。[①]不顧理實，並不顧自己前後言語脱節。此書之佳，在多引群籍，藉存古書。然據阮氏《揅經室外集·提要》稱，雖著録《唐志》，實從《釋藏》中刊印，蓋其罕傳於世也久矣，非南宋始亡也。

按《隋志》所有書目，盡於江都。王明清《揮麈録》引唐杜寶《大業幸江都記》云：[②]煬帝聚書至三十七萬卷，皆焚於江都，其目中所有，蓋無一帙傳於後代。元行沖、毋煚所上《群書四録》、二百卷。《古今書録》，四十卷。及天寶更造《四庫書目》、《開元書目》，《崇文總目》云四十卷。其所著録，經禄山之亂，尺簡不存。志言藏書“莫盛於開元，其著録者五萬三千九百一十五卷。而唐

① 此下道光本尚有“隨口駕誣”四字，是本删去。
② “清”，原作“卿”，《揮麈録》著者爲王明清，今據改。

之學者自爲書,又二萬八千四百六十九卷"。分甲、乙、丙、丁爲四部。《玉海》言:"兼不著録者言之,總七萬九千二百二十一卷,或云八萬九千六百卷。"《舊·經籍志》:"凡四部書,兩京各一本,共一十二萬五千九百六十卷。"《新志》云:"有名而無書者,十蓋五六。""而俚言俗説,猥有存者,亦有幸不幸與!"後元載及文宗時,鄭覃奏求書,於是四庫復完。昭宗時,秘書省奏原掌四部御書十二庫,共七萬餘卷,黄巢之亂,蕩然無遺。後唐莊宗同光中,募求獻書,又訪圖書於蜀,得《九朝實録》及他雜書千餘卷而已。五季時,右掖門三館,止十餘楹,書纔數櫝。《玉海》注云:"先是,朱梁都汴,以今長慶門東北廬舍十數間,列爲三館。"建隆初,三館書僅一萬二千餘卷。及平諸國,收圖籍,江南、蜀最多。開寶中,參以舊書,爲八萬卷。太平興國二年,始於乾元殿東改建三館。三年成,詔賜名崇文院。雍熙中,建秘閣書庫,分内庫書籍藏之。館、閣並稱以此。昭文書庫在東廡,集賢書庫在南,史館、秘閣皆在西廡。宋以史館、昭文館、集賢院謂之"三館"。太宗别建崇文院,中爲秘閣,藏三館真本書籍萬餘卷,置直閣校理。仁宗復命繕寫校勘,以參知政事一人領之。書成,藏於太清樓,而范仲淹嘗爲提舉。① 上謂侍臣,今三館貯書,數雖不少,若觀《開元書目》,即遺逸尚多,乃詔以《開元書目》比校,闕者搜訪。自建隆至祥符,著録總三萬六千二百八十卷。八年,館閣火。九年,新作崇文院。景祐初,命張觀、李淑、宋祁編校,上經史八千四百二十五卷;明年,上子、集萬二千三百六十六卷。復以書有謬濫不完,始命定其存廢,因仿《開元四部録》,爲《崇文總目》。慶曆初,書成,凡三萬六百六十九卷。王堯臣上新修《崇文總目》,《通考》作六十四卷。

① 自"宋以史館"至此,道光本所無。

《玉海》作六十卷。《中興書目》、《國史志》作六十六卷。然或相重，亦有可取而誤棄不録者。長篇亦云。《總目》亦有可取，而誤棄不録者。《四庫提要》云：鄭樵《通志》專作《校讐略》攻之，亦有切中其失者，然終在樵所作《藝文略》上十倍也。錢大昕云：天一閣有汪炤少山鈔本，其書有目而無叙釋，多注闕字。陳直齋所見即此本，題云"紹興改定"，今不復見題字。竹垞謂紹興中，因鄭漁仲之言，從而去其注釋。其説不確。① 熙寧、元豐以來，益事購求。政和七年，孫覿言：今累年所得，《總目》之外，幾萬餘卷。別製美名，以更"崇文"之號，名曰《秘書總目》。宣和初，建局繕寫，一置宣和殿，一置太清樓，咸平二年，詔三館寫四庫書籍二本，一置龍圖閣，一置太清樓。太清樓建於興國四年。《東京記》云：祥符初，建龍圖閣。據《史志》，咸平初已建。一置秘閣。又詔搜訪闕書。至靖康之變，散失莫考。以上據《通考》、《玉海》，撮其文。朱彝尊《明文淵閣書目跋》：按宋靖康二年，金人索秘書監文籍，節次解發，見丁特起《孤臣泣血録》。而洪容齋《隨筆》亦云："宣和殿、太清樓、龍圖閣書籍，靖康蕩析之餘，盡歸於燕。"云云。紹興初，再改定《崇文總目》、《秘省續編四庫闕書》。紹興十七年，鄭樵按秘省所頒《闕書目録》，集爲《求書闕記》七卷《外記》六卷。淳熙四年，少監陳騤編撰書目。五年，上《中興館閣書目》七十卷，計現在書四萬四千四百八十六卷；較《崇文》所載，多一萬三千八百十七卷。復參《三朝史志》多八千二百九十卷，《兩朝史志》多三萬五千九百九十二卷，令浙漕司摹板。嘉定三年，編次《中興館閣續書目》，得書七百五十二家，八百四十五部，凡一萬四千九百四十三卷。

① 自"《四庫提要》云"至此，道光本所無。

十三年，以四庫之外，書復充斥，詔張攀等續書目，又得一萬四千九百四十三卷。而太常、太史、博士之藏，諸路刻板，未及獻者不與焉。

由前而觀，隋唐書目所有，屢經兵燹，聚散不常，或爲《崇文》所誤棄，厥迹昭然。由後而言，南宋所得書，多於北宋數萬卷。《宋史・藝文志》"小學類"二百六部，一千五百七十二卷。而云隋唐書目所有之古書，亡於南宋，由俗儒空談性命之故，鑿空妄説矣！又按，大觀中，秘書監何志同言："漢著《七略》凡爲書三萬三千九百卷，隋所藏至三十七萬卷，唐開元八萬九千六百卷，慶曆間《崇文總目》凡三萬六百三十九卷。慶曆去今未遠也，按籍而求之，十纔六七，號爲全本者，不過二萬餘卷。"云云。晁説之曰："劉歆告揚雄云，三代之書，藴藏於家，直不計耳，顧弗多邪？今有一《周易》，而無《連山》、《歸藏》；有一《春秋》，而無千二百《國寶書》及不修《春秋》；有卿士大夫諸侯禮，而天子之禮，無一傳者。以《隋》、《唐・經籍志》、吴氏《西齋書録》求之，今其存者有幾也？"葉石林《過庭録》曰："承平時，三館所藏，不滿十萬卷。公卿名藏書家，多止四萬許卷，其間頗有不必觀者。惟宋宣憲擇之甚精，止二萬餘卷，而校讐詳慎，皆勝諸家。吾舊所藏，與宋氏等，而宋氏好書，人不多見者，吾不能盡得也。"宋人藏書之富，有宋宣憲、畢文簡、王原叔、錢牧父、王仲及荆南田氏、歷陽沈氏、譙郡祁氏、曾旼彦和、賀鑄、方回。[①]王明清《揮麈録》曰：[②]"承平時，士大夫俱有藏書之名，今

① 此段注文，道光本所無。
② "清"，原作"卿"，今改。

皆散佚。"靖康俶擾,中秘所藏,與士大夫家,悉爲烏有。南渡後,惟葉少藴少年貴盛,平生好收書,逾十萬卷,置之霅山弁山弁山在湖州,有石林谷,葉卜居於此。① 山居,建書樓以處之,極其華焕。丁卯年,其宅與書,蕩爲一燎。李泰發家,舊有萬餘卷,亦以是歲火,豈厄會自有時邪?《隋·牛弘傳》論書"五戹",魏華父言"藏書之盛,未有久而不戹者"。又《齊東野語》一條、近錢氏《養新録》一條,可知古籍散亡,②古今事勢類然。漢學家毒忌宋儒,動以莫須有之罪歸之,③世俗無聞者衆,眩於高名之游言,異書之難見,承虚易惑,將謂信然。吾故爲本之敦史傳記,著其實迹以明之。

大抵駁雜之書,爲大儒所不取,則有之;若有用之書,稍有識者,所不肯廢,南宋諸儒,何能廢之邪!徐鍇《説文繫傳·祛妄篇》云:"前代學者所譏文字,此"譏"字,徐氏用太史公《十二諸侯年表序》。《説文》:"譏,誹也。"《玉篇》:"嫌也。"《孟子》:"關市譏而不征。"趙注:"察也。"《王制》:"執禁以譏。"鄭注:"呵察也。此言疑而用察耳。"④蓋亦有矣。中興書闕,不可得盡。"鍇仕五季,精於小學,號最博洽,其言如此。又嘉祐中,蘇魏公編定《集賢書籍》,宋元憲謂曰:"知君校中秘書,皆以文字訂正,此正校讎之事也。"又曰:"文字之學,今世罕傳,《説文》之外,復得何書?"蘇以徐鍇《繫傳》爲對,公曰:"某

① 此段注文,道光本所無。

② 自"《隋·牛弘傳》"至此,道光本原作:"又據周密《齊東野語》所論一條,可知古籍散亡"。

③ 此下道光本尚有"信口駕誣"四字,是本删去。

④ 此段注文,道光本所無。

少時觀此，未以爲奇。其後兄弟留心字學，當世所有之書，訪求殆遍，其間論議，曾不得徐公之彷彿。"云云。宋公在嘉祐中，藏書最富，又精小學，其言如此。則謂小學有用書，亡於南宋，由空談性命之過，不亦誣乎！又顧亭林氏謂洪武平元，所收多南宋以來舊本，藏之秘府，垂三百年，無人得見。按明自永樂間，取南京藏書送北京。又命禮書鄭賜，四出購求，沈景倩《野獲編》"訪求遺書"一條，疏略不詳。① 修《永樂大典》，共二萬二千八百七十七卷，目録六十卷，鋟版十三，抄本十七。朱國楨曰：《永樂大典》，文皇命儒臣解縉，粹秘閣書，分韻類載，以備檢考，賜名《文獻大成》，復以未備，命姚廣孝等再修，供事編輯者凡三千餘人，二萬二千九百三十七卷，一萬一千九十本，貯之文樓。世廟時，三殿灾，命左右趣出之，夜中傳諭三次，故得不毁。又明年，重録一部藏之大内。我朝移之翰林院，今又移之文華殿。又《野獲編》云：英宗北狩，而南京内署諸書悉遭火，凡宋元秘本，一朝俱盡，而北京所收如故也。② 正統時，楊士奇修《文淵閣書目》十四卷。宣宗命楊士奇等輯《文淵閣書目》，第有篇名而無卷帙姓氏，稱缺略焉。其後内閣典司者，半係貲郎，於《四庫》之旨懵如，且秩卑品下，館閣之臣假閱者，往往不歸原帙。值世廟而後，諸主多不好文，不復留意查核，内閣之儲，缺佚過半。萬曆間，張萱更著《目録》，視前已十無二三。所增益者，僅近代文集、地志，其他唐宋遺編悉亡。又《野獲編》"先朝藏書"一條，言李繼先攘取，非楊升庵也。又明史官倪燦《明史藝文志序》最詳。此序《明史》所載不全，《盧文弨集》中載之。③ 我朝開四庫館，取四千九百四十六卷，經六十六種，史四十一，子一百三種，集一百七十五種。則南宋書留於明

① 此段注文，道光本所無。
② 此段注文，道光本所無。
③ 此段注文，道光本所無。

而未見者尚多,可得謂道學亡之乎?

戴氏曰:"衆家之書,亡於永嘉,師承不絶獨鄭氏。後儒不足知其貫穿群經以立言,又苦義疏繁蕪,於是競相鑿空。朱子嘗在朝,與議'父在孫爲祖承重服'。退居時,檢得康成答趙商問。因謂王介甫新經出,士棄注疏不讀,卒有禮文相視茫如。"云云。胡紘議寧宗爲孝宗服,止應期,朱子心非之,而無以折之。後見《鄭志》答趙商,乃有"諸侯父有廢疾,不任國政,不任喪"之問,而鄭答以"天子諸侯皆斬"之文,方定父在爲祖承重之服,因嘆"若無康成,此事終未有斷決"云云。①

按此事不過以《鄭志》一條,爲朱子所嘆耳,而張皇賣弄門面弔場如此,殊覺淺陋。鄭之可取,與朱子之取鄭,不止此一端。此正見朱子立心之大,取善之宏,而其不可從者,仍不之從,斯又朱子析理之精也。戴氏此條本意,蓋謂俗儒但知宗朱子,而朱子假非得吾家康成,則亦何所知,而今而後,爾曹可以知朱子之不足重,當亟舍之,而來宗吾康成也。毒螫之旨,蓋在言外,而豈知朱子固集群儒之大成乎?②

又曰:"後儒鑿空之説,歧惑學者,其弊有二:一緣詞生訓,一守訛傳謬。緣詞生訓,所釋之義,非其本義;守訛傳謬,

① 此段注文,道光本为正文。其曰:"按胡紘論寧宗爲孝宗服,止應期。以光宗雖廢,固尚在也。朱子心非之,而無以折。後見《鄭志》答趙商問,乃有'諸侯父有廢疾,不任國政,不任喪'之問;而鄭答以'天子、諸侯服,皆斬'之文,方定'父在,爲祖承重之服'。因嘆'若無康成,此事終未有斷決'云云。戴氏宗信鄭學,此論信正無病,亦衹依傍朱子,可知不能出朱子之教之範圍。"

② 此段正文,道光本所無。

所傳之經，並非其本經。”

按，此論是也。而亦宜分別言之。何者？若去義理，專以訓詁、小學説經，雖不鑿空，卻成穿鑿；其緣詞生訓，守訛傳謬，歧惑學者，更有甚焉。如諸漢學家所著書，十百條中不能一二得真得是，然無不各自矜爲得本經本意，誠有如荀悦《申鑑》所論云云，必也以義理、左驗，兩者相證，而折其衷，庶乎其不差耳。又諸漢學家，皆譏義理爲鑿空，亦是詖辭。須知孔子繫《易傳》，及子夏、子貢、孟子、《禮記》、《大學》、《中庸》諸篇及《孝經》等，凡引《詩》、《書》，皆不拘求訓詁。即漢儒如費直、匡衡亦然，不獨程子也。然而朱子訓詁諸經，一字一句，無不根極典謨，不如漢學家泛引駁雜，反指朱子引用正信者爲鑿空也。

段氏若膺曰：“義理、文章，未有不由考核而得者。《中庸》：‘君子之道，本諸身，徵諸庶民，考諸三王而不謬，建諸天地而不悖，質諸鬼神而無疑，百世以俟聖人而不惑。’此非考核之極致乎？聖人心通義理而必勞勞如是者，不如是不足以盡天地名物之理也。[①] 後之儒者，畫分義理、考證、文章爲三，區別不相通，其所爲細已甚焉。”

按，此宗旨專重考證，硬坐《中庸》此節，爲考證之學，謬而陋甚！聖人所謂“考諸三王”云云者，政謂義理之相印，所謂若合符節。豈如漢學諸人，以考證文字訓詁當之乎？閻百詩據《吕氏春秋》子夏辨三豕渡河事，稱爲聖門考

① “名物”，段玉裁《經韻樓文集補編》卷二《戴東原集序》作“民物”，當據改之。

校之學,既陋而可笑。其後段氏本之以發論曰“校書何放乎?放於孔子、子夏”。信駁雜之説,標之以爲宗旨,並誣聖人,愈妄而愈陋矣!夫義理、考證、文章,本是一事,合之則一貫,離之則偏蔽。二者區分,由於後世小賢小德,不能兼備,事出無可如何。若究而論之,畢竟以義理爲長;上聲。考證、文章,皆爲欲明義理也。漢學諸人,其蔽在立意蔑義理,所以千條萬端,卒歸於謬妄不通,貽害人心學術也。戴氏後猶知悔之。戴氏稱天下有義理之源、考核之源、文章之源。後曰“義理即考核、文章之源,義理復何源哉?吾前言過矣”云云。茲段氏復變本加厲,竟以考核爲聖人之急務,方共蔑棄義理、文章,專事考核。所謂未能識别然否,而輕弄翰墨,妄生異端,以行其説,愚誣甚矣!

曾子曰:“人之將死,其言也善。”戴氏臨終曰:“生平讀書,絶不復記,到此方知義理之學,可以養心。”此東原臨没時,與上元戴祖啓書所言,見戴本集。① 而戴祖啓與子衍善言,亦嘗述此語。衍善弟衍祥,爲余言之。② 此與王弇洲臨没,服膺震川,同爲迴光返照。蓋其天姿聰明本絶人,平日特爲風力陰識所鼓,不能自克。臨没之際,風力陰識之妄漸退,而孤明炯焉。乃焦氏循又從而爲之辭,以霾蝕之作《申戴》,極辨此爲非戴氏之言。且云“即如此,亦自爲戴氏之義理,而非宋儒之義理也”云云。夫古今天下,義理一而已矣。何得戴氏别有一種義理乎?此欲以美之,而不知反歸以惡也。

---

① 按方氏誤,此語不見戴氏文集,今見段玉裁《戴東原先生年譜》中。
② 此段注文,道光本所無。

又曰："由考核以通乎性與天道，既通乎性與天道矣，而考核益精，文章益盛，用則施政利民，舍則垂世立教而無弊。"

此段氏推尊戴氏之言，誕妄愚誣，絶不識世間有是非矣！無論戴氏蓋棺之論，未及於此，即其所尊爲導師，自賈、馬、服、鄭、揚雄、蔡邕、許慎、孫炎、郭璞、張揖、劉熙諸人，可謂真能考核名物、制度、訓詁、小學矣，而皆未聞其克通乎性與天道也。非惟不能，亦並未聞其嘗爲如是之言。此猶可見古人淳質，但自爲學，而不敢以之别標宗旨。罔道迷人，取譏達學也！

閻氏曰：秦漢大儒，專精讐校、訓詁、聲音。魏晋以來，頗改師法。《易》有王弼，《書》有僞孔，杜預之《春秋》，近有輯漢注《左氏》，以易杜注者，本此論。范寧之《穀梁》，《論語》何晏解，《爾雅》郭璞注，皆昧於聲音、訓詁，疏於校讐者也。疏於校讐，則多訛文脱字，而失聖人之本經；昧於音聲、訓詁，則不識古人語言文字，而失聖人之真意。若是則學者之大患也。隋唐以來，如劉焯、劉炫、陸德明、孔穎達等，皆好尚後儒，不知古學。於是爲《義疏》，爲《釋文》，皆不能全用漢人章句，而經學有不明矣。宋儒出，而以心得爲貴，漢唐之説，視之蔑如。宋元以來，言北海則爲俗學，言新安則爲聖學，習尚久矣。

此閻氏若璩序臧氏琳書語。專主漢儒讐校、文字、訓詁、聲音，而短魏晋以來師説，言殊乖謬。厥後段氏等諸人，議論宗旨一本於此。或言臧氏書，多爲其孫鏞所羼亂，此閻氏序，亦其僞託。按臧氏自言，治經必以漢注、唐疏爲主，是並未嘗詆薄陸、孔。又特著陸、孔傳，稱其大節，謂較之北海鄭公、范陽盧公無愧，學者尤宜師法。不特《釋文》、《正義》二書，爲千古模範，後世有徇利貪榮,苟免無恥,亦自命爲經生,斯孔、陸之罪人也。又稱六經傳注,當與六經正文,共垂不朽,即僞孔、杜預、王弼,皆不能廢其言。平允信正,不與閻氏所説同見。則此序爲臧鏞僞託,或有然也。段氏、江氏等,不能識真,以爲琳書閻説,因共附會之。范蔚宗有言:“千載不作,淵源誰澂!”則以漢儒章句,爲即聖人之本經本義,在漢儒已自有不肯信者,如荀悦所論是也。而閻氏乃從千載下,經累代諸儒講辨,經學大明之後,方復欲主張追而復之,豈非乖謬不通,至妄之邪説乎!漢儒雖專精,然豈必皆是?當時五經,已各異義。魏晋以下雖疏昧,然豈必皆無足取?傳注具存,可覆以稽。閻氏乃欲全用漢人章句,譏二劉、陸、孔好尚後儒,不知古學,而獨推臧氏,深明兩漢之學,此不過好生議論。假令唐賢當日,或如今閻氏諸人之見,專搜輯漢注,於魏晋以下,概從擯斥,則今日諸人,又不知若何嗟惜王輔嗣、杜元凱矣!夫謂北海爲俗學,此誠妄人。然實未聞宋元間,有名儒卻訾鄭學爲俗者,語既多誣。至因是發憤專主漢儒,盡斥魏晋以來,則亦悍然不顧,用罔不通,豈若朱子極推康成,又力尊魏晋諸儒注疏,兼收並取,惟是之從之爲允當乎?考臧氏之書,大率采取異本,訛文脱字,凡數百十條,皆迂僻固滯,雖有左據,而義皆短拙。而閻氏推之,以爲“一字一句,靡不精確”;錢氏推之,以爲“實事求是,別白精審”;段氏推之,以爲“精心孤詣,所到冰釋,發疑正讀,必中肯綮”;江氏聲推之,以爲“學識邁軼唐初諸儒之上”。任意標榜,阿好亂道,雖取人貴寬,而事關千古學術,豈可以義理朦朧,自貽闇陋之譏乎!

考漢學諸公,大抵不識文義,故於義理多失。蓋古人義理,往往即於語氣見之,此文章妙旨最精之説,陋儒不解也。如臧氏説《孟子》“夫子之設科也”，“子”爲“予”字之誤。不知此句若作孟子自道，則不特文勢弛緩不屬，令人索然，且似孟子自承認門人爲竊，大儒取友，乃收召無賴小人，污辱門牆，害義甚矣！漢儒之説，所以有不可從者，此類是也。按趙氏注稱：“孟子曰，夫我設教授之科”云云，又《章指》云“雖獨竊屨，非己所絶”，是殆直作孟子自認也。《論》、《孟》未經朱子訂正以前，如李翺《筆解》，東坡講“先進於禮樂”，韓愈論宰我、子貢、有若，智足以知聖之污等，多不可從，要當以義理長者爲定耳。《四庫提要·論語正義》下有云：“唐以前，經師授受，各守專門，雖經文亦不能畫一，無論注文。”然則臧氏所謂“有攸不惟臣，而齊后善歌”；“子曰：義以爲質，博學於文”等，皆不可據。又據唐石經，謂《詩》“蕭蕭馬鳴”，當爲“肅肅”，因引《毛傳》爲證。無論《開成石經》最劣，不足信據，而杜子美在前，已用“蕭蕭”，非石刻作“肅”，後人妄改加“草”也。即謂木版，在大曆之世，而子美讀已如此，可知非後人刓改也。按，《六部韻》以蕭、肴、豪、尤爲一部，顧氏《古音表》以蕭、宵、肴、豪、幽爲一部，孔氏《詩聲類》以幽、尤、蕭爲一部，段氏《音均表》以尤、幽爲一部而以蕭、茅等字隸之。皆以蕭就幽、尤。《離騷》、《九歌》，蕭讀若膴，以韻憂。然音可通，而義不可通也。《説文·艸部》“蕭，艾蒿也”，从肅得聲；《聿部》肅字訓“持事振敬”。《詩·烝民》“肅肅王命”，《小閔》“或肅或艾”，《書·洪範》“恭”作“肅”，訓皆同。《毛傳》言“不讙譁”，正形容得是時出師氣象，及詩人措語之妙。言但耳聞馬鳴，目見旆旌，肅然不聞人聲，故以“不讙譁”雙釋二句。若“肅”專屬“馬”，則此傳止當在“馬鳴”一句下，“旆旌”是無知物，非有血氣，豈亦可以“不讙譁”詁之乎？要之，此詩連下文皆有“肅”意，政不必獨於“馬”用本義。故朱子移《毛傳》“不讙譁”於“徒御不驚”之下，而於下節“有聞無聲”，亦以“至肅”解之也。劉勰云:“詩人感物,聯類不窮,流連萬象之際,沉吟視聽之區。寫氣圖貌,隨物宛轉;屬采附聲,與心徘徊,故‘灼灼’狀桃花之鮮,‘依依’盡楊柳之態,‘杲杲’爲日出之容,‘瀌瀌’擬雨雪之狀,‘喈喈’逐黄鳥之聲,‘喓喓’學草蟲之韻。”由勰此論,則“肅肅”狀馬聲甚拙,不及“蕭蕭”字遠甚,非但失義,並失情景之妙。臧氏謂“蕭涼”、“蕭條”,則入近人辭氣。不知“風雨瀟瀟”亦非近人詩也。瀟,《説文》“水名”。若詩人以狀風雨聲,則亦“蕭涼”意。又如段氏説《左傳》“人盡夫也”,當爲“天”字之誤。不知此句緊對上文“父與夫”句作答,又以見其母,爲機速婦人,一時相紿,倉卒情事,不暇顧理,口角如繪之妙。若作“天”字,則是其母正告以“三綱”之義,分義至重,安得“人盡”云云,而方教之以背其天乎?按《儀禮·士喪禮》期服章疏以“其出嫁天夫”,閩本誤上“天”字爲“夫”。曹大家《女誡》:“夫者,天也,固不可逃。”①

又錢氏大昕曰:《孟子》説《北山》之詩“勞於王事,而不得以養其父母”,此即《小序》也。惟《小序》在《孟子》之前,故孟子得引之。漢儒謂《小序》子夏所作,殆非誣矣。後儒去古益遠,欲以一人之私意,窺測古人,亦見其惑矣。錢氏此條不過攻朱子不信《小序》之痼習,但學者辨論經義,必須樹義明確,證佐不疑,屹如堅壘,使不可敗。而每觀錢氏之發難,率影響仿佛,似是而非,莫須有,亦可謂疏拙而不善興戎者矣。如此條《孟子》並無一言及《小序》,何得强據謂《孟子》引《小序》乎?《孟子》即據《序》,亦未嘗明言《序》爲子夏作,則安得謂《序》決爲子夏作乎?此與辨沈約《宋

① 此段注文,道光本所無。

書》陶淵明事，同爲罔人昧己之甚者矣。竊謂《詩》三百篇，必皆有本事，舊説相傳，更在子夏之前，孔子、子夏、孟子必皆見之，不則孔孟亦安能據之爲説邪？但後人失其傳，而有誤説之者，故不可全據。至於今所傳作序之人，世遠莫考，只當闕疑。主張之以爲攻朱子鐵案，則出私妄而無識也。石林葉氏曰："漢世文章未有引《詩序》者。魏黄初四年，詔引《曹風》'遠君子近小人'，蓋《詩序》至是始行。"按此亦未原其本。

又吴中友人顧廣圻千里，據宋刻坊本《列女傳》。按即顧《百宋一廛賦》中所稱"南城廢殿本"也。余舊在阮儀徵公處見之，本前有錢受之題云："亂後入宫，得於廢殿廊下，内一紙夾書某月日於'南城坊肆買進'，蓋是宫人命一内官購於外者。"此書"后稷"偶誤作"居稷"，傅會鄭注，以爲《尚書》本作"汝居稷"，而阮氏元亟喜之，[1]如獲明珠，以爲校書皆若此，真可寶，不愧讀書種子矣。愚按，古者臣亦稱"后"，如"群后德讓"，《周書》"乃命三后"、"三后協心"。后者，君也，猶曰"后夔"、"君奭"也。《詩・正義》曰：稷之功成，實在堯世，其封於邰，是堯封之。稷已封，故稱"后"；臯陶未封，故曰"作士"。吴氏引漢楊賜之言，以下文"命臯陶作士"，"作"之云者，輕之也，故不得與"后"同文。其言"輕之"語雖未融，而非以"居"與"作"對文明矣。若必如顧氏解，亦可稱"居夔"乎？"后稷"、"居稷"，無關要義，便文各讀，亦無不可。若必欲定於一，則如周公作詩，稱"時惟居稷"可也，曰"居稷呱矣"，尚可成辭乎？吾見此本沿俗，誤字甚多，如"國"作"国"、"學"作"斈"、"天下"作"天卜"，其他脱誤，不可枚舉，

① "阮氏元"，刊誤本作"阮儀徵公"。

皆沿坊本俗誤。乃阮氏重刊此本，悉從其誤而不敢易，毋乃過邪！朱子《韓文考異序》云："秘閣官書，則亦民間所獻，掌故令史所鈔，而一時館職所校耳。其所傳者，豈真作者之手稿而是正之者？豈盡劉向、揚雄之倫哉？讀者正當擇其文理義意之善者而從之，不當但以地望形勢爲重輕也。"盧文弨曰："毛斧季過信宋本，於其字之沿宋體者，亦規規然從之，此可不必也。"又何義門曰："今人不揆義理，而惟宋本是信，不可解也。"①

又陳見桃據《爾雅》切、磋、琢、磨四者，各爲治器之名，非有淺深。朱子釋爲"磋"精於"切"、"磨"密於"琢"，殆强經以就己説云云。按，《毛傳》雖本《爾雅》作四事解，然《爾雅》本以釋《詩》，訓詁之體，未暇釋意。武公作《詩》，子貢賦《詩》，不據《爾雅》。況《毛傳》云："道其學而成也，聽其規諫以自修，如玉之琢磨也。"亦本《大學傳》作二義，不析"切"與"琢"，"磋"與"磨"分言者，古人無此行文法，故貴以意逆志也。朱子釋之，至明而確，事理昭然，正合子貢之意。陳氏不諳文義，又不知説經與訓詁體例不同，又昧於事物之理，而妄譏之，謬矣！陳又言《我將》兩"右"，皆訓爲助，朱《傳》解"右"爲"尊"，此好新之過，天與牛羊叙尊卑，真屬戲論。按，解經好新，朱子所斥，漢學所尚，今反以誣之。訓"右"爲"尊"，本康成《禮記》注，非朱子新解。況所以解"右"字與舊説不同，朱子已自詳論其所以改之之故矣。陳氏皆未知，而妄以著書，以爲可以駁朱子，真不知量也！至謂以天與牛羊叙尊卑爲戲論，此輕薄無知之語。昔

① 自"又錢氏大昕曰"至此大段正文與注文，皆道光本所無。

高貴鄉公問博士,“乾爲天,復爲金、爲玉、爲老馬,與細物並邪”,語意同此,皆不通之論。夫天與牛羊何嫌?況屬詞比事,本非均敵,將亦以此譏孔子爲戲論,不知尊天乎!又於“既右饗之”,《集傳》云:文王降而在此之右,不知“此”字何指?文義難通。按,《説文》“此,止也。从止从匕。匕,相比次也”。徐鍇《繫傳》曰:“匕,近也,近在此也。”古人文法,多用以指上文。如《易·繫辭》“爻也者,效此者也”云云,《老子》曰“吾何以知衆父之然哉,以此”。若用以指現在,則如《左氏傳》韓宣子曰“起在此”,賈誼曰“今令此道順”,則又以指下文。《詩·賓筵》“凡此飲酒”,鄭箋云“‘凡此’者,凡此時天下之人也”①,則《集傳》所云,亦謂降在此堂,何不通之有?新學説經,所譏於唐宋諸儒,謂經字日訛,經義不合者,數百十條,大抵斷截小文,媟黷微辭,皆若此類。雖非閎旨所關,而疑似亂真,姑舉此數條以見例,學者推類以盡其餘可也。至其顯失,則不待辨。

段氏叙臧氏《經義雜記》論文字、形聲曰:“魏晋間師法尚在,南北朝説音義家雖多,而罕識要領,至唐顔籀作《定本》,陸氏作《經典釋文》,賈氏作《義疏》,②皆自以爲六藝所折衷,究之《定本》不可遽信,《釋文》、《正義》其去取甲乙,時或倒置。經字之日訛,而經義何能畢合也?”又江氏聲序臧氏書,論五經傳注曰:“唐初陸、孔,專守一家,又偏好晚近,《易》不用費、孟、荀、虞,而用王弼;《書》不用鄭氏,而用《僞孔》;《左

① 自“《詩·賓筵》”至此,道光本所無。

② “賈氏”,段玉裁《經韻樓集》卷八《經義雜記序》作“孔氏、賈氏”,與義爲全。

氏春秋》則舍賈、服，而用杜預；漢學之未墜者，惟《詩》、《禮》、《公羊》而已。《穀梁》退麋氏，而用范氏解，猶可也；《論語》用何晏，而孔、包、周、馬、鄭之注僅存；《爾雅》用郭璞，而劉、樊、孫、李之注盡亡；尤可惜者，盧侍中《禮記注》，足與康成媲美，竟湮没無傳。陸氏《釋文》，雖頗采諸家異同之字，而不能別白是非，且或是非顛倒，遺誤後人。宋元以降，鄶下無譏矣。承斯後者，欲正經文，刊訛字，復訓詁，俾各還其朔，豈不難哉！"江藩《漢學師承記序》曰："唐太宗命諸儒萃章句，爲注疏，惜乎孔沖遠之徒，妄出己見，去取失當，《易》用輔嗣而廢康成，《書》去馬、鄭而信《僞孔》，《穀梁》退麋氏而進范寧，《論語》專主平叔。棄珠玉而收瓦礫。宋承唐弊，而邪説詭言，亂經非聖，殆有甚焉！至元明以來，此道益晦，長夜悠悠，視天夢夢。"近吴中沈君欽韓《初學堂集》亦言："孔穎達者，賣國之諂子，枵然無得於漢學，蜣蜋之智，奉僞孔與杜預，而甘心焉。排擊鄭、服，不遺餘力。於是服氏之學，始歇終亡。"又曰："孔沖遠奉敕撰定《五經正義》，以昏髦之年，任删述之任。觀其尚江左之浮談，棄河朔之樸學，《書》、《易》則屏鄭家，《春秋》復廢服義。又論杜預起紈袴之家，習篡弑之俗，無王肅之才學，而慕其鑿空，乃絶智決防，以肆其猖狂無藉之説。劉炫之規，不足仆其短。"又曰："杜預以罔利之徒，懵不知禮文，蹶然爲之解，儼然行於世。害人心，滅天理，爲左氏之巨蠹。"云云。殆所謂習俗移人乎！

按，凡如此説，皆推衍閻氏之意，呰貶多誣，非止失平。竊謂唐初諸儒，奉敕作定本，作義疏，勢不能紛沓百家，並然衆説，不定一尊，以爲主體。若其去取，蓋亦有意，非徒師心自用也。一者，其時傳本，久軼不存。如費直以太傅説《易》，原無章句。《漢書·儒林傳》言"無章句"，《藝文志》言"民間有費、馬二家之説"，《釋文》言"有《章句》四卷，殘缺"。永嘉之後，施氏、梁邱之《易》，大、小夏侯、歐陽之《書》，齊轅固之《詩》，皆亡。《釋文》曰："《公》、《穀》二傳，近代無講者。恐其學遂絶，故爲立音，以示將來。"然則非由唐賢偏好晚近而廢之也。一者，當時棄短取長，原出衡鑑之公。如《詩》、《禮》、《公羊》，並用漢注。至盧植《禮記》，康成依以作注，是已經鄭氏裁取。當日《三禮》並用鄭氏，至今儒者以爲允，則固不能又用盧注。唐初，盧、鄭並存，後乃亡軼，非唐賢廢之也。賈、服《左》注，《隋志》言其浸微，孔沖遠稱其罕存。杜注之長，陸澄、王儉，已共推崇，崔靈恩、虞僧誕、姚文安，互相申難，則又非唐賢始尊之也。或云服注爲杜所攘，亦恐誣而非實。若使杜用服義，是服、杜固一家，衛冀隆及崔、姚諸人，據何異同而申難乎？以此推之，則其不用者，非本無全書，必義短也。顔、陸、孔、賈，學尚篤實，未必盡識見寡昧，不如今臧氏、段氏、江氏諸人也。其餘師説存者，多見本經注疏中。如何晏《論語解》，並存包、張、周、馬、鄭八家之説。《詩》、《禮》、《三傳》義疏，多存諸家之説。不得盡誣唐賢偏好晚近，而廢漢儒章句矣。

大抵論説經學，只當論其大體。唐人定注定本，大體已得矣。至諸家傳本之異同，及傳注之得失，縱其小失，不足以掩閎旨。今閻氏等，譏定本、譏義疏、譏《釋文》，以爲去取失當，是非顛倒，遺誤後人，經字日訛，經義不合。按，《釋文序》云：五經字體，乖替者多，如某某云云。直是字訛，不亂餘讀。又云："音堪並用，義可並行。或有多音，衆家别讀，苟有所取，靡不畢書，各題姓氏，以相甄録。"又曰："余既撰音，須定紕繆，若兩本俱用，二理兼通，今並出之，以明同異。其涇渭相亂，朱紫可分，亦悉書之，隨加刊正。復有他經别本，詞反義乖，而反存之者，示博異聞耳。"

則陸氏之於經字，亦可謂不苟矣。近歸安邵保初曰：六朝經義，散佚略盡，惟《經典釋文》，巍然獨存。前止作音，惟陸氏兼釋經義；前止音經，惟陸氏兼音注。體例獨别於諸家，而能集諸家之成，故爲不刊之典。其中《周易音義》，尤爲精博，雖以王弼爲主，而兼采子夏、京房、孟喜、馬融、鄭玄、劉表、荀爽、虞翻、陸績、王肅、董遇、姚信、王廙、干寶、蜀才、黄穎，旁及張璠，集解十數家，視李鼎祚尤簡而賅。窺其微意，似嫌王注空虚，故博徵古訓，以彌縫之。餘馬融《書》，韓嬰《詩》，亦存其概。音訓之詳，無愈於此。非徐爰、沈重、戚衮、王元規輩可及。《詩》音義舊有九家，陸氏訂爲一家之學。① 則吾見諸家所著書具在，其説乖違若彼，於經字、經義，果畢合乎？不顛倒失當，遺誤後人乎？士生後世，古籍日湮，網羅放失，兼而存之，斯文未隧，各有承業，迹其勤志，誠足嘉尚。而乃翻騰異説，橫暴先儒，是亦不可以已乎！

阮氏曰："自東晉、劉宋，至隋兼北朝，其間經史諸家，皆是極精極博極勤敏之時。南北朝人，學力之專之鋭之深，非後人所能窺企。中唐以後人，蔑視六朝，按此蓋暗指韓公也。然韓公是論文論道。不知唐初諸經正義，及敕修諸史，無不本於南北朝。人或攘或掩，實存而名亡。後人於南北朝之書，多不能解，即如陸法言等之音韻分部，幸爲中唐以後人所不解，故未經攘亂。原注云：韻學自國朝顧、江、戴、段諸君，始明古法，窮極精力，皆在陸法言範圍之中。其餘如三劉、熊、徐之於經疏，庾蔚之、崔靈恩之於《禮服》，吕忱、李登之於小學，徐廣、臧榮緒、姚察等之於史傳，皆非唐人所能及。唐初人猶讀南北朝之書，天寶以後，知其學者鮮矣。"

① "《詩》音舊有九家陸氏訂爲一家之學"句，道光本所無。

按，此論至公，遠出前閻氏、段氏諸人之上，可謂儒林讜議矣。然考其徒，有宗主是説而推衍之者，其義又失，如"詁經精舍"所有諸人之説，今附辨訂之。其説曰："魏道武以經術爲先，北學始基，是時南學未起。"又曰："北學自魏太和以後，劉芳、李彪諸人始至；大儒徐遵明出，遂開後齊、周、隋之派。"按，徐遵明康成《論語序》云：書以"八寸策"，誤作"六十宗"。簡策《左傳疏》最詳，須合《儀禮》及《中庸》疏觀之。鄭注《論語序》云：《易》、《書》、《禮》、《樂》、《春秋》，策皆二尺四寸，《孝經》謙半之。《論語》"八寸策"者，三分居一，又謙焉。按此《春秋》，國之策書，未修之《春秋》也，故不謙。然此等説，不成義理，康成之蔽也。① 因曲爲之説。則亦不得謂北學皆可信。史稱魏、齊雅詁奥義，宋及齊、梁所不能尚。又曰："晋自渡江以後，至宋元嘉，何尚之始創南學之目，迄梁天監遂盛。"又曰："南人之學，紹兩晋風也；北人之學，述兩漢傳也。"又曰："隋氏於《易》、《書》、《春秋》，徇南人之浮夸，捐北人之精實。"云云。按，六朝南北諸儒，經學授受源流，詳見《北史·儒林傳序》，及陸德明《經典釋文序例》，注解傳述人略備。今之議者，大略謂以六朝與唐人較，則六朝勝。以唐人所爲義疏、定本、《釋文》、諸史，皆本之六朝也。此自確論。《困學紀聞》：雍熙中，校九經，史館有宋臧榮緒、梁岑之敬所校《左傳》。杜鎬引貞觀敕，以經籍訛舛，由五代之亂，學士多南遷，中國經術浸微，今並以六朝舊本爲證。以六朝南北較，則北又勝南。以北人能宗用鄭氏《易》、《書》，服氏《左傳》也。此則專主漢學，祖閻氏之説也。其以爲之罪者，則謂當時重南而輕北，當時南人譏北人有"父康

---

① 自"簡策《左傳疏》"至此，道光本所無。

成，兄子慎"，"敢道孔聖誤，恥言鄭、服非"之語。愚謂此論非誤，今之漢學皆爾。傳南而遺北，致使唐人作《易》、《書》、《左傳》疏，不用服、鄭注。又明西亭王孫作《授經圖》，朱氏彝尊作《經義考》，本之作師承一類，不及六朝人授受本末，實爲有闕。故後來諸人，乘隙立論，以爲經學當宗六朝，於六朝又當宗北學也，其宗旨如此。愚謂南、北學之得失，孫盛、褚裒、支公、李延壽諸人，已有衷論。若求之以實，則賈、服《春秋解詁》、《解誼》，當時與杜並存。而崔、姚諸儒，已有駁難。鄭氏《易》、《書》，實於經旨正解爲短，唐人所定，未便爲非。諸人之論，耳食剿説，以張門户，於諸經經文實未嘗讀，諸儒注疏實未嘗詳玩，不過客氣好事，矯異矜名而已。非惟不能入宋儒之室，亦斷未能若唐賢之篤實也。《新唐書》於《啖助傳贊》，推論趙、陸、啖、施穿鑿之弊，因曰："此可見新説無益，不知而作者之妄也。後之人惟當發明舊義，或先儒有偶闕者，補正之，然已非天授之才不能，而往往喜逞私見，則愚而可憫者也。"云云。此誠篤論已。

王氏曰："讖緯之作，其來已久。孔子既叙六經，别立讖緯，以遺來世，緯與經實相表裏，不爲大儒所棄。漢儒以緯書爲孔子所作。何焯曰：緯書中，固亦有孔子之緒言在焉云云。此或然耳，全尊信之，則謬妄矣。漢時詔東平王蒼，正五經章句，皆命從緯。光武以讖興，故好之。此時主之偏見，豈聖人之正道乎！陳振孫已譏其甘與莽述同智。朱氏彝尊謂：終東漢之世，以通'七緯'者爲内學，通五經爲外學。謬妄如此，其時儒者學識可知。唐儒撰群經正義，亦知遵信讖緯。陳氏曰：隋唐以來，其學寖微，考《唐志》猶存九部。及孔氏《正義》，或時援引。先儒蓋嘗欲删除之，以絶僞妄矣。按孔沖遠固言緯文鄙僞，不可全信。蓋自漢以來，博古之士，多喜習之，即有不深信者，亦未敢斥爲異端。按，孔安國、毛公，皆不言緯。桓譚、張衡，尤深嫉之。范蔚宗云："桓譚以不善讖流亡，鄭興以遜辭僅免。賈逵能附會文字，最差貴顯。世主以此論學，悲矣哉！"《隋志》稱魏晋之世，王肅、王弼、杜預，皆不信之。宋大明，梁天監，隋高祖，皆切禁之。煬帝即位，乃發使搜天下書籍，與讖緯相涉者，皆焚之，爲吏所糾者至死。自是無復其學，秘府之内，亦多散亡。今録其見存者，於六經之下，以備其説。自歐陽修有《論九經請删正義中讖緯劄子》，而魏了翁作《九經正義》，盡削去之。自後學者，同聲附和，而讖書遂致散佚，良可嘆惜也！按，康成用讖取譏，先儒王厚齋譏《宋書·符瑞志》，謂沈約無識。陳氏、晁氏皆云，使其尚存，猶學者所不道，況其殘闕不完，於僞之中又僞者乎！朱氏《毖緯》姑存之，以備凡目可也。王氏此一嘆惜，殆於贊邪害正之甚者矣！而朱子注《論語》，伏羲龍馬負圖注，《楚詞》崑崙者地之中也，地下有八柱云云。是亦不盡棄其學。此引朱子，所謂"重言"，欲假以間執人口。不知義理則當遵正軌，考證則不廢旁稽。古書流傳，典故間有可信，不妨引徵。與立意宗之，其旨自别。而歐陽氏、魏氏，欲皆去之，所謂因噎廢食也。不知緯與經，原無大異；經所不取，政當以緯補之。朱氏《毖緯》一篇，至精博，但不推本經義，證明其説，恐仍未能息群喙也。今故復申辨，以祛淺見之惑。"

此王氏昶《跋韓敕孔廟禮器碑》，所引緯書百數十條，以爲足證經傳，辨則辨矣，博則博矣，然余即其所引按之，皆駁雜之説，無一語一事，足明聖道政教之用，足資人事身心之益。豈若經文，字字典常，修己治人之方，宰世經物之具，信如寒暑，昭如日星，循之則吉，悖之則凶者乎！漢學不信"危微"傳心之要，格物窮理之學，克己求仁之方，而主訓詁、小學，主考證，或舍經文，專爭傳注，主其同己，非其異己者。惟憑智以徇私，不因心以會道，欲由此路引入，以濟其變亂常行之術。最怪陋者，則如此表章讖緯，極矣！《李尋傳》"五經六緯"，言緯始於此。故張衡言"緯始哀、平"。又《王制·正義》鄭釋《春秋運斗樞》云："孔子雖有盛德，不敢顯然改先王之法，以教授於世，陰書於緯以傳後王。"按康成鄙倍至此，以義理言之，豈得與程朱並稱？矧緯書並非專言改法，孔子又豈悍然必欲改先王之法者？其告顏子語已明盡，無所隱諱也。善注《文選》引孟康曰"聖人作經，賢者緯焉"。吾謂作緯者豈曰能賢？可衾檢《桓譚傳》注、《張衡傳》。①

錢大昕氏曰："通儒顧亭林、閻百詩、陳見桃、惠天牧諸先生出，始篤志古學，研覃經訓，由文字、聲音、訓詁而得義理之真，臧氏亦其一也。"

按，此亦錢氏叙臧氏琳書語。其述漢學師承不爽，惟"得義理之真"一語，恐"五百生墮野狐身"耳！

江藩曰：三惠之學，興於吴；江永、戴震，繼起於歙，從此漢學昌明，千載沉霾，一朝復旦。

汪中曰：諸儒崛起，接二千餘年沉淪之緒，通儒如顧、閻、梅、胡、惠、戴，皆繼往開來，至戴氏集其大成。

按，自始皇元年，至今二千一百餘年。上溯周敬王壬戌孔子卒，二百三十三年。此云接二千餘年沉淪之緒，是

① 自"《李尋傳》"至此，道光本所無。

直繼孔子之統，又不數秦、漢、魏、晋、六朝南北諸儒矣。是殆因伊川《明道墓志》“先生生乎千四百年之後，得不傳之緒於遺經”云云，及朱子稱程子因子思《中庸》“得孔孟不傳之緒”，羅璧識遺稱“夫子之道，至晦翁集大成；諸家經解，自晦翁斷定，然後一出於正”等語而妒之，故爲此語以敵之，而不顧其言之莫亶，人之弗堪也。

以上略舉諸説，以見漢學家宗旨議論，千端萬變，務破義理之學，祧宋儒之統而已。

卷下

桐城方東樹

於《易》則有胡渭《易圖明辨》，惠士奇《易説》，惠棟《周易述》、《易漢學》、《易例》、《周易本義辨證》，洪榜《易述贊》，張惠言《虞氏義》、《虞氏消息》。①

惠氏士奇曰："漢儒言《易》，如孟喜以卦氣，京房以通變，荀爽以升降，鄭康成以爻辰，虞翻以納甲，其説不同，而指歸則一，皆不可廢。今所傳之《易》，出自費氏。費氏本古文，王弼盡改爲俗書，又創爲虛象之説，而古易亡矣。易者，象也。聖人觀象而繫辭，君子觀象而玩辭，六十四卦皆實象，安得虛哉！"

江氏藩曰："永嘉以來，鄭玄、王弼二注，列於國學。至南齊，用鄭義。隋唐專主王弼，而漢晋諸儒之注皆亡。惟唐李氏《集解》，博采諸儒之説，如孟喜、京房、馬融、鄭玄、荀爽、劉表、宋衷、虞翻、陸績，略存一二。於是卦氣、六日七分、游魂、歸魂、飛伏、爻辰、交互、消息、升降、納甲之變，半見等例，藉

---

① 按此引江藩《國朝經師經義目録》。方氏所未引者，尚有"顧炎武《易音》三卷、焦循《易學》四十卷"。

此可以推尋。無如王、韓清談，程朱理學，錮結人心，或詆爲穿鑿，斥爲邪説，先儒古義，棄如土梗。夫漢儒之説，以商衢爲祖；商衢之説，孔子之言。可謂之穿鑿邪説哉？自王、韓之書行，二千餘年，無人發明漢時師説。東吴惠氏起，而導其源，疏其流，於是三聖之《易》，漢學家主張，《管輅傳》皆以爻辭爲文王作，無周公《易》，故止稱“三聖”。昌明於世。國初老儒，如黄宗羲《易學象數》，①雖闢陳搏、康節之學，而以納甲、動爻爲僞象，又稱王輔嗣注，簡當無浮義。黄宗炎《周易象辭》、《圖書辨惑》，亦力闢宋人。然不專宗漢學，非篤信之士也。”

按，許叔重《説文解字》，所引壁經古文，率多異字。顧亭林氏謂“以今經校，則《説文》爲短”。《説文》引《易》孟氏，古文也。西京時，劉向校書，以中古文較施孟、梁邱之《易經》，或有脱字，惟費氏經與古文同，云有脱字，不云異，其所爲古文也。鄭氏實傳費《易》。輔嗣之注，用康成本。則雖改爲俗書，其經義固不異。如惠氏棟《九經古義》，所甄録古文，大抵字異，而義無異者也。至於《易》本實象，“實象”之説，本之朱子。非虚象，較《略例》所論，固最得理。然輔嗣之斥互體卦變五行僞説滋蔓，非無見也。孔沖遠奉詔作疏，獨用王注，廓清千古，誠有功於四聖。長孫輔機等無識，其作《隋志》，慨嘆鄭學，不過仍王儉、陸澄之餘論而已。趙紫芝詩曰“輔嗣《易》興無漢學”，意深惜之。而鄭樵遂謂“王、韓之學，浮於桀、紂”。鄭又本之范寧，寧謂王弼、何晏，罪深於桀、紂。似皆偏而失當。不如朱子，本義理説

① 按《易學象數》，即《易學象數論》，方氏引文脱誤，江藩《國朝經師經義目録》不誤。

《易》，而求實象，亦不廢之變，爲得《易》之本義。但不用漢儒爻辰、納甲、飛伏諸邪説耳。《困學紀聞》云："程子言《易》'得其義，則象數在其中'。"朱子以爲"先見象數，方説得理，不然事無實證，則虚理易差"。據此則惠氏"實象"之説，固朱子之説也。[①] 如惠氏、江氏之言，則門户習氣之私太甚。姑勿與深論是非之精微，只盡祛魏晋以來儒説，而獨宗漢《易》，惠氏《易漢學》，《孟易》一卷、《虞氏》一卷、《鄭氏》一卷、《京氏》二卷、《荀氏》一卷。《周易述》以荀、虞爲主，參以鄭氏、宋咸、干寶諸家。此非天下之至蔽者，斷不若是之詖；學《易》而專主張游魂、歸魂、飛伏、爻辰、交互、升降、消息、納甲等説，此非天下之至邪者，斷不若是之離；謂漢人所説，皆伏羲、文王、孔子三聖人之本義，此非天下之至愚者，斷不若是之誣。夫以京、孟之邪説，荀、虞《易》即孟《易》。駕之商瞿，因復駕之孔子，誕誣甚矣！孔子《十翼》具在，有一語及於納甲、飛伏、爻辰等説哉？漢儒之《易》，謂兼存一説，則可；謂三聖之本義在此，則不可。且孔子學《易》寡過，而孟喜背師，京房殺身，豈《易》之用哉！又按《困學紀聞》卷首説《易》，何義門引劉屏山之語譏之曰："才士口《易》，賢人玩《易》，聖人踐《易》。劉本作"忘"，余易"踐"字。此卷其諸'口《易》'乎？"厚齋所説，雖不出雜博，然尚多格言精義。若今諸妄人所著，則求一得力之義不可得，而《易》之爲書，乃成異端邪教矣。管輅曰"善《易》者不言"，《荀子》曰"善《詩》者不説"，況可横議如是也哉？張楊園曰："程子謂《春秋》一經，先儒學未及此而治之，故其説多穿鑿。"竊謂《易》之失賊亦如此。聖人全體是《易》，

---

① 此段注文，道光本所無。

是以作《易》。後之學者，須是本儒先之言，以求聖人之意，本聖人所示之理，驗諸日用事物之間，見善則遷，有過則改，求其所謂“其要無咎”者，慎無輕立説，以蹈不知妄作之失也。①

言《易》而與程朱異旨者，尚有數派。如力闢圖象，則毛奇齡、黄宗炎、胡渭；宗虞氏，則胡渭、黄宗炎、惠棟、趙繼序、張惠言；崇鄭學，則沈起元、魏荔彤、王宏、錢澄之、惠棟；論變通，則連斗山、毛奇齡；説升降，則刁包、喬萊。而毛奇齡《仲氏易》、《推易始末》、《春秋占筮書》、《易小帖》四書，以變易、交易、反易、對易、移易論《易》。凡此，皆漢學之支流雜派也。

於《書》則有閻若璩《古文疏證》，胡渭《禹貢錐指》，惠棟《古文尚書考》，宋鑑《尚書考辨》，王鳴盛《尚書後案》，江聲《尚書集注音疏》、《經師系表》。

江藩曰：“自孔氏《正義》取僞《孔書》，而馬、鄭之注皆亡。國朝閻、惠出，而僞古文寖微，馬、鄭之學復顯於世矣。如胡渭《洪範正論》，雖知僞古文，而闢漢學五行、災異之説，是不知夏侯始昌《洪範五行傳》亦出於伏生，非真能信漢學者也。”

按，僞孔《古文書》至閻、惠諸家書出，舉世皆知，已有定論。晋鄭沖所得五傳，以授梅賾，乃奏上，列於學宫。梁、隋間，諸儒爲作義疏。唐孔氏本之作《正義》，唐代大行。今所傳是也。然如若“藥弗瞑眩”則謂因於《孟子》；“人心惟危”二句，則據《荀子》，以爲出於道經；“高宗諒陰”，孔子引之，而乃云出於《國語》；“爾有嘉謀嘉猷”，《坊記》、董仲舒引之，是時未有

① 自“又按《困學紀聞》”至此正文與注文，皆道光本所無。

僞《古文》也。然則攻僞《古文》者,①皆强爲周内,以全抹摋之耳。② 王白田懋宏以爲僞《尚書》不可廢,此爲持平之論,至於馬、鄭之注存於他書者,王氏所輯《後案》,具有成書。以愚觀之,豈必能得二帝三王之意乎?第以爲存古書可也。

於《詩》則有惠周惕《詩説》,戴震《毛鄭詩考》,程啓源《毛詩稽古編》,顧棟高《毛詩類釋》,范家相《三詩拾遺》,錢坫《詩音表》③。

江氏曰:"王肅、王基、孫毓、陳統,互相申難,皆本毛、鄭。自漢及五代,未有不本毛公而别爲之説者,有之自歐陽修《詩本義》始,於經義毫無裨益,專務新奇,首開妄亂之端。於是攻《小序》、《大序》者,不一其人,《毛傳》、《鄭箋》,棄如糞土。至程大昌之《詩論》,王柏之《詩疑》,變本加厲,直斥之爲異端邪説可也。"

按,王柏删《詩》,罪無可逭,斥之爲異端邪説,是也。近人攻朱子者,或罪柏爲妄,謂朱子實啓之;或挾柏爲功,用證朱門之人且不遵朱子,以爲口實,皆非正論,所謂項莊舞劍,志在沛公者也。愚謂朱子自是,王柏自非。史臣贊之無識,許謙疑之是也,陳師道信之非也。至於《小序》,自歐公、朱子後,爭者甚衆,而馬端臨辨之尤力。余别有辨。

① "攻",原作"考",據刊誤本改。

② 自"高宗涼陰"至此,道光本原作:"是亦强爲周内,以全抹摋之耳。"

③ 按方氏引自江藩《國朝經師經義目録》,江氏原文有"顧炎武《詩本音》十卷",而無"顧棟高《毛詩類釋》,范家相《三詩拾遺》"兩書。江氏謂"顧震滄之《毛詩類釋》,多鑿空之言,非專門之學,亦在删汰之例"然則顧書爲江氏所不取,而范書江氏一語之未及,故方氏所引,非江氏原意可知耳。

若夫毛、鄭異同，昔人雖有專書，平心而論，《毛傳》得是者多，但語意渾涵，人多誤會耳。《鄭箋》時有牴牾，不如毛義爲長。蓋康成初通《韓詩》，又注《禮》時未見《毛傳》，後作《毛傳箋》，卻多用《禮》説，所以有不合。後人各主一家，互相申難，誠不得已。而近世學者，或妄謂鄭皆同毛，詆孔疏爲不得理。《毛詩正義》鄭箋下引《六藝論》云："注《詩》宗毛爲主，毛義若隱略，則更表明；如有不同，即下己意，使可識别。"據此説則謂"鄭皆同毛"及守"疏不破注"之説，皆不根之言也。近人旌德胡承珙，作《毛詩後箋》，自言墨守《傳》義，爲之既久，然後知"《箋》之於《傳》，有申毛而不得毛意者，有異毛而不如毛義者。若唐人作疏，尤欠分曉。或《箋》本申毛，而以爲易《傳》；或鄭自以爲説，而妄被之毛。至毛《義》難明，不能旁通曲暢，輒以'《傳》文簡直'四字了之而已"云云。按此説勝於妄謂"鄭皆同毛"者。[①] 此祖鄭之陋習，誣妄而不顧其安者也，不足與辨矣。王文簡云："《詩小序》必不可廢，古今通儒，論皆如此。然如郝楚望之每一詩必駁朱子，亦自不可。"按文簡於經術甚疏，此等特爲調停之論，門面弔場語耳，非真有所見於《序》之當廢與否，朱子之所以不可攻之處也。又云："常熟顧大韶，欲刊一書，用毛傳爲主；毛不可通，然後用鄭；毛、鄭必不可通，然後用朱；毛、鄭、朱皆不可通，然後網羅群説，而以己意折衷之。嚴粲《詩緝》作於朱注之後，獨優於諸家。若《大全》之作，敷衍朱《注》，全無發明"云云。愚謂此襲康成之論，但門面好看耳。不知其果有憂於經義之未盡，必不容已，而欲求聖人之旨，以恐誤來學邪？抑覓得此題，自矜有知，苟以取名邪？毛、鄭、朱皆不得通，而必待己始通邪？夫《詩》之爲教，孔子言之已詳，而果於"興觀群怨"、"事父事君"、"無邪"之旨，奉使之才，登高能賦，授政能達，一皆優裕，而以其餘閒，憂毛、鄭、朱之誤學者害經義，不得已而必正之邪？凡後人之强欲著書説經者，吾請

---

① 此段注文，道光本所無。

皆反之於此，而告以聖人之言曰“夫我則不暇”。《書》曰：“不惟不敢，亦不暇。”又按朱子《歐公事迹》曰：“公嘗謂前儒注經，惟其所得之多，故能獨出諸家，而行於後世；而後之學者，各持好勝之心，務欲掩人而揚己，故不止正其所失，雖其是者，一切易以己説，欲盡廢前人而自成一家，此學者之大患也。”故公作《詩本義》止百餘篇而已，其餘二百篇無所改易。曰“毛、鄭之説是也，復何云乎”？見《大全集》第七十二卷。①

於三禮則有沈彤《周官禄田考》，惠棟《禘祫説》，②江永《周禮疑義舉要》，戴震《考工記圖》，任大椿《弁服釋例》，錢坫《車制考》；張爾歧《儀禮鄭注句讀》，沈彤《儀禮小疏》，江永《儀禮釋宫譜增注》，③褚寅亮《儀禮管見》，金曰追《儀禮正譌》，張惠言《儀禮圖》，凌廷堪《禮經釋例》；黄宗羲《深衣考》，惠棟《明堂大道録》，江永《禮記訓義擇言》、《深衣考誤》，任大椿《深衣釋例》。三禮總義則有惠士奇《禮説》，江永《禮經綱目》，金榜《禮箋》。

江氏曰：“自晋及唐，《三禮》皆用鄭注。至宋儒潛心理學，不暇深究名物、制度，④所以於《禮經》無可置喙；然必欲攻擊漢儒，僅於《周禮》中指摘其好引讖緯而已。南宋以後，

---

① 此段注文，道光本所無。

② 惠棟書名爲《禘説》，江藩《國朝經師經義目録》衍“祫”字，方氏據之不改，當删“祫”字爲是。

③ 江永原書無“譜”字，江藩《國朝經師經義目録》衍，方氏據之不改，當删“譜”字爲是。

④ “制度”，江藩《經師經義目録》作“度數”。

始改竄經文，補亡之説興矣。《士禮》十七篇，文詞古奧，宋儒畏其難讀，别無異説。至敖繼公始疑《喪服傳》非子夏所作，而注文隱攻鄭氏。於是郝敬之《臆斷》，奇齡之《吾説》起矣。延祐科舉之制，《易》、《詩》、《書》、《春秋》，皆以宋儒新説與注疏相參，惟《禮記》則專用注疏。至陳澔乃爲《集説》，不從鄭注，於是談《禮》者皆趨淺顯，[1]不問古義矣。國朝如萬斯大、蔡德晋、盛百二，雖深於《禮經》，然或取古注，或參妄説，謂朱子。吾無取焉；方苞輩更不足道矣”。

按，諸儒之於《禮經》，誠爲盛業。然朱子於《儀禮》用功甚深，而於《叙録》絶不齒及，或參其説，即無取，可謂公是乎？任釣臺翼聖曰：朱子輯《儀禮經傳》，凡《詩》、《書》、《周禮》、《禮記》，以及漢儒劉向、劉歆之説，皆備輯之。[2]

阮氏元曰：賈疏《周》、《儀》二禮，發明鄭學，最爲精核。惟自六朝至今，説二經者甚多，其精義及制度、術算、文字、訓詁，多有出於賈氏之外者，皆可采擇。至康成亦間失經旨，而三鄭亦或有異同，撰疏者若守“疏不破注”古法，難決從違云云。

按，此阮氏之説，可謂卓然不易偉論矣。蓋《三禮》專主制度、名物，此自漢學勝場，況又能不拘注疏舊法。兼收博取，實事求是，論學皆能若此，固萬世之眼目矣。但任此者，不易得其人耳。

---

① “禮”，江藩《經師經義目録》作“禮記”，是。方氏省“記”字，則文義不明。
② 此段注文，道光本所無。

於《春秋》則有顧炎武《左傳杜解補正》，馬驌《左傳事緯》及《附録》，陳厚耀《春秋長曆》、《世族譜》，惠棟《左傳補注》，沈彤《左傳小疏》，江永《春秋地理考實》。三傳總義則有惠士奇《春秋説》。

江氏曰："宋以後貴文章，治《左氏》、《公》、《穀》，竟爲絶學。阮君伯元云：'孔君廣森，深於《公羊》之學。'然未見其書"。

按，《左傳》與《毛詩》，在漢代興之最晚，而傳之獨盛。哀、平之季，迄於東漢，爭《左氏》者，若劉歆、鄭興父子、尹咸、陳元、范升、賈逵、鄭玄詳矣。六朝及唐，亦惟治《左氏》者較盛，故陸德明謂《二傳》近代無講者，則非自宋人始。漢學家非不知之，特欺世無聞，而駕以誣宋人爲之罪耳。且貴文章，亦不自宋以後，而《公》、《穀》亦未嘗非文家所貴，此則非漢學者所及知耳。其爲之注者，服氏鮮存，惟杜爲甲，孔冲遠已自云爾，則世人罪唐人作疏，棄服用杜者，亦誣也。詳見中卷。至何休《公羊解詁》，悖理傷教甚衆，康成《發墨守》於前，劉原父《權衡》於後，以及蘇、吕、晁、黄之書，既明且允。今或有祖述何休爲專學者，則客氣好事，豪舉而已。大抵爭《春秋》者有二：一則爭《傳》以衛經，一則爭《注》以衛《傳》。究之啖、趙、陸、胡，與夫賈、服之注，有微有顯，聽世興行。近人攻杜預，惜麇信，輯賈、服，紛紛著述，志亦勤矣。迄不知於游、夏所莫贊者，果能通其旨乎？似不如大義數十，炳於日星之論，爲有裨於治教王綱耳。

於《四書》則有閻若璩《四書釋地》，江永《鄉黨圖考》，戴震《孟子字義疏證》，劉台拱《四書騈枝》，[①]毛奇齡《四書改錯》、《大學證文》，[②]錢坫《論語後録》。

按，如《四書釋地》、《鄉黨圖考》，誠爲朱子功臣。故凡爲學，但平心求是，補正前賢，是前賢之所賴，而望於來世之有其人也。若用心浮淺，又挾以門户私見，叫囂呵斥，惟以能詆訾前哲，爲爭名自矜之計，則無論其言未是，即是亦不成氣象矣。朱子《四書集注》，惟重發明義理，以訓詁名物，注疏已詳，不復爲解。故曰："邢昺《論語疏》，集漢、魏諸儒之説，其於章句、訓詁、名物之際詳矣，學者讀是書，其文義、名物之詳，當求之注疏，有不可略者。"又曰："漢魏諸儒，正音讀，通訓詁，考制度，釋名物，其功博矣。學者苟不先涉其流，則亦何以用力如此"。按，臧氏玉林曰："治經必以漢注唐疏爲主。曰此其本原也。本原未見，而遽授以後儒之傳注，非特理奥有不能驟領，亦懼爲其所隘也。"諸人推此以爲臧氏宗旨，矜爲獨出，不知皆朱子緒言也。且臧氏懼爲所隘，遂逃而去之，終身不復求之理奥，此所以蔽也。又曰："本之注疏，以通其訓詁；參之《釋文》，以正其音讀；然後會之諸老先生之説，以發其精微。"按，漢學家惟删此一層，遂差失離畔而去。據此可知朱子非廢訓詁、名物不講，如漢學諸人所訾謗也。大抵爭《四書》者，於《大學》欲復古本，去《格致補傳》。此自宋代以來，紛紜甚衆，不始於今日。於《論》、《孟》，欲删《集注》。此創於黄震，後顧氏和之。或訾《集注》未當别自改爲注説，此自毛奇齡、戴震以來，學

① "四書"當爲"論語"之誤，劉台拱書名及江藩《經師經義目録》皆作"論語"，方氏涉上文而誤也。

② 江藩《經師經義目録》無"毛奇齡《四書改錯》、《大學證文》"，爲方氏所增。

者多輕爲之。竊謂自唐人定注疏,《論語》所取包、張、周八家之説,後如唐宋諸家所有解義,皆經朱子訂取,幾於"曾經聖人手,議論安敢到"者。蓋朱子於他經,固皆極精微,而於《四書》,尤其平生全力所萃,故既爲《集注》,又爲《或問》,以發其所以裁取之意,幾經審諦,而後定著。後人甫得一粗解,便矜爲獨出,不知是其所再三研慮,而簡别不肯用者也。任釣臺曰:"《章句》者,朱子逐字稱停之書;《或問》朱子自作,與《章句》相表裏。"①孟瓶庵言:"今人未毁齒,便讀朱注,後來略見别解,却痛詆程朱。"此言誠足爲大戒! 又云:"毛西河攻擊程朱,不遺餘力,其所最以爲得手者,以程子言'性中只有仁義禮智,曷嘗有孝弟來',以爲初入學時,便不喜此語。考朱子《答范伯崇書》一條,當日已明辨之。毛氏不知,以爲獨出之見,可以詆訶程子,其亦愚而不知量也已!"錢大昕氏《養新録》記此條,既引朱子之言,仍譏程子爲失,則其蔽昧不可解曉,其識遠出瓶庵下矣。② 因憶先師《惜抱軒筆記》有一條,説《孟子》"必有事焉",以爲程子及程門諸賢説此,皆從心體上説,朱子他處亦多取之,至《孟子集注》乃云"必以集義爲事,似是誤也"云云。按《大全》五十八卷《答張敬之書》論"必有事焉",以爲此一段,依《孟子》本文,只合就"養氣"上説,《集注》言之備矣。明道移就"持敬"上説,工夫雖密,却是"養氣"前一段事,恐不若且依《孟子》看也。又六十一卷《答林德久》亦云,《孟子》上下文無"敬"字,只有"義"字。程子是移將"敬"字上説,非《孟子》本意也。陸清獻曰:朱子雖有取程子之言,而至講"必有事焉"、"繼之者善"之類,則不從其説,是何等權度。據此乃益信學者不可輕議《集注》。"必有事焉"乃是過脈,結上起下文法,言固必有事於集義,而又不可豫期助長耳。玩此"則有事"句,不得滯講。如他處説心體上之言,惜翁似因禪家云"有事於心,無心於事"之語,故疑之耳。然《孟子》語非如此也。又按,程子論"必有事焉",與《中庸》"鳶飛魚躍"同"活潑潑地"。朱子新舊兩

---

① 自"任釣臺曰"至此,道光本所無。
② 自"錢大昕氏"至此,道光本所無。

説，亦極盡權度，以後説爲是。① 顧亭林疑"仁者安仁"《集注》引上蔡説不當，欲去之，不知上蔡語雖似少溢，固爲"安"字解，若亭林所引《太甲》顔子，非安仁之事也。又劉台拱《論語駢枝》解"文莫猶人"，引《説文》、《方言》、《廣雅》，以"文莫"爲"勉强"似也，而以躬行君子爲由仁義行，則非是。由仁義行，乃安行事；躬行君子，是學者踐迹事。又錢氏大昕斥《孟子集注》"好名之人"章，不用趙岐，爲失《孟子》之旨。按趙岐《章指》，言廉貪相殊，名亦卓異，故聞伯夷之風，懦夫有立志，是就"能廉"衍説，朱子解則謂真能取義之人少耳。蓋觀人之法，《孟子》之旨在言外，錢氏何足以知此哉？凡漢學考證家，好攻《集注》，而説著義理，無不錯者，如此類不可更僕，姑舉一二，學者詳之可也。②

或屏《集注》禁子弟不許讀，某氏。或斥不應立有《四書》之名，汪中。○按，朱子卒於慶元六年庚申三月。越十二年嘉定辛未，劉爚爲國子司業，奏乞開僞學之禁，刊《四書》於太學。理宗淳祐十一年，真德秀乞進讀朱熹《大學》、《中庸章句》，《論語》、《孟子集注》，此《四書》之始也。《四庫提要》曰：《論語》、《孟子》，舊各爲帙；《大學》、《中庸》，舊《禮記》之二篇。其編爲《四書》，自宋淳熙朱子始。其懸爲令甲，則自元延祐復科舉始，古來無是名也。然朱子書行五百載矣，趙岐、何晏以下，古籍存者寥寥。梁武帝《義疏》以下，散佚並盡。元明以來，爲《四書》者甚衆，《明史·藝文志》别立"四書"一門，蓋循其實焉。朱彝尊《經義考》於《四書》之前，仍立《論語》、《孟子》二類。黄虞稷《千頃堂書目》，凡説《大學》、《中庸》，皆附於《禮》，示不去餼羊之義。按此即汪氏之所以藉手。或於《中庸》别改章段，李光地。○按，安溪平生，事事學朱子，如依樣葫蘆然者。而其所著書，則皆暗與

① 自"按《大全》五十八卷"至此，道光本原作："樹按朱子有《答何叔京書》一條，政辯此義，且程子亦有此説，數處甚詳，惜抱偶未見耳。乃益信學者不可輕議《集注》"。

② 自"由仁義行"至此，道光本原作："凡如此類，不可更僕，姑舉一二，學者詳之可也。"

朱子立異。如《論》、《孟》則有《劄記》,《大》、《中》則有《章段》,《易》有《觀象》,《詩》有《詩所》。以及《參同》、《陰符》、《楚辭》,皆有注。《榕村劄記》則擬《語類》,《文集》擬《大全集》。**或爭今《集注》非定本,而妄引祝氏本欲易之。**嘉慶辛未,吴縣吴英,字伯和,與其子志忠著《四書章句集注定本辨》。按《四書章句集注》,自宋嘉定辛未劉爚奏請刊行,至今六百年,凡十辛未矣,久經先儒,未有異説,昭於日星,奠於山岳,而忽有狙生崽士,無知妄作,敢於功令傳習之書,而欲變亂常行,疑惑學士,此王法所必禁,而吾徒所必攻者矣。吴氏之言,大要以今坊本,沿明《永樂大全》本;《大全》沿元新安倪士毅《輯釋》;而《輯釋》則本於宋建安祝洙所作《附録》也。洙父穆,字和父,爲朱子母黨,嘗受業朱子,而倪氏之師定宇陳氏櫟,著《四書發明》,惟主穆氏《附録》。愚按今本源流如此,其亦可矣。彼所謂"定本"之稱,果孰傳之,而孰見之哉?且考其説,凡所引《定本》,並無是書是名,且皆朱子初説,大不如今通行本之義周而詞當也。何得稱爲"定本"?今列其所執者數條:一曰《中庸》"聖經"一章,《定本》云蓋人之所以爲人,道之所以爲道,聖人之所以爲教,原其所自,無一不本於天而備於我,學者知之,則其於學,知所用力而自不能已矣。故子思於此,首發明之,讀者所宜深體而默識也。以爲朱子《儀禮經傳通解》、真西山《四書集編》、趙格庵《四書纂疏》、黄東發《日鈔》、胡雲峰《四書通》,此段皆如是云云。愚謂此段只大概粗説,詞意未密,文氣亦似若未足,大不及今通行坊本,充實詳盡,字字堅密也。朱子臨歿前四日,猶改《大》、《中章句》,諸書所引,必其先行之説,而非《定本》可知。劉穆親受學於朱子,①其所傳本必不誤。一曰《大學》"誠意"章,今坊本從祝作"欲其必自慊",乃初本,非定本,《定本》則曰"欲其一於善"。愚謂此爲已致知者説誠意,"自慊"字緊健周足,對"自欺"言,若"一於善",則寬緩平泛,又遺"惡惡臭"一層。一曰《論語》"爲政以德"章,"行道而有得

① "劉"疑爲"祝"之誤,祝穆即上文所云者。

於心”,《定本》作“得於心而不失”。愚謂此處只解説“德”字之名義耳,“而不失”三字贅冗,無謂無著。統觀吴氏,吐屬粗鄙,乃一淺俗傖父,固不足以知此等精微。要其説,恐易簧鼓初學無聞之士,此政與諸漢學考證家相與呼引爲狂,不可不摒棄放絶之者也。彼所云《定本》,亦不能指爲何本,但據朱鑑書祝氏《附録》,云“興國所刊原本”云云。安知新國本云何也?又引《四書通》云祝本作“有得於心”云云,安知非以祝本爲長乎?昔朱子言,凡讀古書,而能辨其真僞,“一在以其左證之異同而質之,一在以其義理之當而知之”。又曰“文字真是難看,彼纔得一説而執之不移者,若非上智,定是下愚”。又曰“今人讀書不子細,將聖賢言語都錯看了。横説豎説,誑惑衆生”。愚謂凡此皆由於矜名好著書,而無忌憚,而無所不至矣。朱子答張元德曰:①“《論》、《孟集注》,後來改定處多,遂與《或問》不甚相應。《或問》故不曾傳出,今莫若且就正經上思索,有未通,參考《集注》,不可恃此未定之書,便以爲是也。”吴氏所據,殆如劉之遴《漢書真本》,而更陋者也。②

於小學則有邵晋涵《爾雅正義》,王念孫《廣雅疏證》,③戴震《方言疏證》,江聲《釋名疏證》、《補遺》、《續釋名》,任大椿《小學鈎沈》、《字林考逸》,桂馥《説文解字義證》,吴玉搢《别雅》,段若膺《説文注》。訂於音韻則有顧亭林《音論》、《古音表》、《唐韻正》、《韻補正》,江永《古韻標準》、《四聲切韻表》、《音學辨微》,戴震《聲韻考》、《聲類表》,孔廣森《詩聲

① “張元德”原作“張德元”。朱熹《朱子大全》卷六二有《答張元德書》,方氏誤乙,今據改。

② 自“嘉慶辛未”至此,道光本所無。

③ 江藩《經師經義目録》原文無“王念孫《廣雅疏證》”與“段若膺《説文注》”,乃方氏誤增。

類》,[①]洪榜《四聲均和表》。

按,小學、音韻是漢學諸公絶業,所謂此自是其勝場,安可與爭鋒者！平心而論,實爲唐宋以來所未有。然而阮氏謂顧、江、戴、段諸公韻學,皆不能出陸法言之範圍也。

於經總義則有顧炎武《九經誤字》,[②]惠棟《九經古義》,江永《群經補義》,臧琳《經義雜記》,余蕭客《古經解鉤沉》,劉台拱《經傳小記》,王引之《經義述聞》,[③]武億《經讀考異義證》。

以上皆據江藩《國朝經師經義目録》,[④]所謂"專門漢學者"也。其實諸家所著,每經不下數十種,有刊行而不爲江氏所采者,有刊行而江氏未見者,有刊行在江氏著録之後者,有僅傳其目而竟未成書者。如錢大昭《可廬著述》,僅刊書名及序例,而實無成書。新名林立,卷帙盈千,充牣藝林,要其中實有超絶冠代,江河萬古,自不可廢。究之主張宗旨既偏,則邪説謬言,實亦不少。苟或擇之不精,則疑誤來學眼目匪細,固不敢輕以相假,而弗慎取而明辨之也。

由是以及於文章,則以六朝駢儷有韻者爲正宗,而斥韓、歐爲僞體。

漢學家論文,每曰"土苴韓、歐","俯視韓、歐";又曰"骫矣韓、歐"。夫以韓、歐之文而謂之骫,真無目而唾天

---

① 江藩《經師經義目録》原文無"孔廣森《詩聲類》",乃方氏誤增;而洪榜名下尚有"《示兒切語》一卷",又爲方氏删去。

② "經總義",方氏原作"經義總",據江藩《國朝經師經義目録》乙正。

③ 江藩《經師經義目録》原文無"王引之《經義述聞》",乃方氏誤增。

④ "目録"原作"著録",江藩原書名爲《國朝經師經義目録》,其重在"目録"二字,方氏誤引爲"著録",誤,今據改。

矣！及觀其自爲，及所推崇諸家，類如屠酤計帳。揚州汪氏謂“文之衰自昌黎始”。其後揚州學派皆主此論，力詆八家之文爲僞體。阮氏著《文筆考》，以有韻者爲文，其旨亦如此。江藩嘗謂余曰：“吾文無他過人，只是不帶一毫八家氣息。”又凌廷堪集中，亦詆退之文非正宗，於是遂有訾《平淮西碑》，書法不合史法者。明艾千子曰：“弘治之世，邪説興勸，天下無讀唐以後書。驕心盛氣，不復考韓、歐立言之旨。相率取馬、班之書，摘其字句，因仍附和太倉、歷下兩生，持北地之説，而又過之。”云云。王遵巖《與弟道原書》云：“學六經、《史》、《漢》，最得旨趣根領者，莫如韓、歐、曾、蘇諸名家。今觀諸賢，尚有薄唐、宋人之心，故其文如此。”又云：“方洲嘗述交游中語：‘總是學人，與其學歐、曾，不如學遷、固。’不知學遷、固，莫如歐、曾諸公，今人何嘗學遷、固，只是每篇抄得三五句《史》、《漢》，其餘文字，皆舉子對策，與寫柬寒温之套，如是而謂之學馬、班，亦可笑也！”孟瓶庵云：“當時尚摹擬秦、漢，故薄唐、宋；近之學者，又不知秦、漢、唐、宋爲何物，而隨聲附和，亦以宋人爲不足學。嗚呼！其亦可悲也已。”愚按，論學而薄程朱，宗孔子；論文而薄八家，宗《史》、《漢》。此皆客氣，强不知以爲知者也。麻衣道者《正易心法》云：“學者當於羲皇心地上馳騁，不當於周、孔脚下盤旋。”近世錢民謂陸清獻公曰：“公自從文公入，某自從尼父入耳。”皆一類妄談也！民，嘉定人，字子仁，莘楣從父行也。早孤，十三歲棄書學賈，數爲鄉里所侮。歎曰：“世多妄人，求其不妄者，聖賢而已。”遂慨然有學聖人之志。聞青浦有孔子衣冠墓，擇日齋戒往拜。夜夢有告己曰：“謝絶漢以來諸儒説，乃可爲學！”自是專求之四子書。按此真是妄人，無論學聖人，必不異視朱子，即漢儒之説，亦豈可盡廢。民又嘗以意更定《四書》次序，尤爲妄也。又艾千子天啓丙寅《與周介生書》，欲於《古文定》、《待》二書外，爲《文剿》、《文妖》、《文冤》、《文腐》、《文戲》五書，以譏文之無當者，使人知所避而發悟讀書，以知古人高深誠拙之所在云云。按《文定》、《文待》至矣足矣。若又爲此，則標舉傖惡，且起爭釁，轉失儒者大雅矣。黄黎洲云："以制義一塗，爲聖學之要，則千子之作俑也。其所言極至，不過云以歐、曾之筆墨，詮程朱之名理。夫程朱之理，必力行自得，而後發之爲言。勃窣理窟，亦不過習講章之膚説，塵飯土羹，焉有名理？歐、曾之筆墨，向心變化，今以八股束其波瀾，焉有文章？無乃罔人昧己之論乎？"云云。愚謂此説當分觀之，就文章而言，千子之論實爲至精，黎洲不解文事，固不足以喻其故。若其論程朱之理，當力行自得，不徒以施之於文，此自篤論。然既實踐爲德行，而又能發之爲文，有德者必有言，亦"格物致知"中一事。夫士能以歐、曾之筆發程朱之理而以爲文，必非尋常庸人矣。① 千子所論，後有作者，必能尊之，而不得以黎洲爲定論也。② 又祝允明作《罪知録》，歷詆韓、柳、歐、蘇、曾、王六家之文，又詆杜子美詩爲外道。又明汪華玉，不喜東坡文，謂其不通。越人孫鑛月峰《評書》，譏《大禹謨》近排；《評詩》譏《車攻》"選徒嚻嚻"，背於有聞無聲。竟陵鍾惺伯敬，評《左傳》"克段"篇"大隧之中"四句，抹之，謂爲俗筆。又趙汝談謂《洪範》非箕子作者。朱子曰："胡季隨在湖南，頗自尊大，以道義先覺自處，諸人亦多宗之。凡有議論，季隨必爲之判斷孰是孰非。此正猶張天師，不問長少賢否，只是世襲做大。"愚謂黎洲正如此，然猶未若祝允明輩諸妄人，無忌憚至此極也。③

舉凡前人所有成説定論，盡翻窠臼，蕩然一改，悉還漢唐舊規，祧宋而去之，使永遠萬世，有宋不得爲代，程朱不得爲人，然後爲快足於心。大抵以復古爲名，而宇内學者，耳目心思，爲之一變。不根持論，任意譏彈，顛倒是非，欺誣往哲。當塗者樹名以爲招，承流者懷利以相接，先進者

① 刊誤本此下尚有"今世時文允成絶學"八字。

② 刊誤本此下尚有"試讀《歸唐》諸章金、陳諸家文自知。又陳卧子，年十七八時，與千子論文，千子極口鄙薄，以爲少年不學，不宜與老學論辯。卧子忿怒，至揮拳批其頰，此則不成氣象，交失之也"一段。

③ 此段注自"民，嘉定人"至此，道光本所無。

既往而不返，後起者復習俗而追之。整兵駭鼓，壁壘旌旗，屯營滿野，雲梯、火牛、厭勝、五禁之術，公輸、墨翟、田單、酈生之儔，縱横捭闔，蘇、張游説之辨百出。新學小生，本無是非之心，亦無恩仇之報，但隨俗波靡，矜名走利，相與哆口睒目，曳梃攘臂而從之。揚風縱燎，欲以佐鬬，爲鏖戰而决勝，滅此朝食，廓清獨霸。而程朱之門，獨寂然不聞出一應兵。夫習非勝是，偏聽成惑，若守文持論，敗績失據，吾恐此道遂傾矣。蓋嘗懼之，故爲反覆究論，以爲漢學之人，有六蔽焉：其一，力破"理"字，首以窮理爲厲禁，此最誖道害教。其二，考之不實，謂程朱空言窮理，啓後學空疏之陋。不知朱子教人，固未嘗廢注疏。而如周、程諸子，所發明聖意經旨，迥非漢儒所及，固不得以是傲之也。至於俗士荒經，古今通弊，不得概以蔽罪程朱。如世治獄，併案辨理也。

楊慎曰：宋儒以李斯之禍，被之荀卿，此言過矣。弟子爲惡，而罪及師，有是理乎？愚謂今漢學家，以世人不讀注疏之過，被之程朱，與楊慎之論，又恰相反。余嘗斷是獄，以爲師之於弟，傳道者也。庾斯端人，取友必端。荀卿謂子思、孟子亂天下，以子張、子夏爲賤儒，以人性本惡，放言高論，足啓焚坑之禍。則以李斯之罪罪之，不爲無因。若夫程朱，言論道德，初無偏倍。今以王柏之疑經，歸獄朱子，是則亦可以今漢學者之妄蔽罪康成乎？至於世士不讀注疏，則起於宋熙寧科舉之變法，王氏新經之學，朱子云："王介甫新經義出，士棄注疏不讀，猝有禮文之變，相視茫如。"云云。元延祐取士之制，明永樂之修《大全》。錢氏大昕曰："自宋以經義取士，守一先生之説，敷衍傅會，併爲一談。而空疏不學者,皆得名爲經師。至明季而極矣。”相沿既久,爭趨簡易,非程朱之過也。

其三,則由於忌程朱理學之名,及《宋史·道學》之傳。其四,則畏程朱檢身,動繩以理法,不若漢儒不修小節,不矜細行,得以寬便其私。故曰:“宋儒以理殺人,如商、韓之用法,浸浸乎舍法而論理。死矣,更無可救矣!”東坡云:“鄙淺之人,好惡多同,故和之者衆。”愚謂庸俗鄙淺之人,忌孤芳,妒道真,恐其形己之短,[①]所謂“不欲明鏡之見玭”也。其五,則奈何不下腹中數卷書,及其新慧小辨,不知是爲駁雜細碎,迂晦不安,乃大儒所棄餘,而不屑有之者也。沈冰壺稱:“王充《論衡》,藉諸子以證經之誤,識在董仲舒上。”可謂盲論!至朱彝尊《經義考·毖緯》一門,多取孫瑴《微書》,緯書本荒誕,固不足辨矣。若今漢學家説經,穿鑿僻妄,義理淺狹。如惠氏《古義》,臧氏《雜記》,最爲無取。其六,則見世科舉俗士,空疏者衆,貪於難能可貴之名,欲以加少爲多,臨深爲高也。既與程朱異趣,而爲説不辨,用意不猛,則其門户不峻,面目不著,自占地步不牢。求之於古,漢儒之魁,首惟鄭氏;小學之導師,惟許叔重;而諸經號難治者,惟《三禮》名物制度。故諸人負之,以招於世。究其本志,特出於私妄好事,豪舉矜名,原未嘗爲明經起見,並未嘗反求之身,推之人事,實欲人己均獲治經之益,國家獲通經之用也!

吾此論出,必爲漢學者所切齒,然吾非敢爾也。姑令彼平情自反,爲學而首禁窮理,妄矜博辨,别標宗旨,果於孔子之教有當否乎?夫爲學而首禁窮理,則吾心無節,觀

---

① 自“東坡云”至此,道光本所無。

物弗察，其所訓釋經文傳注，惟任於目，不顧其安。聞見雜博，傳會僻違，辨説譬喻，齊給便利，雖有左驗，而實乖義理，辨而無用，無關宏旨。段善本譏康崑崙琵琶曰："本領何雜，兼帶邪聲。"漢學説經，實亦如是。新學小生，學未知本，粃糠眯目，天地易位，祈嚮一差，新奇是尚，客氣虚憍，强作解事，務出於衆人之所不知以爲博，歧外生歧，未有底極。本不足則以碎逃之，説不足則以氣陵之，嚾嚾恂愗，詖遁給奪，不知其所非。勢將使程朱既明之道，復入於晦盲否塞，豈非横流之禍與！

竊以漢儒訓詁名物以傳經，抱殘守闕，厥功至大，然初未嘗自以接周、孔真傳。爲是言者，今漢學家之言也。吾嘗推求其故，蓋因朱子嘗言："秦漢以來，儒者惟知章句訓詁之爲事，而不知潛心反己，復求聖人之意，以明性命道德之歸。程夫子兄弟出，始因子思《中庸》得孔孟不傳之緒。"云云。朱子此論，奪之於漢儒久興之後。今漢學家欲復九世之仇，故亦欲奪之於宋儒既盛之年，以六者之蔽，而加之以復仇之志，此其"七識"。二字用佛典。胎意如此，至風氣波蕩，習俗移人。或有著書攻辨宋儒，反而求之，不得本心之所由者有之矣。蓋新學之士，未知是非之真，徒以矜名走勢，苟妄附和，機關用之既熟，耳目擩染，不覺自入其流。陳季立論"叶音"曰："顛倒古今，反覆倫類，一人倡之，天下群而和之，一世誤之，後世踵而從之，智者不敢生疑，賢者不敢致詰，若安之爲固然。"①黄蘊生有言："辨有口者，倡之於前；愚無知者，和之於後。其敢干犯天下之不祥者，非

① 自"陳季立論"至此，道光本所無。

好名也，即好利也。”愚謂天下自有公是公非，宋儒義理，實不能不用訓詁考證；而漢學訓詁考證，實不足盡得聖人之義理。而漢學家務欲破滅義理，本既不足，議論又乖，用愈多，馬愈良，離楚愈遠。如此而著書，名非不美也，學非不博也，究之聖人不享其意，即己亦不獲治經之益，徒增故紙中一重公案耳。明薛蕙曰：“訓詁之書，大抵未嘗知道，持其區區之見，以推測古聖人之蘊，所謂臆説也。若於聖人之微言，無所發明，雖整正小小文義，亦非儒者所貴也，矧其下者離真失正，不惟無補於萬一，徒增聖經之疵纇耳。”蕙在明代，其時未有今日之漢學，而其言已如此。

考漢學家所執爲宋儒之罪者，有三：一曰以其空言窮理，恐墮狂禪。不知古今能辨儒、禪之分，豪釐利害之介者，莫如程朱，豈慮守捉者反爲盜賊邪？亦過計矣！按其説曰：“心性之學，賈、馬、服、鄭所不詳，自王弼、何晏、柳子厚之徒，逮於宋熙寧以後，此弊日深。如使賈、馬、服、鄭生於是時，亦不可以默而已也。”云云。此洪氏榜説。按，柳子厚曰：“浮屠之説，合於生而靜者，不悖於孔子；大鑑始終，言性善，不背於孟子。”[①]夫以漢儒未有禪之世，而信其不流於禪，譬如執童子之未知妃色，未見可欲者，而信其與柳下同操也。程朱之言心言理，嚴辨乎禪，坐懷不亂者也；賈、馬、服、鄭，當未有禪之世，又不知有心性之學，而不流於禪，童子之未知妃色者也。稽中散曰：“豈可見黄門而稱貞哉？”何義門曰：黄門，不男者也。按，《癸辛雜識》引佛書甚詳。[②] 且今人利欲薰心，

---

① 自“按柳子厚曰”至此，道光本所無。

② 自“稽中散曰”至此正文與注文，皆道光本所無。

矜名走勢，而切切焉憂禪之爲心害，亦過計矣！[①] 且如龜山近乎禪，陸王全乎禪，而其德業功名，成就如彼，豈今漢學諸人所能夢見？故使天下學者，果人人皆能如禪家之刻苦治心，斬情斷妄，其勝於俗儒之沈迷汩没，老死不悟者已多矣。故學人必實能反躬克己，又實兼有道德學問，[②]然後乃可精辨禪學之失，與陸王之學之失，所以害於道，差謬於聖人，利害得失，實在何處？[③] 否則如唐太宗之責蕭瑀，[④]身俗口道，不將爲彼墮禪者呵棄，而不屑與辨，而又安能闢之哉？明薛蕙主張佛老，謂之"真聖人"。其説本柳子厚，立論過差，誠爲得罪吾道。然其所云，不肯同佛老於後世之儒，其言未爲無見。故禪之爲害，並非庸流所能中其病，亦非小儒所能闢其非。此事政難言之也！余此段議論，似獎禪，恐遺誤學術，所望後賢以意逆志也。[⑤]

漢學諸人之罪程朱，以言心言理墮禪，不過竊取門面

---

① 此下道光本尚有"事障未除而深憂理障，又代憂夫他人之事障未除，而恐其墮於理障；又代憂夫必不中夫理障，而恐其流爲他人之理障者。豈不爲禪人所笑倒乎！孔子曰'夫我則不暇'。譬如蕩姬淫女，而憂共姜之失節，致敗壞風俗，而切切然苦爭之，豈不可笑"一段正文。

② 自"沈迷汩没"至此，道光本原作："密對根塵，堅生情執，日夜汩没，終身交滚於貪、嗔、癡、淫、殺、盗、妄言、綺語、惡口、兩舌、顛倒、夢想、恐佈、罣礙、煩惱、憂惑、老死不悟者，已多矣！故學人必於上項諸過俱已浄盡，又實兼有龜山、陸、王之道德學問。"

③ 此下道光本尚有"吾以佛學致廣大、極高明、尊德性、敦厚、盡精微，但前不道問學，後不道中庸"一段注文。

④ "否則"下道光本尚有"自家事障未除"六字。

⑤ 此段注文，道光本原作："孟瓶庵言：余觀《楊龜山先生集》爲人誌墓之文，多稱其晚通佛學。則知大勳德、大道學，皆不免旁通佛理，然其人皆有根柢本領。若明世士大夫，不過剽竊緒餘，於此道實無所見也。余此段議論，及西原瓶庵之説，皆似獎禪，恐遺誤學術。學者要必兩邊究其實，方能辯其故，所望後賢，以意逆志也。"

題目,以成獄誣之而已,非真有見禪之爲害也。如以宋明以來,心學墮禪之害,爲皆程朱言心言性言理啓之,而以爲之獄案,則不知六經、孔子,已言心言性言理矣。無論程朱以前,自六朝及唐,禪學之興,與程朱無涉。即程子同時最深於禪者,莫如蘇子瞻,而子瞻固譏程子言性言理者也;朱子同時,最近於禪者,莫如陸子靜,而子靜固與朱子異頓、漸之學者也;程朱之後,最近禪者,莫如王文成,而文成詩曰"影響尚疑朱仲晦"。則諸子墮禪,謂因程朱而誤者,非事實也。陸王之學,其旨皆假託於《孟子》,而以爲程朱誤之,事既多誣。東坡最喜禪,如《思無邪齋銘》"凡思皆邪也",與子由本覺自明之旨,皆以爲秘密宗門矣。温公專言心,温公作《潛虛》,專講心學。又曰"光近得一訣,只管念个'中'字。"以迹論之,豈不是抱話頭?又葉少藴《避暑録話》云:"熙寧以前,洛中士大夫未有談禪者,偶富鄭公問法於華嚴,知其得於圓照大本。時本方住蘇州瑞光寺,聲振東南,公乃遣使作頌寄之,執禮甚恭如弟子。於是翻然慕之者,人人皆喜言名理。惟司馬温公、范蜀公以爲不然。既久,二公亦自偶入其説,而温公尤多,蜀公遂以爲譏。温公曰:'吾豈謂天下無禪乎?但吾儒所聞,有不必舍我而從其書爾。'此亦幾所謂實與而文不與者,觀其與韓持國往來論《中庸》數書可見矣。末因蜀公論空相,遂以詩戲之曰:'不須天女散,已解動禪心。'蜀公不納,乃復以詩戲之曰:'賤子悟已久,景仁今日迷。'又云:'到岸何須筏,揮鋤不用金。浮雲任來往,明月在天心。'①觀此,謂温公不通禪,可乎?"而向來不聞有人議其流害,而獨罪程朱,抑又不平。若以程子之言有似於禪者,則朱子嘗作《記疑》一卷,已辨其失程子之意;若

① 道光本此下尚有"此道極致,豈大聰明而有差別"句,乃葉夢得原文,爲是本所删。

以程門諸賢之流於禪者，爲程子之罪，而如龜山之出其所陳時政，絶無一毫禪病誤人家國。高宗不行其言，高宗而行其言，則是豈不足以救弊？夫禪之所以爲害，在遺人事，悖倫常，程朱有之乎？微獨程朱，即龜山、陸、王有之乎？然而程朱所以嚴辨乎禪者，爲其所依託心性，彌近理而大亂真也。乃黄震等並舉其真理無差者，而欲去之，則又爲謬妄矣。夫不考其實，而第以其言及於心，及於理，即指爲禪，是必舉六經之言性、言心、言理等句，而盡删之。俾天下之人，皆作比干刳其心而去之，然後乃免於禪，非止懲羹吹韲，並將因噎廢食也！昔蜀漢時，天旱禁酒，釀者有刑，吏於人家索得釀具，論者欲與作酒者同罰，簡雍與先主游觀，見男女行道，雍曰："彼人欲行淫，何以不縛？"先主曰："卿何以知之？"雍曰："彼有其具，與釀酒者同。"李茂貞居岐，以地狹賦薄，下令榷油，因禁城門無内松薪，以松可爲炬也，有優者誚之曰："臣請更禁月明。①"又禪家《語録》有曰："譬如脚上忽患惡瘡，但當療瘡，不當憎脚。"如黄震、顧亭林、漢學家之議，是何異欲縛行道而禁月明兼憎脚邪？且所疑於禪者，又非禪之理也。使真解禪者，如張無垢、蘇子瞻輩見之，應且爲笑也。何者？是不知告子之不求於心，乃政爲禪之三昧，而求心者非禪也。蓋唐宋以來，學者所以墮禪，皆專用心向裏，就身心上做工夫，直要明心見性，此實出於達摩剿除知解義學，直指悟理，謂之頓門。黄氏、顧氏不知，轉向義學搜捉贓犯，又不覩聖人之全，遂於疑似之際，而欲闢聖人之言，其害更甚於禪。何也？禁天

---

① "更"，《新五代史》卷四〇《李茂貞傳》作"並"。

下不許求心求理，勢必使人人失其是非之心，即於惶惑茫昧，而無復觀理之權衡矣。近世漢學家，又全不用心於内，全不向身心上做工夫，耳食門面語，惟務與宋儒立異爲仇，顛倒迷妄，信口亂道，其害又甚於黄氏、顧氏。何也？但恃數卷駁雜斷爛漢儒之言，黄吻少年，皆議宿學，勢必流於狂誕無忌憚。要之，實黄氏、顧氏作之俑也。自朱子廓清以後七百年，不幸又生此大亂，可懼之甚也。

夫諸人以程朱言心言理墮禪，爲害於學術治術，試考南宋以來，其治亂政事得失之由，何者是禪學遺之大害？又何者是因程朱言心言理而致？一一無實，而虚搆横誣，"莫須有"三字，何以信天下後世！流俗無聞，不學者衆，耳食浮游，附和不察，併爲一談，牢不可破，此孟子所爲好辯也。① 夫孔子修《春秋》，爲亂臣賊子也；孟子闢楊、墨，爲充塞仁義也；韓子闢佛，爲其去人倫、無君父也；程朱闢禪，爲其彌近理、大亂真、淆聖學也。漢學闢程朱，則竊其説，而即以巇之，其罪名獄辭，所定案牘左證，所牽皆在疑似矯誣，安得臯陶使聽直乎！且吾決知漢學之人，必無深慮沉識，真能分明覩見禪之害，正爲斯道至切大患處也。何以明之？以其人制行，皆溺於利欲常度，黷貨濫色，逦勢矜名，私狹忿忮，講經與躬行心得，判而爲二，趙大洲曰："學者只貴眼明，不須踐履，言與行違，心與迹異。"云云。② 無一人一事，可比禪德尊宿。則知其志慮，必不能閑邪衛道，憂在萬世。

---

① 道光本此下尚有"彭魯岡曰：'勿論禪與不禪，只有益於身心，有益於天下國家者，便是正學；只有害於身心，有害於天下國家者，便是邪説。'（此語亦粗而有病，學者詳之。）"一段正文及注文。

② 此段注文，道光本所無。

且其學識，亦必不能精思密察，過於程朱也。況今天下，並無禪病心學之失，非明季之比，而六經、孔孟、程朱之言，亦必無此流弊，皆不煩代慮之也。

其一，則以宋人廢注疏，使學者空言窮理，啓後學荒經蔑古空疏之陋，則又非實。考朱子教人爲學，諄諄於漢魏諸儒，正音讀，通訓詁，考制度，釋名物，以爲當求之注疏，不可略。又曰："秦漢以來，聖學不傳，儒者惟知訓詁章句之爲事，而不知復求聖人之意，以明夫性命道德之歸。然或徒誦其言以爲高，而不知深求其意，遂致脱略章句，陵藉訓詁，坐談空妙，而其爲患，反有甚於前日之陋者。"又曰："自秦漢以來，儒者不知反己潛心，而以記覽誦説爲事，是以有道君子，深以爲憂。然亦未嘗遂以束書不觀，坐談空妙，爲可僥倖於有聞也。"可見楊慎等之論，皆竊朱子之言，而即用以反噬之。又曰："或遺棄事物，脱略章句，而相與馳於虛曠杳渺之中。"又曰："其有志於爲己者，乂直以爲可以取足於心，而無事外求也。此方真是禪。是以墮於佛老空虛之邪見，而義理之正，法度之詳，有不察也。"此指陸子。又曰："近看《中庸》古注，極有好處。如説篇首一句，便以五行五常言之，後來雜佛而言之者，豈能如此殼實？因此方知擺落傳注，須是二程先生，方始開得此口。若後學未到此地位，便承虛接響，容易呵叱，恐屬僭越，氣象不好，不可不戒耳！"又識駁胡紘"父在不當承重"説後云："今之學者，於古人之遺文，不爲之詳究。以空言而議朝章，以清談而干王政，是尚不足窺漢儒之壘，而何以升孔子之堂哉？"又引《説文》解《易・恒卦》，又於"大有用享"，以爲"亨"、"享"字，《易》中多互用。因言文字音韻，是經中淺事，故先儒得其大者，多不留意。然此等處不理會，卻費無限辭説牽補，卒不得其意，亦甚害事。可知今人主張鄭學、小學以爲門户，皆竊朱子之緒論，而反詈之。據以上諸説，朱子教人讀書，平實如此，何嘗如今漢學家所詈云爾哉。

其一，則曰以其講學標榜，門户分爭，爲害於家國。夫自古亡國，以用小人；近世議論，專以亡國之禍，歸之君子。或謂之曰黨，曰道學，曰講學之家，曰講學門户。若以比於佞人宦寺，尤當戒者，而不聞一人議曰：某代之亡，以用小人之過也。可謂失其本矣！或云洛、蜀黨分而北宋亡，道學派盛而南宋亡。試平心核之，徽、欽之亡，外以海東青，内以花石綱，於洛、蜀黨何干？趙汝愚、韓侂胄之分黨，而啓黨禁也，固也；南宋之亡，果以道學盛之故乎？朱子卒於寧宗慶元五年己未，下逮己卯宋亡，八十年。[①] 夫不咎蔡京、童貫，而咎洛、蜀黨；不咎韓侂胄，而咎道學派；不咎嚴、魏，而咎東林，此果爲理實之言乎？至南宫靖一字仲靖，分寧人，禮宗端平進士。[②] 作《小學史斷》，又以宋之南渡，爲道學之功；宋之不能恢復，由僞學之禁。此又不然。惟元仁宗曰："儒者所以可貴，以能維持三綱五常之道也。"此言至平實。若夫真儒濟世，其人既不多遇，有其人而又不用，則亦無益。孔子並不能救魯之弱，孟子並不能挽戰國之亂，不用也。今既不可以魯之弱，戰國之亂爲孔孟之罪，亦斷不可謂魯之延，戰國不速亡爲孔孟之功。凡此皆小人誣正，及僻儒虚矯，非事實也。世又謂程朱見道之明，不應爲黨，此亦

① 此段注文，道光本所無。
② 此段注文，道光本所無。

不然。夫講道刑仁，氣類朋來，自然之理。五臣不同氣，而與共、驩爲類乎？孔子不與顔、曾同氣，而與陽貨、季孫爲類乎？諸人之論，全不平心論事，惟滕紙上之口，似是而非，以箝制人口，動以亡國之禍加之，使不得脱。此帝舜所謂"讒説殄行"也。夫不核邪正是非，禍亂政教所由之實，而概以亡國之罪，加之正人君子，果經世之言乎？世論東林，則同類之中，賢奸先混；伊雒則攀援聲氣，末流依附。雖創始諸人，未必逆料及此，而推原禍本，則一二君子，不得辭其咎。又以明之亡，亡於門户，門户始於朋黨，朋黨始於講學，講學始於東林，東林始於楊時。又論明馮從吾之爭講學，以爲士大夫甲科通籍，於聖賢大義，不患不明，顧須實踐何如耳，不在乎聚而講也。宿松朱書，亦言陽明之失，失在講學，誠有如胡端敏之言者。又曰古未有在位而講學者。凡講學於居官之日，皆所不取。説者以中原陸沉，實清談之禍，雖爲過甚，揆其流弊，不得謂非有由也。

以上諸論，誠爲有見，亦頗皆實事，無可置辨。然愚心終不安，其實蓋不然也。間嘗反覆推究，以爲堯舜之世，亦有共、驩，豈得爲四岳、五臣之咎？孔氏之門，弟子三千，聲氣攀援甚矣，豈可執爲聖人之咎？則論東林、伊雒之説，非言之信也。自古聖帝明王，因時立政，曰以救敝而已，揖讓征誅，忠質文之尚。末流且滋弊端，則因東林始於楊時，而欲集矢於程子，非言之信也。伊古以來，不能使仕宦者，皆明於躬行實踐，皆賢哲有學之士。則謂士大夫甲科通籍，皆明於聖賢大義，無容講學，非言之信也。堯舜都俞吁咈，其戒臣鄰也，曰："余違汝弼，汝無面從。"皐、禹之謨，喜、啓之歌，[1]伊、傅、周、召之訓，漢唐以來，名臣碩輔，所進忠於時主者，刑賞舉措，公私黜陟，政治得失，地方利病，民生休戚，無非講學，而謂在位者不當講學，非言之信也。陽明之學是邪，在位何不可講？非邪，在下又可講乎？不論所講之是否，第執陽明爲不當在位講學，非言之信也。且夫所爲講學者何先乎？非尤當講明進退出處語默之義乎？經故曰："邦有道，危言危行；邦無道，危行言遜。"又曰："邦有道，其言足以興；邦無道，其默足以容；既明且哲，以保其身。"又曰："爲下不倍。"又曰："惡訐以爲直。"又曰："人而不仁，疾之已甚，亂也。"又曰："不在其位，不謀其政。"明之君子，於此皆犯之，安在其能講學也。冒講學之名，而不精求聖人利用安身之道，徒使人詬病聖人之學不當講，是誣之也。昔程子以《艮》之《艮》，示郭忠孝曰："《艮》，止也。學道之要，無出於此。"忠孝因牓其室曰"兼山"。立身行道，皆自止始。《易》之爻象有六，曰時、曰位、曰德，苟違其義，皆垂凶、悔、吝之戒。凡此皆切近之學，明之君子，舍此不講，而攻人之惡。今之君子，第見其害，不究其實，懲羹吹虀，因噎廢食，因執論以爲士大夫不當講學。二者交病而皆失，至死不相服，竊以爲皆誤也。

夫堯、舜、禹之傳天下也，曰"人心惟危，道心惟微；惟精惟一，允執厥中"，講學也；舜好問，而好察邇言，執其兩端，用其中於民，講學也；契爲司徒，敬敷五教，夔典樂，教胄子直、寬、剛、簡九德之行，講學也；《周官》三六德行之教，樂正、司成論説，講學也；《易》曰"明辨晳"，"議德行"，

① "啓"原作"起"，此指大禹之子啓也，今據改。

講學也；孔門弟子，問仁、問政、問君子，問崇德、修慝、辨惑，講學也；孟子曰“博學而詳説之”，講學也。未達者之用，在先講正心、誠意、修身、齊家，懲忿窒欲，遷善改過，進退出處，辭受取與，語默謙晦，不邀名，不願外，居易俟命，素位之學。既達者之用，在細講治平之理，興仁興讓，僨事定國之機，藏恕喻人之道，理財用人，好惡公私。義利得失之戒，七情五性之毗於偏也，如油著麵，利害存亡之幾，決於毫釐千里，自一身而至邦國，自一物而至萬類，何在非學？何在不當講？故曰“學之不講，是吾憂也”。孰謂不當講學邪？今夫治河者，導之使順軌，則行乎其途而不爲害；若强壅之以逆其性，未有不潰決汎濫者也。故曰“防民之口，甚於防川”。故禁學者不當講學，毋論非理道之正，而其勢亦必不能終遏。於是執子莫之中者，謂學者當有躬行之實，不當有講學之名。斯論一出，天下推以爲名言篤論矣。以愚論之，亦非信言也。孔子論誠身之目，曰博學、審問、慎思、明辨，然後繼之以篤行。夫學不講，則道不明；道不明，安必躬行之皆出於是邪！故曰：“道之不行也，我知之矣，知者過之，愚者不及也；道之不明也，我知之矣，賢者過之，不肖者不及也。人莫不飲食也，鮮能知味也。”然則謂躬行者，不當講學，非言之信也。或又謂講學宜也，只當自講，不當召聚徒黨以爲之名，馴至聲氣攀援之弊，似也而亦未盡事理之實。夫傳道得吾徒，有講則必有聽受之者。天之生斯民也，使先知覺後知，使先覺覺後覺。聖人作而萬物睹，師道立則善人多。古人恥獨爲君子，儒者守先王之道，以待後學，安得如生公説法，聚石爲徒乎！《易》曰“君子以朋友講習”，《臨》、《觀》之義，或與或求。《論語》開宗明義第一章，曰“學而時習”，“有朋自遠方來”，又曰“以文會友，以友輔仁”，又曰“誨人不倦”，又曰狂簡“不知所裁”，皆講之於人也。世之君子，讀書論世，斷國計，著書立言，以折衷古今大義，乃併《學而》一章亦未讀。吁！可怪已。且夫所爲講學者，非將欲試之於用乎？使第一人閉户私居，面壁對陳編而切究，固可以自淑矣。假如疑無與析，奥有未通，或致歧誤，流害人心世道，國計民生，豈不悔辨之不早辨乎？借使皆徹矣，無疑矣，不誤矣，一旦用之，亦必上告吾君，中語同僚，下詔百姓；告之語之詔之，不能皆喻，必須講辨，則仍是講學也。故學縱可一人獨講，斷不能一人獨行。故謂講學不當同人者，此無意於公天下用天下之言，其意思局量，亦甚迫隘矣！若又以伊尹、傅説、太公之初爲説，則又非倫。王佐之人不世出，安得恒置數百年天下？萬衆不學，萬事不理，以待之遙遙不世出之王佐乎？則以講學，只當杜門自講，不當同人者，非言之信也。

然則如之何而可？曰：在上者，司成學政校官，官爲之講學；在下者，師儒爲之講學。如唐虞司徒、典樂之法，周官德行、道藝之教，孔孟六經之言，蘇湖、白鹿之規，講之愈明愈甚，國家皆受其福。孟子曰“王之好樂甚，則齊其庶幾乎”。然則亦患不講學耳，豈謂不當講學邪？且夫所謂講學者，非謂相與講去其非邪？徐鶴洲云：朝廷以賢否辨仕路，公庭以曲直平民情，里巷以是非正風俗。其爲盛世無疑矣。愚謂清議所以維風俗也，講學所以端清議也。① 若明人之講，處己太高，陵厲激訐，於疾之已甚。斯疏斯辱，

① 自“且夫所謂講學者”至此，道光本所無。

未信爲謗，不可則止等戒均昧，出位干政樹幟，以講學爲號，收召好名之徒，以爲聲氣，不思《艮》止之訓。是慝也而弗修，是惑也而弗辨，是忿也而弗懲，若是者政坐不講也。夫講學者，鼓盛氣以强人從己，未有不激人之怒者，況施之敵以上及人主也。然則非講學之足爲害，而講之歧其方，誤其用，徇外爲人，以滋之害，而貽世口實也。

大抵論事者，第論其大體得失之數，而不深究其致敝之實，往往情與事不相中。晋、楚帶劍，各執其麄疏之見，似是而非，馴至潰敗決裂，大繆不然，而終不肯降其心，析義未精，未嘗巽入事理而權之也。故曰"巽以行權"，如明人之講學是也，其所以爲講者非也。世之君子，睹其害而不察其所以然，動詆之曰"講學家"，因謂士大夫不當講學，亦非也。紛紛異論，邊見謬説，惟第論大體得失之數，而弗詳究其實也。推之而昔人青苗、保甲、手實、雇役諸大端，亦若是則已矣。凡此政學之所宜講也，孰謂不當講學耶？按，《後漢書·申屠蟠傳》稱："先是，京師游士汝南范滂等，非訐朝政，自公卿以下，皆折節下之。太學生爭慕其風，以爲文學將興，處士復用。蟠獨歎曰：'昔戰國之世，處士横議，列國之王，至爲擁篲先驅，卒有阬儒燒書之禍，今之謂矣。'"故漢、明黨禍，其罪在於非訐朝政，造作虚譽，此政坐不講明哲保身之學耳。若但如《儒林傳序》樊準、徐防等疏，鄭玄等傳，所述立學講授本末，京師建立太學，訪求名儒，徵詣公車，以充禮官。公卿各舉明經，立五經博士，分門專業，各以家法教授。士之願學者，造太學受業，兼通者爲高第，擢爲講郎。太常差次總領，通經術者，皆得察舉，或宦學既成，以老而退，安車駟馬，告歸鄉里，各以其學，開門授徒，四方來游從者不拒。至太學教法，宜采漢、晋、宋、元諸儒，如左雄、黄瓊、胡廣、朱子、許衡、不忽木，論學校成法故事，斟酌畫一，使天下曉然於一道同風之旨。經學、小學外，律算、庶政，分立科師，職業分明。斯國不異學，士皆通經足用，自無明人門户紛歧之弊，及科舉空疏之陋矣！隋梁彦光爲相州刺史，用秩俸招致大儒，立學講授，策試賓貢，其法甚備。又曾南豐有《請令州縣特舉士劄子》。① 又考異説之興，其始由知賢之過，不能反己潛心，盡精微之藴，以約之至道之正。而又或鼓之以客氣浮情，遂如水火之不相爲謀。此在思、孟、程、朱之世已然，如楊、墨、告子、蘇、陸之徒是也。如東坡以伊川爲奸，豈非過論！葉紹翁詆道學爲市，近世熊賜履《閑道録》詈陸王爲異類，蕭企昭詈陽明爲賊，皆過言也！其後如黄震、王柏等，則信之不及，疑所不當疑，不探本實，爲説粗疏。迄於楊慎、郝敬、李塨、毛奇齡等，器識益浮淺，偏見顛倒，極口詆毁，徒欲自絶。惟顧亭林以忠信之質，濟之以博辨之學，又以有激於時，而務立説以矯敝，論近理實，而人始尊信之。雖不專主漢學，而抑揚太過，竟成禍胎。迨閻、惠繼起，墮本勤末，置邇效賒。而漢學考證，遂於義理之外，巍然别爲一宗主。如田氏之齊，成師之晋，國統盗移矣。蓋人情好異喜新，矜奇愛博，而閻、惠起而恩之以豆區釜鍾之施，使人心悦從，而漸移其畔宋即漢之心。後來戴氏等，日益寖熾，其聰明博辨，既足以自恣，而聲華氣焰，又足以聳動一世。於是遂欲移程朱，而代其統矣。一時如吴中、徽、歙、金壇、揚州數十餘家，益相煽和，則皆其衍法之導師，傳法之沙彌也。曲而辨之，其塗則異；總而斷之，其失則同。何者？同昧其本，而競談其末也。吾嘗論附宋學者，或有愁儒；攻程朱者，必無君子，心術邪也。昔者孔子、孟子，原因人心多蔽，義理不著，邪説

---

① 自“隋梁彦光”至此，道光本所無。

誠行，充塞仁義，懼爲世道之憂，故修訂六經，相與講明切究，以續夫唐、虞司徒之教，禹、湯、文、武、周公之法。凡以爲明德也，親民也。明德明，而後知修齊治平相因之序而不可易；亦明德明，而後知大中至正之所在而不可偏。其物則君臣、父子、夫婦、昆弟、朋友之際，其事則日用動作、進退取舍、是非邪正之分。所謂“率性之謂道”，率此也；“修道之謂教”，修此也。六經之爲教於天下萬世，如是而已。

今漢學家首以言理爲厲禁，是率天下而從於昏也。拔本塞源，邪説横議，較之楊、墨、佛、老而更陋，擬之洪水猛獸而更凶。何者？洪水猛獸害野人，此害專及學士大夫。學士大夫之學術昧，則生心發事害政，而野人無噍類矣。荀子曰：“飾邪説，文奸言，以瀺亂天下，使天下混然不知是非治亂之所存”，“不足以合文通治，然而其持之有故，其言之成理，足以欺惑愚衆。”莊子曰：“使一世之人，吞聲服之，非心服也。”①漢范升曰：“孔子曰：博學約之，弗畔矣夫；學而不約，必畔道矣。”龔勝非龔建曰：“章句小儒，破碎大道。”②又鄭、賈之徒譏《公羊》，以爲言乖典籍，詞理失所，是爲俗儒。何平叔曰：“善道有統，故殊塗同歸，異端不同歸也。”徐偉長《中論・治學篇》：“凡學者大義爲先，物名爲後，大義舉而物名從之，然鄙儒之博學也，務於物名，詳於器械，考於訓詁，摘其章句，而不能得其大義之所在。”偉長生於漢季，乃不爲馬、鄭之學所囿如此，可謂卓然有識之士

---

① 自“莊子曰”至此，道光本所無。

② 自“龔勝非龔建”至此，道光本所無。

矣。[1] 蘇子瞻曰:"學失本源,邪説並馳,大言滔天,詭論蔑性,不謂自便,曰固其理。"朱子曰:"書愈多,而理愈昧;讀書愈勤,而心愈肆。"元杜瑛曰:"先王之道不明,異端邪説害之也。"明黄太沖曰:"讀書多而不求於心,則又爲僞儒矣。"彭魯岡曰:"同一讀書,爲誇多而讀者,人心也;爲明善而讀者,道心也。"近人陸世儀曰:"世有大儒,必不别立宗旨。"皆若爲斯人而發者也。禪家語録有云:"修行之人,有一分工夫,便有一分勝心;有十分工夫,便有十分勝心。既有勝心,則有我相;我相勝心,作大障礙。"愚謂此昔人所謂飲藥加病,學而名母者也。陸子靜曰:"凡人溺於勢利者可回,溺於意見者難回。孔、顔所以貴無我克己,不遠復也。古今學術之歧,惟爭於此。"《淮南子》曰:"乘舟而迷者,見斗極則悟。"夫欲求斗極,舍孔氏之義理何止?欲求孔氏之義理,舍程朱之講辨何階?

今漢學諸公,口言誦法孔氏,而痛斥義理,羞談程朱,全以勝心、我相説經,欺誣後生,蕩滅本義,不過欲反程朱而已。程朱生前不幸,蒙僞學之禁,百年論定,如日中天。學者恭逢盛世右文,尊儒上學,一道同風,列聖傳心,後先一揆,功令所垂,薄海祇奉。而漢學之徒,以其謏聞駁雜之辨,支離繆悠之論,倡爲邪説,傾敗正道,簧鼓士心,疑誤來學,言辨而逆,飾非而好,潛移顯奪,日漸月化。數十年來,此風遍燕海内,如狂飈蕩洪河,不復可望其澄鑑。在上者,其勢位既足以軒輊一世,風會所尚,一時高才敏疾之士,又群趨附之。平居談論,若不畔程朱,即非學,言有偶及之

---

[1] 自"徐偉長"至此一段,道光本所無。

者，輒羞恧若將浼焉，若不共戴天之仇，義必如是，而後爲丈夫者。周櫟園言：“王百穀之子王留，以詩文門户分别，推遠其父，若百穀生前負大辱於世，而不屑爲其子者。詩文門户，即不同調，亦何至自昧於人倫如是。”今之攻程朱者，大率皆王留也。又明葉文忠向高《三賢祠記》云：“新學繁興，異端蜂起，有能彈射紫陽者，則世共以爲高。”①舉凡所謂儒梟惑衆，狙學擬聖，悉萃於一時，較章惇、邢恕、范致虚、陳公輔、胡紘、施康年、汪沇、②沈繼祖、林栗諸人，氣力更大焉！《詩》曰：“雨雪瀌瀌，見晛聿消。③莫肯下遺，式居屢驕。”又曰：“雨雪浮浮，見晛曰流。如蠻如髦，我是用憂。”乾隆初，謝濟世詆朱子《大學》、《中庸章句》，且謂明代尊崇朱子之書，以同鄉同姓之故，因奏請廢朱子《章句》，而用其自注《學》、《庸》頒行天下。六年九月二十五日，奉上諭：“朕聞謝濟世將伊所注經書，刊刻傳播，多係自逞臆見，肆詆程朱，甚屬狂妄！從來讀書學道之人，貴乎躬行實踐，不在語言文字之間，辨别異同。況古人著述既多，豈無一二可以指摘之處？以後人而議論前人，無論所見未必即當，即云當矣，試問於己之身心何有益哉？我聖祖將朱子升配十哲之列，最爲尊崇，天下士子，莫不奉爲準绳。而謝濟世輩，倡爲異説，互相標榜。恐無知之人，爲其所惑，殊非一道同風之義，且足爲人心學術之害。朕從不以語言文字罪人！但此事甚有關係，亦不可置之不問

---

① 刊誤本此下尚有“按，《野獲編》言，百穀老仍與妓馬湘蘭有床笫之好，則宜其子之非之也。天下歙家之號，固非端人也”一段注文。

② 按“汪沇”疑爲“王沇”之誤。王沇，南宋朱熹同時人。曾乞置僞學之籍。事見《宋元學案》卷九七《慶元黨案》。

③ 按“晛”原作“睍”，據《詩經・小雅・角弓》改，下文“見晛”同爲改正。又“聿”原詩作“曰”，“屢”作“婁”。

也。爾等可寄信與湖廣總督孫嘉淦，將謝濟世所注經書中，有顯與程朱牴牾，或標榜他人之書，令其查明具奏，即行銷毁，毋得存留。欽此！”煌煌聖訓，誠天下學者，所當服膺恭繹，罔敢違失者也。明永樂二年，鄱陽人朱季友，詣闕獻所著書，詆毁程朱。上怒，遣行人押赴饒州，會司府縣官杖之，焚其書焉。姚榮國廣孝作《道餘録》，專詆程朱，其友張洪爲收焚其書。見《日知録》。昔馮文敏琦，萬曆時爲《會試録》，序中云：“高皇帝神聖，兼綜條貫，至風厲學官，齊一統類。萃萬代之耳目，而懸之一鵠，獨禀紫陽之訓詁。夫宋儒訓詁，豈必千慮無一失？然而王制也；今之爲新説者，豈必千慮無一得？然而非王制也。先王所是著爲令，士安得倡異説於王制外乎？”姚姬傳先生《程綿莊集序》曰：“天下之學，必有所宗。論繼孔孟之統，後世君子，必歸於程朱者，非謂朝廷之功令，不敢違也，以程朱平生行己立身，固無愧於聖門，而其論説所闡發，上當乎聖人之旨，下合乎天下之公心者，爲大且多，使後賢果能篤信而守之，爲無病也。若其他與程朱立異者，縱於學有得，亦不免賢智者之過；其下則肆焉爲邪説，以自飾其不肖者而已。”謝濟世，字石霖，全州人，康熙壬辰進士，官湖南驛鹽道。余見其《梅莊集》，議論文筆體裁，傖鄙淺陋，宜不足知朱子也。①

考漢學諸人，於天文、術算、訓詁、小學、考證、輿地、名物、制度，誠有足補前賢、裨後學者。但坐不能遜志，又無識，不知有本，欲以掃滅義理，放言横議，惑世誣民，誠非細故。② 又考凡漢學家所有議論，如重訓詁，斥虚空墮禪學，皆竊朱子之緒論，而即用以反罪之，增飾邪説，失真而改其

---

① 自“姚姬傳先生”至此，道光本所無。

② 此下道光本尚有“譬如人有嫱、施之淑姿，又被服都麗，而恣行兇德，飄忽背尊，章棄丈夫，引群不逞少年，放蕩邪淫，則是豈可惜其色，俾任其傷風敗俗，以亂大化也哉”一段正文，底本删去。

面目，又一局矣！孔沖遠所謂"蠹生於木，而還食其木"。非其理也。又考凡漢學家所有諸謬説，實亦皆本之宋儒。如謂學者不當言性理；歐陽永叔、蘇子瞻等。《大學》非孔氏之書；楊簡等。《大學》古本當從《中庸》分章，删《風》詩；王柏。欲删《四書集注》，不肯言用心於内，詆《尚書》人心、道心爲墮禪；黄震。"格物"非窮理；司馬温公。《詩小序》當從。馬端臨。諸如此類，皆漢學家祖之，以爲門户者。既借朱子正論以反噬，又借諸謬論以毒正，曾不區别，統而目之爲宋儒，而概以詈之。陰用其言，而罪其人，此鄭人殺鄧析，而用其《竹刑》之比也。今余欲申宋學，使不爲明辨，亦總而目之爲宋儒，而概以護之，是愛苗而不去其莠，貴粟而不見其粃，晋楚帶劍，臧穀同亡，何以著義理之真也！

又考漢學諸人，所擅爲絶學，以招於世者，如訓詁、小學、天文、算術、名物、制度、輿地、考史，實皆《大學》始教"格物窮理"條目中之事。陰行其實，而力攻其説，如人亟資於布帛菽粟，而忌言衣食之名，因痛斥之。豈惟用罔，抑亦不惠矣！竊宋儒之説，即痛詈宋儒；竊《大學》之教，即力排《大學》。此不爲昧其真心乎？且漢學所擅爲門户者，皆古人小學始基粗迹，固不可廢；要之堯、舜、周、孔之教之大全，修己治人之要道不在是。而乃訾蔑大本，憖置不道，矜其末迹，增飾邪説，以爲天下之學莫大乎是。舉世附和，以爲古今聖人惟孔子，孔子之道在六經，六經之旨在訓詁、名物、制度，學者第從事名物、訓詁，自足通乎性與天道。是爲唐、虞、周、孔正傳，宋儒廢訓詁而空言義理，啓天下以空疏談道，使漢儒傳注不明於世。故以爲之大罪，而必欲火其書絶其人，犁庭掃落，以與天下易其門户宗旨，使無爲學術經術之大害。蓋漢學之主意宗旨如是。竊以訓詁、名物、制度，實爲學者所不可闕之學，然宋儒實未嘗廢之。但義理、考證，必兩邊用功始得。若爲宋學者，不讀漢魏諸儒傳注，則無以考其得失，即無以知宋儒所以或用其説或易其説之是；而漢學諸人，又全護漢儒之失以爲皆得，則亦用罔而悍然不顧而已。

又按漢學諸人，堅稱義理存乎訓詁、典章、制度，而如《考工》車制，江氏有《考》，戴氏有《圖》，阮氏、金氏、程氏、錢氏，皆言車制，同時著述，言人人殊，迄不知誰爲定論？他如蔡氏賦役，沈氏禄田，任氏、江氏、盛氏、張氏宫室，黄氏、江氏、任氏、戴氏衣服冕弁，各自專門，亦互相駁斥，不知誰爲真知定見？《莊子》所謂"有待而定"者邪？竊以此等，明之固佳；即未能明，亦無關於身心性命、國計民生、學術之大。物有本末，是何足以臧也？以荀子"法後王"之語推之，則冕服、車制、禄田、賦役等，雖古聖之制，亦塵飯木胔耳！以爲無益於天下者，明之不如其已也。[①] 何者？三統之建，忠質之尚，井田、禮樂諸大端，三代聖人，已不沿襲，又何論後世，而欲追古制乎！昔元齊履謙，於學博洽精通，自六經、諸史、天文、地理、禮樂、律曆，下至陰陽五行，醫藥卜筮，無不淹貫，而尤以窮理爲務，精研洙泗、伊洛之書，多所著述。又劉因初爲經學，究訓詁、音釋之説，輒嘆曰："聖人精義，殆不止此！"及得周、程、張、邵、朱子之書讀之，一見能發其微，曰："我固謂當有是也！"及窮其學之所至，而曰："邵，至大也；周，至精也；程，至正也；朱子，極其

① "以爲無益於天下者，明之不如其已也"一句，道光本所無。

大，盡其精，而貫之以正也。”又王恂精算術，裕宗問焉，恂曰：“算數，六藝之一。定國家，安民人，乃大事也。”每侍左右，必陳三綱五常之道，及歷代治忽之所以然。裕宗問心之所守，恂曰：“許衡言，人心如印版，版本不差，雖摹千萬紙皆不差；若版本差，則所摹無不差。”云云。又不忽木上《立學疏》，極其科條之詳，仍以義理爲主。其教必本於人倫，明於物理，爲之講解經傳，授以修齊治平之道云云。又王鶚言：“學者當以窮理爲先。”又趙復贈元好問，以“博溺心，末喪本”爲戒。考元一代學術規模，皆本於趙復、許衡、姚燧，故其議論淵源如此。然漢學家謂“元明以來，此道益昧，有明三百年，長夜悠悠，視天夢夢，爲可悲者”，豈不誣邪？夫以人心之尠知道也，鮮尚德也，幾不識仁義忠信爲何物，皆以蒼猾狼勝爲用，[1]飾智驚愚，詐私逞妄，日偷日薄，天理不勝私欲。所賴宋儒發明六經、孔孟義理之教，以彌縫之，激厲之，自閭門黨巷，以達乎朝廷州里，敦崇正學，一道同風，有以維世道於不敝，存人心於幾希，所以貴有儒術也。金世宗曰：“朕所以合繹五經者，欲令女直人知仁義道德所在耳。”漢學者矜其謏聞，邪説横議，利本之顛，共尋斧斤焉。痛斥窮理，力闢克己反心之學，版本之差，孰大如是？考其律身行己，修整者固多，敗行者亦不乏。忿欲任情，踰閑蕩檢，惟以有著述爲藏身之固，天下亦遂以此恕之。貪黷卑污者有之，淫縱邪行者有之，悁忿忮克者有之，舉無妨於經學通儒之名。六經之用，安賴是乎？古人所以致論於目睫也。即如朱彝尊之作《風懷詩》，得罪名教，固見擯於洙泗，

① “狼”，原作“狠”，據道光本改。

而舉世眩其文學博雅，無一士敢插齒牙。如有呰竹垞者，則衆必以爲悖誕傖父；而凡有能詆程朱者，則衆共引爲大雅豪傑有識之士，真學問種子矣。豈非傎邪！

余既爲此説，友人多以見規。其言有曰：尊著《書林揚觶》，有《傷物》一門，則此言竹垞云云，似宜酌改。或又曰：竹垞作《風懷詩》，乃其少年不謹之事，中晚年乃著《經義考》。君子於人，固當許其改過，如周處之輩，何嘗遂絶於昔賢邪云云。此誠爲長者之論，忠誨勤篤，敬當佩繹者矣。但審思其義，又别有利害。① 蓋論竹垞者，分别論之，自當爲文苑之雄。若余所切論，正爲其作《經義考》也。何者？使後世學者，皆假塗託宿於經義，而制行不檢，皆以竹垞爲口實。以爲竹垞且爾，吾何疚焉？則是聖人六經，特爲淫蕩輕儇之護身符也！諸公寬論一竹垞，而害萬世人心學術；吾嚴論一竹垞，而立萬世經學義理之坊。所慮似别耳！《經義考》本《授經圖》西亭王孫所著。而作，與《崇文總目》，晁、陳《志》、《録》，錢遵王《敏求記》等，皆述授受之源流，究繕刻之同異，考存軼之虚實，介於鑑賞、考訂之間，見聞既博，辨論亦精，誠爲書林之實，向來書目所未及。然於經旨義理，全没交涉，只以資於考証版本，毫無益於身心道義。是已爲買櫝還珠，如王文成所譏尊經閣書，如窶人丐夫之庫藏簿者也。況又躬行邪行，揭此以爲之大名以藏其身，而倡其惡於天下後世，使援以爲口實邪！考竹垞作《風懷

① 道光本此下尚有"蓋論竹垞者，譬蕩姬佚女，以色藝冠一時，而不可以禮法繩之者也"數句，底本删去。

詩》爲康熙乙酉，時年四十一歲；五十八歲，輯《經義考》；八十一歲，刊《曝書亭集》，不去《風懷詩》，則不得以少年爲辭，又非周孝侯英雄粗猛之過可比。夫傷物者，謂揭人隱過，人所不知，由我而發，可已不已。若竹垞之事，其所自述，已暴於世，海内共知，余爲經義立坊，因以爲戒，非傷物比也。按，陳廷敬《墓志》稱，曹寅爲君刊《曝書亭集》，未卒業而君歿。世稱君子昆田，請削《風懷詩》，而君不允，非也。昆田以康熙四十八年先卒。附訂之於此。

率天下之人，力破義理是非之公，舞文尚辨，譁誣脅衆，馴至横流奔放，人皆失其本心。學術之差，爲人心世道之憂，所關至鉅，非細故也。《詩》曰"其何能淑？載胥及溺"，漢學有焉；"誰能執熱？逝不以濯"，宋學有焉。聖人復起，不易吾言矣！